古典文獻研究輯刊

二二編

潘美月・杜潔祥 主編

第 3 冊

《呂氏春秋》校補（上）

蕭 旭 著

國家圖書館出版品預行編目資料

《呂氏春秋》校補（上）／蕭旭 著 -- 初版 -- 新北市：花木
蘭文化出版社，2016〔民105〕
目 2+252 面；19×26 公分
（古典文獻研究輯刊 二二編；第3冊）
ISBN 978-986-404-496-2（精裝）
1. 呂氏春秋 2. 校勘
011.08   105001912

ISBN-978-986-404-496-2

9 789864 044962

古典文獻研究輯刊
二二編　第三冊　　　　　　　　　ISBN：978-986-404-496-2

《呂氏春秋》校補（上）

作　者　蕭旭
主　編　潘美月　杜潔祥
總 編 輯　杜潔祥
副總編輯　楊嘉樂
編　輯　許郁翎
企劃出版　北京大學文化資源研究中心
出　版　花木蘭文化出版社
社　長　高小娟
聯絡地址　235 新北市中和區中安街七二號十三樓
　　　　　電話：02-2923-1455／傳真：02-2923-1452
網　址　http://www.huamulan.tw 信箱 hml810518@gmail.com
印　刷　普羅文化出版廣告事業
初　版　2016 年 3 月
全書字數　394559 字
定　價　二二編 15 冊（精裝）新台幣 28,000 元

《呂氏春秋》校補（上）

蕭　旭　著

作者簡介

　　蕭旭，男，漢族，1965 年 10 月 14 日（農曆）出生，江蘇靖江市人。中國訓詁學會會員，中國敦煌吐魯番學會會員，江蘇省語言學會會員。現在靖江廣播電視臺工作。

　　無學歷，無職稱，無師承。竊慕高郵之學，校讀群書自娛。出版學術專著《古書虛詞旁釋》、《群書校補》、《群書校補（續）》、《淮南子校補》、《韓非子校補》，發表學術論文 90 餘篇，120 餘萬字。

提　　要

　　《呂氏春秋》又稱《呂覽》，26 卷，160 篇，秦相呂不韋主編，是秦代以前中國學術的集大成者。今傳東漢高誘注。

　　有清以還，董理《呂氏春秋》者亦云夥矣，幾近百家，成就斐然。然其爲先秦古籍，疑義尙多，還有待匡補修正，此《呂氏春秋校補》之所由作也。

目次

前　言

　　《呂氏春秋》又稱《呂覽》，26 卷，160 篇，秦相呂不韋主編，是秦代以前中國學術的集大成者。今傳東漢高誘注。

　　後世作《呂氏春秋》全書校正校注者，余所見者有畢沅《呂氏春秋新校正》〔註1〕，許維遹《呂氏春秋集釋》〔註2〕，王利器《呂氏春秋注疏》〔註3〕，陳奇猷《呂氏春秋校釋》、《呂氏春秋新校釋》〔註4〕。

　　更多的是學術札記形式，余所見者有以下諸種：呂吳調陽《〈呂覽‧任地篇〉校注》、《〈呂覽‧辨土篇〉校注》〔註5〕，梁玉繩《呂子校補》、《呂子校續補》，陳昌齊《呂氏春秋正誤》，卯泮林《呂氏春秋補校》〔註6〕，王念

〔註1〕畢沅《呂氏春秋新校正》，收入《叢書集成新編》第 20 冊，新文豐出版公司 1985 年版，第 514～601 頁。據梁玉繩《呂子校補》自序云：「今年春畢秋帆尚書校刻《呂氏春秋》，余廁檢讎之末，而會其事者抱經盧先生也……戊申（引者按：指 1788 年）冬至日記于黃岡舟次。」盧文弨、梁玉繩曾參與其事。（梁玉繩《呂子校補》，收入《周秦諸子斠注十種》，北京圖書館出版社 2007 年版，第 403 頁。）上海廣益書局 1936 年改名《呂氏春秋集解》排印出版，王心湛校勘。

〔註2〕許維遹《呂氏春秋集釋》，中華書局 2009 年版。

〔註3〕王利器《呂氏春秋注疏》，巴蜀書社 2002 年版。

〔註4〕陳奇猷《呂氏春秋校釋》，學林出版社 1984 年版。陳奇猷《呂氏春秋新校釋》，上海古籍出版社 2002 年版。

〔註5〕呂吳調陽《〈呂覽‧任地篇〉校注》、《〈呂覽‧辨土篇〉校注》，《國學薈編》1914 年第 2、3 期，四川存古書局，第 68～69、19～20 頁。

〔註6〕梁玉繩《呂子校補》、《呂子校續補》，陳昌齊《呂氏春秋正誤》，並收入《周秦諸子斠注十種》，北京圖書館出版社 2007 年版，第 403～482、483～496、503～552 頁。梁玉繩《呂子校補》，陳昌齊《呂氏春秋正誤》，又並收入《叢書集成新編》第 20 冊，新文豐出版公司 1985 年版，第 602～612、613～618

孫《讀書雜誌》、《呂氏春秋校本》〔註7〕，蔡雲《呂子校補獻疑》〔註8〕，孫鏘鳴《呂氏春秋高注補正》〔註9〕，俞樾《呂氏春秋平議》〔註10〕，孫詒讓《呂氏春秋札迻》、《籀廎讀書錄‧呂氏春秋》〔註11〕，于鬯《呂氏春秋校書》〔註12〕，陶鴻慶《讀呂氏春秋札記》〔註13〕，李寶洤《呂氏春秋高注補正》〔註14〕，梁啓超《〈尸子‧廣澤篇〉、〈呂氏春秋‧不二篇〉合釋》〔註15〕，宋慈裒《呂氏春秋補正》〔註16〕，馬其昶《讀呂氏春秋》〔註17〕，孫人和（蜀丞）《呂氏春秋舉正》〔註18〕，沈瓞民（祖緜）《讀呂臆斷》、《讀呂紀隨筆》

頁。梁玉繩《呂子校續補》，卯泮林《呂氏春秋補校》，又並收入《叢書集成續編》第 40 冊，新文豐出版公司 1988 年印行，第 437～440、467～473 頁。

〔註7〕 王念孫《呂氏春秋雜志》，收入《讀書雜志》卷 16《餘編》上卷，中國書店 1985 年版，本卷第 30～47 頁。王念孫《呂氏春秋校本》吾未見，此稿是王氏對畢沅《呂氏春秋新校正》乾隆五十四年（1789）刻本的批校，有校語 427 條，今藏臺灣中央研究院傅斯年圖書館。上世紀 30 年代出版的許維遹《呂氏春秋集釋》，曾引錄其中的校語 271 條；張錦少《王念孫〈呂氏春秋〉校本研究》整理鈔錄了許氏未引的另外 156 條，《漢學研究》第 28 卷第 3 期，2010 年出版，第 291～324 頁。本稿引用王氏《校正》批語，許維遹引錄者不列出處，張錦少鈔錄的則隨文加附注。

〔註8〕 蔡雲《呂子校補獻疑》正、續 2 篇，收入《周秦諸子斠注十種》，北京圖書館出版社 2007 年版，第 497～502 頁。

〔註9〕 孫鏘鳴《呂氏春秋高注補正》，《國故》1919 年第 1～4 期；又收入《孫鏘鳴集（上）》（胡珠生編），上海社會科學出版社 2003 年版。

〔註10〕 俞樾《呂氏春秋平議》，收入《諸子平議》卷 22～24，上海書店 1988 年版，第 439～503 頁。

〔註11〕 孫詒讓《札迻》卷 6《呂氏春秋高誘注》，中華書局 1989 年版，第 193～205 頁。孫詒讓《籀廎讀書錄‧呂氏春秋》，收入《籀廎遺著輯存》，中華書局 2010 年版，第 342～351 頁。下引孫說標示《輯存》頁碼，《札迻》則從省。

〔註12〕 于鬯《呂氏春秋校書》，收入《香草續校書》，中華書局 1963 年版，第 355～401 頁。

〔註13〕 陶鴻慶《讀呂氏春秋札記》，收入《讀諸子札記》卷 5，浙江人民出版社 1998 年版，第 101～154 頁。

〔註14〕 李寶洤《呂氏春秋高注補正》，民國 12 年鉛印本。

〔註15〕 梁啓超《〈尸子‧廣澤篇〉、〈呂氏春秋‧不二篇〉合釋》，收入《飲冰室專集之八十》，《合集（7）》，第 401～402 頁。

〔註16〕 宋慈裒《呂氏春秋補正》正、續共 4 篇，未完稿，至《察今篇》止，《華國月刊》第 2 期第 10、12 冊，第 3 期第 2、4 冊，1925～1926 年版，第 1～8、1～13、1～8、1～10 頁。

〔註17〕 馬其昶《讀呂氏春秋》，《東方雜誌》第 13 卷第 12 號，1916 年版，第 17 頁。

〔註18〕 孫人和《呂氏春秋舉正》正、續共 6 篇，《北京圖書館月刊》第 1 卷第 4～6 號，1928 年版，第 195～205、325～343、417～431 頁；《北平北海圖書館月

〔註 19〕，沈延國《〈呂氏春秋・開春論〉集解初稿》、《〈呂氏春秋・序意篇〉集解》、《〈呂氏春秋・十二紀〉〈禮記・月令〉〈淮南・時則訓〉〈逸周書・時訓解〉異文箋》、《校書雜錄・呂氏春秋》〔註 20〕，蔣維喬等《〈呂氏春秋〉佚文輯校》、《今〈月令〉考》、《呂氏春秋彙校補遺》〔註 21〕，譚戒甫《校呂遺誼》〔註 22〕，羅庶丹《朱子所見〈呂紀〉異文考釋》〔註 23〕，孫志楫《呂氏春秋箚記》〔註 24〕，李峻之《〈呂氏春秋〉中古書輯佚》〔註 25〕，楊樹達《讀呂氏春秋札記》〔註 26〕，劉文典《呂氏春秋斠補》〔註 27〕，于省吾《呂氏春秋新證》〔註 28〕，高亨《呂氏春秋新箋》〔註 29〕，馮振《呂氏春秋高注訂補》〔註 30〕，江紹原《讀呂氏春秋雜記》〔註 31〕，范耕研《呂氏春秋補注》

刊》第 2 卷第 1、5、6 號，1929 年版，第 25～32、385～388、451～458 頁。

〔註 19〕 沈瓞民（祖緜）《讀呂臆斷》正、續共 2 篇，《制言》第 1、2 期，1935 年版。沈瓞民《讀呂紀隨筆》，《中華文史論叢》第 2 輯，1962 年版，第 191～219 頁。

〔註 20〕 沈延國《〈呂氏春秋・開春論〉集解初稿》，《制言》第 37、38 期合刊，1937 年版。沈延國《〈呂氏春秋・序意篇〉集解》，《論學》1937 年第 4 期，第 60～70 頁。沈延國《〈呂氏春秋・十二紀〉〈禮記・月令〉〈淮南・時則訓〉〈逸周書・時訓解〉異文箋》，《制言》第 61 期，1940 年版，本文第 1～23 頁。沈延國《校書雜錄・呂氏春秋》，《制言》第 31～34 期，1936～1937 年版。

〔註 21〕 蔣維喬、楊寬、沈延國、趙善詒《〈呂氏春秋〉佚文輯校》，《制言》第 3 期，1935 年版。蔣維喬等《今〈月令〉考》，《制言》第 5 期，1935 年版。蔣維喬等《呂氏春秋彙校補遺》，《制言》第 33 期，1937 年版。

〔註 22〕 譚戒甫《校呂遺誼》正、續共 4 篇，國立武漢大學《文哲季刊》第 3 卷第 1～4 期，1933 年版，第 173～206、329～352、581～604、773～800 頁。

〔註 23〕 羅庶丹《朱子所見〈呂紀〉異文考釋》，《湖大期刊》1931 年第 5 期，第 5～21 頁。此乃未完稿，續篇吾未見。

〔註 24〕 孫志楫《呂氏春秋箚記》，《國立北平圖書館館刊》第 9 卷第 3 號，1935 年出版，第 71～76 頁。

〔註 25〕 李峻之《〈呂氏春秋〉中古書輯佚》，《清華週刊》第 39 卷第 8 期，1933 年版，第 808～820 頁。

〔註 26〕 楊樹達《〈呂氏春秋〉拾遺》，《清華學報》第 11 卷第 2 期，1936 年版，第 293～321 頁；又題作《讀呂氏春秋札記》，收入《積微居讀書記》，上海古籍出版社 2006 年版，第 192～288 頁。

〔註 27〕 劉文典《呂氏春秋斠補》，收入《三餘札記》卷 2，《劉文典全集（3）》，安徽大學出版社、雲南大學出版社 1999 年版，第 472～491 頁。

〔註 28〕 于省吾《呂氏春秋新證》，收入《雙劍誃諸子新證》，上海書店 1999 年版，第 382～397 頁。

〔註 29〕 高亨《呂氏春秋新箋》，收入《諸子新箋》，《高亨著作集林》卷 6，清華大學出版社 2004 年版，第 235～263 頁。

〔註 30〕 馮振《呂氏春秋高注訂補》正、續共 6 篇，《學術世界》第 1 卷第 7～12 期，

〔註 32〕，楊明照《呂氏春秋校證》、《呂氏春秋校證補遺》、《呂氏春秋高誘訓解疏證》〔註 33〕，劉咸炘《呂氏春秋發微》〔註 34〕，劉復《〈呂氏春秋·古樂篇〉「昔黃」節解》〔註 35〕，夏緯英《〈呂氏春秋·上農〉等四篇校釋》〔註 36〕，王毓瑚《先秦農家言四篇別釋》〔註 37〕，聞一多《璞堂雜業·呂氏春秋》〔註 38〕，陳奇猷《〈呂氏春秋〉僻異字考釋》、《〈呂氏春秋〉僻異字考釋補》〔註 39〕，王叔岷《呂氏春秋校補》〔註 40〕，蔣禮鴻《讀〈呂氏春秋〉》〔註 41〕，趙海金《呂氏春秋校詁》〔註 42〕，徐仁甫《呂氏春秋辨正》〔註 43〕，

1935～1936 年版，第 19～31、32～39、10～20、83～92、53～58、26～28 頁；又收入《馮振文選》，廣西師範大學出版社 2003 年版。

〔註 31〕江紹原《讀呂氏春秋雜記》正、續共 3 篇，《中法大學月刊》第 5 卷第 1、3、5 期，1934 年版，第 29～41、3～16、49～51 頁。

〔註 32〕范耕研《呂氏春秋補注》、《補遺》、《附錄》，《江蘇省立國學圖書館第六年刊》，1933 年版，第 1～137 頁。

〔註 33〕楊明照《呂氏春秋校證》，《燕京學報》第 23 期，1938 年版，第 239～285 頁。楊明照《呂氏春秋校證補遺》，《文學年報》第 7 期，1941 年版。楊明照《呂氏春秋高誘訓解疏證》，《文學年報》第 5 期，1939 年版，第 87～125 頁。三文並收入《學不已齋雜著》，上海古籍出版社 1985 年版，第 227～337 頁。

〔註 34〕劉咸炘《呂氏春秋發微》，收入《劉咸炘學術論集·子學編（上冊）》，廣西師範大學出版社 2007 年版，第 285～318 頁。

〔註 35〕劉復《〈呂氏春秋·古樂篇〉「昔黃」節解》，《文學（上海）》第 2 卷第 6 號，1934 年版，第 993～1001 頁。

〔註 36〕夏緯英《〈呂氏春秋·上農〉等四篇校釋》，農業出版社 1979 年第 2 版。

〔註 37〕王毓瑚《先秦農家言四篇別釋》，農業出版社 1981 年版

〔註 38〕聞一多《璞堂雜業·呂氏春秋》，收入《聞一多全集》卷 10，湖北人民出版社 1994 年版，第 450～460 頁。

〔註 39〕陳奇猷《〈呂氏春秋〉僻異字考釋》、《〈呂氏春秋〉僻異字考釋補》，收入《中華文史論叢增刊·語言文字研究專輯（上、下）》上海古籍出版社 1982、1986 年版，第 468～480、265～280 頁。

〔註 40〕王叔岷《呂氏春秋校補》，收入《慕廬論學集（二）》，中華書局 2007 年版，第 1～172 頁。

〔註 41〕蔣禮鴻《讀〈呂氏春秋〉》，收入《蔣禮鴻集》卷 3，浙江教育出版社 2001 年版，第 333～347 頁。

〔註 42〕趙海金《呂氏春秋校詁》正、續共 4 篇，校十二紀，原刊《大陸雜誌》第 33 卷 7、8、10、12 期，1966 年版；前二期收入《大陸雜誌語文叢書》第 2 輯第 3 冊《校詁札記》，大陸雜誌社編輯委員會編輯 1970 年版，第 79～100 頁。後二期分別見 317～324、390～396 頁。

〔註 43〕徐仁甫《呂氏春秋辨正》，收入《諸子辨正》，成都出版社 1993 年版，第 168～298 頁。

彭鐸《呂氏春秋拾補》〔註44〕，劉如瑛《呂氏春秋箋校商補》〔註45〕，李若暉《〈呂氏春秋校釋〉質疑》、《〈呂氏春秋新校釋〉平議》、《呂氏春秋詁義》〔註46〕，胡平生《阜陽雙古堆漢簡〈呂氏春秋〉》〔註47〕。

王紹蘭《讀書雜記》〔註48〕，梁玉繩《瞥記》〔註49〕，洪頤煊《讀書叢錄》〔註50〕，姚範《援鶉堂筆記》〔註51〕，徐時棟《煙嶼樓讀書志》〔註52〕，文廷式《純常子枝語》〔註53〕，牟庭（廷相）《雪泥書屋雜志》〔註54〕，虞兆漋《天香樓偶得》〔註55〕，張文虎《舒藝室隨筆》〔註56〕，章太炎《膏蘭室札記》〔註57〕，吳承仕《經籍舊音辨證》〔註58〕，黃侃《經籍舊音辨證箋識》

〔註44〕彭鐸《呂氏春秋拾補》，《中國歷史文獻研究集刊》第 1 集，湖南人民出版社 1980 年版，第 65～83 頁。

〔註45〕劉如瑛《〈呂氏春秋校釋〉補》，《揚州師院學報》1979 年第 2 期，第 73～79 頁；劉如瑛《〈呂氏春秋校釋〉補（上）》，《文獻》1987 年第 3 期，第 157～169 頁；劉如瑛《〈呂氏春秋校釋〉補（下）》，《文獻》1988 年第 1 期，第 150～163 頁；又題作《呂氏春秋箋校商補》，收入《諸子箋校商補》，山東教育出版社 1995 年版，第 252～284 頁。

〔註46〕李若暉《〈呂氏春秋校釋〉質疑》，《武漢大學學報》1999 年第 6 期，第 73～75 頁。李若暉《〈呂氏春秋新校釋〉平議》，《華學》第 6 輯，紫禁城出版社 2003 年版，第 170～180 頁；又改題《呂氏春秋詁義》，收入《語言文獻論衡》，巴蜀書社 2005 年版，第 66～91 頁。

〔註47〕胡平生《阜陽雙古堆漢簡〈呂氏春秋〉》，《古文字與古代史》第 4 輯，台灣中研院歷史語言研究所 2015 年 2 月出版，第 511~535 頁。

〔註48〕王紹蘭《讀書雜記·呂氏春秋》，收入《叢書集成續編》第 18 冊，新文豐出版公司 1988 年印行，第 116～118 頁。

〔註49〕梁玉繩《瞥記》卷 5《子》，收入《續修四庫全書》第 1157 冊，上海古籍出版社 2002 年版，第 51～52 頁。

〔註50〕洪頤煊《讀書叢錄》卷 15，收入《續修四庫全書》第 1157 冊，第 691～694 頁。

〔註51〕姚範《援鶉堂筆記》卷 50，收入《續修四庫全書》第 1149 冊，第 172～173 頁。

〔註52〕徐時棟《煙嶼樓讀書志》卷 15，收入《續修四庫全書》第 1162 冊，第 582～586 頁。

〔註53〕文廷式《純常子枝語》卷 3、8、15，收入《續修四庫全書》第 1165 冊，第 59、112、210～215 頁。

〔註54〕牟庭（廷相）《雪泥書屋雜志》卷 1，收入《續修四庫全書》第 1156 冊，第 469～472 頁。

〔註55〕虞兆漋《天香樓偶得》，收入《四庫全書存目叢書·子部》第 98 冊，齊魯書社 1995 年版，第 286、291、292 頁。

〔註56〕張文虎《舒藝室隨筆》卷 6，收入《續修四庫全書》第 1164 冊，第 400 頁。

〔註57〕章太炎《膏蘭室札記》卷 1、3，收入《章太炎全集（1）》，上海人民出版社 1982 年版，第 65～70、120～123、134、223、225、238、241 頁。

〔註 59〕，金其源《讀書管見》〔註 60〕，馬敘倫《讀書續記》〔註 61〕，陳直《讀子日札》〔註 62〕，蔣禮鴻《義府續貂》〔註 63〕，也有條目涉及《呂氏春秋》，也值得參考。

　　謝德三《〈呂氏春秋〉虛詞用法詮釋》則是解釋《呂氏春秋》虛詞的專著〔註 64〕。

　　以下四書未見：吳汝綸《呂氏春秋點勘》，蔣維喬等《呂氏春秋彙校》，尹仲容《呂氏春秋校釋》，松皋圓《呂氏春秋畢校補正》〔註 65〕。

　　以下諸篇亦未見：清李芝綬過錄的惠棟《呂氏春秋》校本，朱東光《呂氏春秋高注參補》，陳世寶《呂氏春秋訂正》，姜璧《重訂校正呂氏春秋》，牟庭（廷相）《校正呂氏春秋》，譚獻《校呂氏春秋》，吳昂駒《讀呂子筆記訂補》，朱駿聲《呂覽簡端記》，劉師培《呂氏春秋高注校義》〔註 66〕，馬其昶《讀呂氏春秋》，劉咸炘《呂氏春秋疏》，黃嗣艾《呂氏春秋考異》，吳承仕《呂氏春秋舊注校理》，譚戒甫《呂子輯校補正》，呂吳調陽《呂氏春秋釋地》，葉景葵《元嘉禾本呂氏春秋校補》，馬敘倫《讀呂氏春秋記》，楊昭儁《呂氏春秋補注》，潘光晟《呂氏春秋高注補正》〔註 67〕，鍾泰《呂氏春秋校本》〔註 68〕，于孝純《〈呂氏春秋彙校〉訂補》〔註 69〕，趙海金《讀〈呂

〔註 58〕吳承仕《經籍舊音辨證》卷 6《呂氏春秋高誘注》，中華書局 2008 年版，第 350～353 頁。

〔註 59〕黃侃《經籍舊音辨證箋識》，附於吳承仕《經籍舊音辨證》，第 407～409 頁。

〔註 60〕金其源《讀書管見・呂氏春秋》，（上海）商務印書館 1957 年初版，第 362～382 頁。

〔註 61〕馬敘倫《讀書續記》卷 2，中國書店 1985 年版，本卷第 43、48 頁。

〔註 62〕陳直《讀子日札・呂氏春秋》，中華書局 2008 年版，第 289～298 頁。

〔註 63〕蔣禮鴻《義府續貂》，收入《蔣禮鴻集》卷 2，浙江教育出版社 2001 年版，第 65、67、213 頁。

〔註 64〕謝德三《〈呂氏春秋〉虛詞用法詮釋》，文史哲出版社 1977 年版。另余培林著有《〈呂氏春秋〉虛字集釋》，吾未見，收入《林尹論文集》，1969 年版。

〔註 65〕蔣維喬、楊寬、沈延國、趙善詒《呂氏春秋彙校》，上海廣益書局 1937 年版。尹仲容《呂氏春秋校釋》，臺北國立編譯館 1958 年排印本。

〔註 66〕劉師培《呂氏春秋斠補自序》、《呂氏春秋高注校義自序》、《呂氏春秋高注校義後序》，《國學叢刊》第 2 卷第 4 期，1925 年版，第 125～128 頁。三序皆收入《劉申叔遺書》之《左盦集》卷 7，江蘇古籍出版社 1997 年版，第 1271～1273 頁。然徧尋未獲正文。

〔註 67〕以上參見嚴靈峰《周秦漢魏諸子知見書目》卷 5，正中書局 1978 年版，第 15～54 頁。

〔註 68〕鍾泰《呂氏春秋校本》，稿本。鍾泰係王繼如教授外公，稿本今存王繼如教授處。

氏春秋〉札記》〔註70〕。

　　凡上未見論著有所徵引者，皆係轉引，謹此說明。

　　本稿以陳奇猷《新校釋》作底本，所引諸家說，凡見於王利器《注疏》、陳奇猷《新校釋》者，不列出處，以避繁複；二氏未及者，除常見書外，隨文注明。

〔註69〕 于孝純《〈呂氏春秋彙校〉訂補》，《中央日報》1947 年 9 月 5 日。
〔註70〕 趙海金《讀〈呂氏春秋〉札記》正、續 2 篇，《成功大學學報》1967 年第 2
　　　　期、1968 年第 3 期。

《孟春紀》卷第一校補

《孟春紀》校補

（1）魚上冰

高誘注：魚，鯉鮒之屬也，應陽而動，上負冰。

按：陳昌齊曰：「據注及《夏小正》、《淮南・時則訓》，當作『魚上負冰』。」
王念孫說同〔註1〕。許維遹曰：「《玉燭寶典》引正有『負』字，《逸周
書・時訓解》及《月令》俱無。」蔣維喬等□：「陳昌齊說甚是，《玉
燭寶典》正有『負』字，王應麟引吳仁傑《鹽石新論》亦云：『去一負
字，於文爲闕。』」王叔岷亦補「負」字。陳奇猷曰：「陳、許、蔣說皆
非也。上，升也。《月令》出自《呂氏》亦無『負』字，則有『負』字
者，非《呂氏》之舊也。」陳奇猷說非是。沈延國曰：「延國謹案：陳
昌齊云云。高誘注《呂氏春秋》曰：『應陽而動，上負冰。』《夏小正》
亦曰：『正月啓蟄，魚陟負冰。』《易緯通卦驗》、《淮南》及北魏隋唐宋
金史志皆有『負』字，且《玉燭寶典》引亦有『負』字。王應麟云云，
則似《孟春紀》、《月令》、《時訓解》皆脫『負』字也。」〔註2〕王應麟
所引見《困學紀聞》卷5。《玉燭寶典》卷1引《月令》有「負」字（非

〔註1〕 王念孫《呂氏春秋校本》，轉引自張錦少《王念孫〈呂氏春秋〉校本研究》，《漢
學研究》第28卷第3期，2010年出版，第312頁。

〔註2〕 沈延國《〈呂氏春秋・十二紀〉〈禮記・月令〉〈淮南・時則訓〉〈逸周書・時
訓解〉異文箋》，《制言》第61期，1940年版，本文第1頁。

引《呂氏》本文），《大唐開元禮》卷 99、103 二引《月令》，亦並有「負」字。《易緯通卦驗》卷上：「大雪，魚負冰。」鄭玄註：「負冰，上近冰也。」魚上負冰、魚陟負冰，言魚上升，近於冰也。脫一「負」字，則是出於冰面之上，非其誼也。「上」字可省，「負」字不可省。《國語・魯語上》韋昭注、《初學記》卷 3、7、《類聚》卷 3、96、《書鈔》卷 154、159、《後漢書・蔡邕傳》李賢注、《御覽》卷 18、68 引《月令》已脫「負」字。

（2）立春之日，天子親率三公九卿諸侯大夫以迎春於東郊，還，乃賞公卿諸侯大夫於朝

按：《禮記・月令》「乃」作「反」。《御覽》卷 20 引《禮記》作「乃」。「反」是「乃」形譌。惠棟曰：「或云：『反』當依《呂氏》作『乃』。案《穆天子傳》云：『天子還返。』『還返』連文，《月令》是也。」〔註 3〕惠說非是，此與《穆傳》不同。

（3）宿離不忒

高誘注：忒，差也。

按：忒，《禮記・月令》作「貸」。鄭玄註：「不得過差也。」《釋文》：「貸，吐得反，徐音二。」《周禮・春官・宗伯》鄭玄注引《月令》作「貣」，《釋文》：「貣，吐得反，或音二。」「貸」、「貣」當讀吐得反，通作「忒」，《白帖》卷 75、《御覽》卷 5、《事類賦注》卷 2 引《月令》正作「忒」。或音二者，則是誤認作「貳」，非是。

（4）揜骼霾髊

高誘注：髊，讀水漬物之漬。白骨曰骼，有肉曰髊。揜霾者，覆藏之也。

按：《禮記・月令》作「掩骼埋胔」。宋慈裒曰：「《月令》《釋文》：『胔，亦作骴。』洪頤煊曰：『《說文》：「鳥獸殘骨曰骴。」《月令》：『掩骼埋胔。』《周禮・蜡氏》注亦作骴，《呂氏》作髊。髊、骴古同聲通用。』《說文》無胔、髊二字，或骴之別體耳。」汪之昌曰：「髊為骴之或體。」

〔註 3〕惠棟《九經古義》卷 11《禮記古義》，收入《叢書集成新編》第 10 冊，新文豐出版公司 1985 年版，第 194 頁。

其說皆是也，《淮南子‧時則篇》正作「掩骼薶骴」。高注髊讀漬者，《周禮‧秋官‧司寇》：「蜡氏掌除骴。」鄭玄注：「《曲禮》：『四足死者曰漬。』故書骴作脊，鄭司農云：『脊讀爲殨，謂死人骨也。』」《釋文》：「骴，漬、胔同，又作殨。」《玉篇》：「殨，又與胔同。」《文選‧七命》李善注引作「四足死者曰胔」。「漬」、「殨」、「脊」皆「骴（胔）」借音字。鳥獸殘骨曰骴，故獸死亦曰骴。《禮記‧曲禮下》：「天子死曰崩……羽鳥曰降，四足曰漬。」鄭玄注：「漬，謂相瀸汙而死也。《春秋傳》曰：『大災者何？大漬也。』」孔疏：「漬者，牛馬之屬也。若一箇死，則餘者更相染漬而死。《公羊‧莊二十年》：『夏，齊大災。大災者何？大瘠也。大瘠者何？痳也。』注云：『痳者，民疾疫也。』然此云漬，彼云瘠，字異而意同者也。」「痳」同「癘」，故訓疫。「漬」、「瘠」亦「骴（胔）」借音字。段玉裁曰：「骴、胔、漬、殨、脊，五字同音，在古音十六部。」鄭說「瀸汙」，孔說「染漬」，皆非是。

（5）行冬令則水潦為敗，霜雪大摯，首種不入

高誘注：雪霜大摯，傷害五穀。春爲歲始，稼穡應之不成熟也，故曰首種不入。

按：摯，《禮記‧月令》同，《淮南子‧時則篇》作「雹」。《玉燭寶典》卷1引《月令》作「擊」，引高誘注亦作「雪霜大擊」。《禮記釋文》：「摯，音至，蔡云：『傷折。』」《通典》卷76引蔡邕《月令章句》：「雪霜大摯，折傷者也。」〔註4〕《白氏六帖事類集》卷1、《事類賦注》卷3並引《月令》注：「摯，傷也。」朱駿聲曰：「摯，段借爲折。」〔註5〕皆取蔡邕說。讀摯爲折，于古音有據。《書鈔》卷152引《孝經援神契》：「霜以挫物。」又引《洪範五行傳》：「霜者，煞伐之表。」皆與蔡說相合。《寶典》引作「擊」者，蓋讀摯爲鷙，擊也。《說文》：「鷙，擊殺鳥也。」謂擊殺之鳥，取擊爲義。何寧曰：「『雨霜大雹』文不成義。《月令》作『雪霜大摯』，《呂氏春秋》作『霜雪大摯』，《玉燭寶典》正月作『雪霜大擊』。摯亦擊也。疑當從《玉燭寶典》。」〔註6〕

〔註4〕 《舊唐書‧王方慶傳》、《冊府元龜》卷532引誤作「折陽」。周勳初等《冊府元龜（校訂本）》失校，鳳凰出版社2006年版，第6063頁。
〔註5〕 朱駿聲《說文通訓定聲》，武漢市古籍書店1983年版，第667頁。
〔註6〕 何寧《淮南子集釋》，中華書局1998年版，第385頁。

何說未得「霅」之誼，故謂文不成義。霅，讀爲摽，亦擊也〔註7〕。但「雪霜大擊」這種說法古書極爲罕見，「雪霜大至」似乎更符合古人語言習慣〔註8〕。《大唐開元禮》卷99引《月令》「摯」作「至」，唐・李淳風《乙巳占》卷4亦作「至」〔註9〕。宋・張虙《月令解》卷1：「摯，猶至也。」王利器、陳奇猷並曰：「摯，至也。」朝鮮刻本唐・韓鄂《四時纂要》卷1作「雪霜大墊」，則形之誤也。其本字作「鷙」，《說文》：「鷙，至也。《周書》曰：『大命不鷙。』讀若摯。」所引《周書》見《西伯戡黎》，今本作「摯」，《釋文》：「摯，音至，本又作鷙。」《史記・殷本紀》作「至」。《爾雅》：「摯，臻也。」郭璞注：「摯，至也。臻，至也。」《大戴禮記・用兵》：「於是降之災，水旱臻焉，霜雪大滿，甘露不降。」王念孫曰：「『滿』本作『薄』，字之誤也。《廣雅》曰：『薄，至也。』言霜雪大至也。『霜雪大至』與『甘露不降』正相對。《月令》曰『雪霜大摯』，摯亦至也。」〔註10〕「大摯」猶言大至，大降。《莊子・讓王》：「天（大）寒既至，霜露既降，吾是以知松柏之茂也。」〔註11〕《禮記・祭義》：「霜露既降，君子履之。」《論衡・順鼓》：「風雨不時，霜雪不降。」此皆足爲旁證。高亨解《周頌》「執競」曰：「執疑借爲鷙。鷙，猛也。《說文》：『鷙，擊殺鳥也。』是鷙原有猛義。亦或以摯爲之，《禮記・月令》：『霜雪大摯。』謂霜雪大摯太猛也。」〔註12〕其說非是。考《說文》：「霒，寒也，或曰早霜。讀若《春秋傳》『墊阨』。」「霒」是霜雪早降的專字〔註13〕。首種，《禮記》同，《淮南子》作「首稼」。有三說：（a）鄭玄注：「舊說：首種謂稷。」孔疏：「《考靈耀》云：『日中星鳥，可以種稷。』則百穀之內，稷先種，故云首種。首即先也，種在百穀之先也。」高誘注：「百穀惟稷先種，故曰首稼。不入，不熟也。」（b）《釋文》：「鄭云：

〔註7〕 參見蕭旭《淮南子校補》，花木蘭文化出版社2014年版，第110頁。
〔註8〕 此承《上古漢語研究》匿名審稿人提示，下引王念孫說及《莊子》亦承提示，謹致謝忱！
〔註9〕 李淳風《乙巳占》，十萬卷樓叢書本。
〔註10〕 王說轉引自王引之《經義述聞》卷13，江蘇古籍出版社1985年版，第306～307頁。
〔註11〕 本書《慎人》、《淮南子・俶眞篇》、《風俗通義・窮通》「天」作「大」。
〔註12〕 高亨《周頌考釋（上）》，《中華文史論叢》第4輯，中華書局1963年版，第103頁；又收入《高亨著作集林》第10卷，清華大學出版社2004年版，第185頁。
〔註13〕 參見蕭旭《〈說文〉「霒」字音義考》。

『首種謂稷。』蔡云:『宿麥。』」《御覽》卷 838 引蔡邕《章句》:「首種,爲(謂)宿麥也。」《舊唐書·王方慶傳》引蔡邕《月令章句》:「首種,謂宿麥也。麥以秋種,故謂之首種。入,收也。春爲沍寒所傷,故至夏麥不成長也。」(c)宋·張虙《月令解》卷 1:「首種非止一物,首種如今人言發頭,布種之初也。」考《齊民要術·大小麥》引《氾勝之書》:「凡田有六道,麥爲首種,種麥得時無不善。」《御覽》卷 823 引作「凡田種,麥爲首」。《爾雅翼》卷 1:「麥比他穀獨隔歲種,故號宿麥,說者亦或以爲首種。」種麥經多方收,故謂之「宿麥」。《舊唐書·王方慶傳》上疏:「臣恐水潦敗物,霜雪損稼,夏麥不登,無所收入也。」正可以釋此文。陳奇猷曰:「余謂『首種』當指先種先收的莊稼而言……麥是最先收穫的作物。」陳說同蔡邕,得之。鄭說非也,張虙說尤爲無據。

《本生》校補

(1) 能養天之所生而勿攖之謂天子

　　高誘注:攖,猶戾也。

按:《御覽》卷 77 引「生」作「主」,「攖」作「纓」,「謂」下有「之」字。蔣維喬等已指出「主」爲形誤〔註14〕。「攖」、「纓」古通。勿,《亢倉子·君道》作「物」,音之誤也。孫志祖據《御覽》所引,於「謂」下補「之」字,畢沅從其說,蔣維喬等舉《亢倉子》正有「之」字以證其說。孫蜀丞舉《類聚》卷 11 引作「能養天之所生而爲天子」,謂「當從舊本,『謂』與『爲』通」;孫志楫、陳奇猷皆從孫蜀丞說。孫志祖說是,《新序·雜事五》:「能全天之所生而勿敗之,可謂善學者矣。」文例相同,可證「謂」不當讀爲「爲」。孫志楫又謂「之謂天子」句,猶言「是謂天子」,尤爲妄說。

(2) 立官者以全生也,今世之惑主,多官而反以害生,則失所爲立之矣

按:《亢倉子·君道》作「則失所以爲立之本矣」,衍「本」字。「多」下脫

〔註14〕蔣維喬等《呂氏春秋彙校補遺》,《制言》第 33 期,1937 年版,本文第 1 頁。

「立」字，「立官」與上文對應。下文「譬之若修兵者以備寇也，今修兵而反以自攻，則亦失所爲修之矣」，亦以「修兵」與上文對應。文例同。徐仁甫謂「主」當作「立」，屬下句，乙作「多立官」，則非是。

（3）夫水之性清，土者抇之，故不得清

高誘注：抇，讀曰骨。骨，濁也。

按：抇，《淮南子・俶眞篇》、《孔叢子・抗志》作「汨」。畢沅曰：「《說文》：『湣，濁也。』與『汨』、『滑』義同，並音骨。」范耕研曰：「『抇』與『汨』形義俱近，自非誤字也。」王念孫曰：「湣、汨、抇並通。」王利器從王念孫說。朱駿聲謂抇、揖假借爲湣，趙海金申證之。王叔岷亦指出本字爲湣。所說皆是也。下文「人之性壽，物者抇之，故不得壽」，高注：「抇，亂也。」《道藏》本《亢倉子・全道》二「抇」字並作「滑」〔註15〕，有注音：「滑，音骨。」唐・何粲注：「滑，亂也。」宋・周守中《養生類纂》卷1二字皆作「抇」〔註16〕，形之譌也。《玉篇》：「湣，《說文》曰：『濁也。』亦汨字。」《集韻》：「滑，亂也，或作抇。」字亦省作骨，《釋名》：「骨，滑也。」《莊子・達生》：「其巧專而外骨消。」敦煌寫卷S.615《莊子》同。《釋文》：「骨消，如字。本亦作『滑消』。」成疏：「滑，亂也。專精內巧之心，消除外亂之事。」是成本「骨」作「滑」。字或作揖，《史記・屈原傳》：「何不隨其流而揚其波？」《索隱》：「《楚詞》『隨其流』作『揖其泥』也。」《後漢書・周燮傳》：「斯固以滑泥揚波，同其流矣。」又《袁紹傳》：「苟欲滑泥揚波，偷榮求利。」李賢注並云：「滑，混也。滑音古沒反。」並引《楚詞》：「何不滑其泥而揚其波？」〔註17〕俞樾改此文上「抇」作「滑」；孫志楫改上「抇」作「汨」，又謂注文「骨」當作「滑」；汪之昌謂注文「骨」當作「揖」。馮振曰：「正文注文『抇』並當作『汨』，注『骨』疑並當作『滑』，皆形近而誤。」〔註18〕皆失考矣。陳奇猷曰：「范、孫說是。『抇』無濁義，當作『汨』。」既以范說爲是，則「抇」非誤

〔註15〕景宋本作「抇」。
〔註16〕〔宋〕周守中《養生類纂》卷1，成化覆刻本。
〔註17〕以上參見蕭旭《淮南子校補》，花木蘭文化出版社2014年版，第475頁。
〔註18〕馮振《呂氏春秋高注訂補》，《學術世界》第1卷第7期，1935年版，第19頁。

字；謂「扣」無濁義，則未達通假。

（4）今世之人，惑者多以性養物

按：《亢倉子‧全道》無「人」字。楊明照、王叔岷謂今本衍「人」字，是
也。宋‧周守中《養生類纂》卷 1 引《亢倉子》作「今代之盛者多以性
養物」，雖誤「惑」作「盛」，亦無「人」字。

（5）是故聖人之於聲色滋味也，利於性則取之，害於性則舍之

按：舍，《亢倉子‧全道》作「捐」，唐‧何粲注：「捐，葉（棄）也。」《素
問‧陰陽應象大論篇》唐‧王冰注引庚桑楚語誤作「損」。宋‧周守中
《養生類纂》卷 1 引《亢倉子》「取」誤作「聖」。

（6）萬人操弓，共射（其）一招，招無不中

高誘注：招，埻的也。

按：招，《道藏》本《亢倉子‧全道》同，有注：「招，又音雕。」元‧王
守正《道德真經衍義手鈔》卷 6 引《庚桑子》作「雕」。唐‧何粲注：
「招，射的也。」唐‧李筌《黃帝陰符經疏》卷下《強兵戰勝演術章》
注：「招，垛也。亦云：招，箭人也。」宋‧袁淑真《黃帝陰符經集解》
卷下注同。畢沅曰：「注『埻』與『準』音義同。」楊樹達曰：「此『招』
字即『的』字。」畢說、楊說是也，陳奇猷、王利器並申證其說。王
念孫曰：「招、旳古聲相近，故字亦相通也。」〔註 19〕朱駿聲曰：「招，
叚借為旳。」〔註 20〕「旳」同「的」。此皆楊說所本。《韓子‧說林下》
引惠子曰：「羿執鞅持杅操弓關機，越人爭為持旳（的）。」《書鈔》卷
126 引「旳」作「的」。此亦其證。字亦作昭，《楚辭‧大招》：「昭質
既設。」王引之曰：「昭，讀為招。招質，謂射埻旳也（『埻』通作『準』）。」
〔註 21〕孫詒讓曰：「埻，即『壿』之隸變。」〔註 22〕孫說是，古字形

〔註 19〕 王念孫《戰國策雜志》，收入《讀書雜志》卷 1，中國書店 1985 年版，本卷第
89 頁。

〔註 20〕 朱駿聲《說文通訓定聲》，武漢市古籍書店 1983 年版，第 322 頁。

〔註 21〕 王引之說轉引自王念孫《讀書雜志》卷 16 餘編下《楚辭》，中國書店 1985 年
版，本卷第 66 頁。

〔註 22〕 孫詒讓《籀廎讀書錄‧呂氏春秋》，收入《籀廎遺著輯存》，中華書局 2010 年
版，第 342 頁。

亦作「墰」。「雕」亦「的」之音轉，方以智《通雅》卷 49：「宋景文曰：『人謂作事無據曰沒雕當。』智按：今語曰『不的當』，即此聲也。」是其例也。

（7）**萬物章章，以害一生，生無不傷；以便一生，生無不長**

高誘注：章章，明美貌，故生隕也。

按：章章，《亢倉子‧全道》同，唐‧何粲注：「章章，猶擾擾。」唐‧長孫滋《玄珠心鏡註‧守一寶章》：「萬物章章，害我生命，盜我衰殘。」義同。唐‧李筌《黃帝陰符經疏》卷下《強兵戰勝演術章》、宋‧袁淑眞《黃帝陰符經集解》卷下引《亢倉子》作「彰彰」。王利器謂何粲注非是，申證高注。竊謂何注義長，「章章」、「彰彰」疑讀爲「攘攘」，紛亂貌。《御覽》卷 449 引《周書》：「容容熙熙，皆爲利謀；熙熙攘攘，皆爲利往。」又卷 496 引《六韜》：「天下攘攘，皆爲利往；天下熙熙，皆爲利來。」《史記‧貨殖傳》作「壤壤」，《鹽鐵論‧毀學》作「穰穰」，並同。同源詞尚有「纕纕」、「勷勷」、「懹懹」、「囊囊」，中心詞義皆爲多貌、亂貌。陳奇猷曰：「章當訓盛。高訓爲『明美』，非是。」陳說亦未安。

（8）**不言而信，不謀而當，不慮而得**

按：《亢倉子‧全道》作「不慮而通，不謀而當」，《素問‧上古天眞論》王冰注引庚桑楚語同。《文子‧道原》：「不謀而當，不言而信，不慮而得，不爲而成。」〔註 23〕得，猶知也，與「通」義同。《荀子‧君子》：「不言而信，不慮而知。」

（9）**若天地然**

高誘注：其德如天無不覆，如地無不載，故曰若天地然也。

按：《亢倉子‧全道》作「德若天地然」，王叔岷疑今本脫「德」字，是也，高注云云，尚未脫。《素問‧上古天眞論》王冰注引庚桑楚語亦脫「德」字。

（10）**上爲天子而不驕，下爲匹夫而不惛**

高誘注：惛讀憂悶之悶，義亦然也。

〔註 23〕 《淮南子‧原道篇》同。

按：惛，《亢倉子·全道》唐·何粲注本作「惽」，《永樂大典》卷 10286
引《亢倉子》作「悶」。「惽」同「惛」。朱駿聲曰：「惛，叚借爲悶。」
〔註 24〕沈祖民亦從高說，云：「高以憂悶之悶釋，宜也。」〔註 25〕悶亦
憂也。《晏子春秋·內篇問上》：「荊楚惛憂。」王念孫曰：「惛者悶之借
字也。《呂氏春秋·本生篇》高注云云，故曰『荊楚惛憂』。」〔註 26〕
《後漢書·張衡傳》《應間》：「不見是而不惛，居下位而不憂。」李賢
注：「惛，猶悶也。《易》曰：『不見是而無悶。』」見《易·乾》。字亦
省作惽，《玉篇》：「惽，悶也。」字亦作惛，《莊子·外物》：「慰惛沈屯。」
《釋文》：「惛，悶也。」字亦作憫，《廣雅》：「憫，懣也。」《淮南子·
詮言篇》高誘注：「憫，憂有所在也。」又《主術篇》高誘注：「憫，憂
無樂。」字亦作閔，《楚辭·哀時命》：「然隱閔而不達兮，獨徙倚而彷
徉。」舊校：「憫，一作閔。」《漢書·陳湯傳》：「閔王誅之不加。」顏
師古注：「閔，憂也。」字亦作愍，《廣雅》：「愍，憂也。」俗字亦作悶，
《集韻》：「悶，《說文》：『懣也。』或作惛，亦書作悶。」王雲路讀惛
爲閔，訓憂，謂高誘、王念孫說皆不確〔註 27〕，則亦失考也。

（11）出則以車，入則以輦，務以自佚

　　高誘注：出門乘車，入門用輦，此驕佚之務也。

按：蔣維喬等曰：「《說文繫傳》『㾓』字注作『出輿入輦』，《御覽》卷 472
引《淮南子》亦作『出車入輦』。」陳奇猷曰：「疑《繫傳》係刪節成文，
非《呂氏》之舊也。」《文選·七發》李善注引同今本，《御覽》卷 459
引「佚」作「逸」，餘同今本；《書鈔》卷 140 引作「出車入輦，務以自
佚」，亦節引。《御覽》卷 472 引《淮南子》「佚」作「供」，形之誤也。
《御覽》所引當是本書，誤記出處也。

（12）命之曰招蹶之機

　　高誘注：招，至也。蹶機，門內之位也。乘輦于宮中遊翔，至於蹶機，

〔註 24〕 朱駿聲《說文通訓定聲》，武漢市古籍書店 1983 年版，第 803 頁。
〔註 25〕 沈祖民《讀易臆斷》卷上，《制言》第 3 期，1935 年版，本文第 9～10 頁。
〔註 26〕 王念孫《晏子春秋雜志》，收入《讀書雜志》卷 8，中國書店 1985 年版，本卷
　　　　 第 116 頁。
〔註 27〕 王雲路《〈讀書雜志〉志疑》，《古漢語研究》1988 年第 1 期，第 46 頁；又收
　　　　 入《詞彙訓詁論稿》，北京語言文化大學出版社 2002 年版，第 22～23 頁。

故曰務以自佚也。《詩》云：「不遠伊爾，薄送我畿。」此不過躄之謂。

按：招躄，《御覽》卷 459、《黃氏日抄》卷 56、宋・劉克莊《後村詩話》卷 6、宋・龔鼎臣《東原錄》引同，《御覽》卷 472 引《淮南子》作「躄身」，《書鈔》卷 140 引作「招躄」，《說文繫傳》「痿」字條引作「痿躄」。「躄」是「躄」形誤。孔廣陶引惠半農校本附注云：「『招躄』當作『佁躄』，見李善注及《集韻》。」〔註 28〕《文選・七發》：「夫出輿八輦，命曰躄痿之機。」李善注引作「佁躄之機」，又引高誘注作「佁，至也」，又云：「枚乘引『佁躄』而爲『躄痿』，未詳。乘之謬爲好奇而改之。」畢沅曰：「招，致也。李注《文選》引此作『佁』，嗣里切。孤文無證，亦不可從。」吳承仕曰：「《類篇》、《集韻》：『佁，至也。《呂氏春秋》：「佁躄之機。」高誘讀。』然則自李善以迄司馬光、丁度等所見《呂覽》自有作『佁』之本，畢沅不檢《篇》、《韻》，斥爲孤文，失之。」黃侃曰：「讀嗣里切者，當借爲隸。隸訓及，及、至義近。」〔註 29〕盧文弨、臧琳、梁玉繩、惠棟、王念孫、朱駿聲、許維遹、于省吾、王利器並謂「招」當作「佁」〔註 30〕，皆非也。「佁」無「至」訓，王念孫因謂「佁之言待也、止也」，朱駿聲又謂「佁」借爲「紿」，謂「人過逸則血滯骨痿，如絲之敝勩也」，于省吾謂「佁」通「俟」，去之愈遠。蔣維喬等引《劉子・防慾》「身安輦駟，命曰召躄之機」，謂「招」不可遽改，是也。《書鈔》、《御覽》引亦作「招」，是唐宋人猶見不誤之本。畢沅、蔣維喬謂「招，致也」，亦是也。聞一多曰：「『至』與『致』同，畢沅釋此爲致躄之機括，是也。李善、丁度並引招作佁，蓋據唐時誤本，臧琳、王念孫從之，非也。」〔註 31〕是也。「躄」同「蹶」，《說文》：「蹶，僵也。」《廣韻》：「蹶，失腳。」猶言跌倒。此用爲病名，指足不能行之病。《七發》作「躄痿」，「躄」亦病名。呂向注：「躄，不足（足不）能行。痿，痺也。輿輦之安，乃爲此病之幾兆

〔註 28〕《書鈔》（孔廣陶校注本），收入《續修四庫全書》第 1213 冊，上海古籍出版社 2002 年版，第 28 頁。
〔註 29〕黃侃《經籍舊音辨證箋識》，附於吳承仕《經籍舊音辨證》，中華書局 2008 年版，第 350、407 頁。
〔註 30〕盧文弨說見《鍾山札記》卷 1，中華書局 2010 年版，第 29 頁。
〔註 31〕聞一多《璞堂雜業・呂氏春秋》，收入《聞一多全集》卷 10，湖北人民出版社 1994 年版，第 452 頁。

也。」本書《盡數》:「處足則爲痿爲蹷。」高誘注:「蹷,逆疾也。」
又《重己》:「多隱則蹷。」高誘注:「蹷,逆寒疾也。」「機」當讀爲
「幾」,呂向注是也,畢沅解爲「機括」,陳奇猷解爲「開端」,皆非是。
此言出車入輦,安逸過度,則是招致蹷疾之幾兆。《黃氏日抄》卷 56
解爲:「蹷者蹙蹷顚踣之意,若日自佚太過,乃招致蹙蹷之機耳。」已
得其誼,沈祖緜、蔣維喬等亦得之,茲爲補證。段玉裁曰:「高誘曰:
『怡,至也。』此別一義也。」〔註 32〕朱駿聲曰:「招,段借爲到,
實爲臬。」〔註 33〕陳奇猷曰:「招疑是撓之假字,彎曲將倒之意。蹙,
顚覆也。撓與蹙同義。」皆非是。

(13) 肥肉厚酒,務以自彊,命之曰爛腸之食

按:爛,《類聚》卷 72 引誤作「明」。腸,《御覽》卷 472 引《淮南子》誤
作「腹」。

《重己》校補

(1) 今吾生之爲我有,而利我亦大矣

按:《抱朴子內篇·勤求》引古人言作「生之於我,利亦大焉」。

(2) 論其安危,一曙失之,終身不復得

高誘注:曙,明日也。有一日失其所以安,終身不能復得之也。

按:王利器指出魏·嵇康《釋難宅無吉凶攝生論》:「一曙失之,終身弗復。」
即本此文。孫蜀丞謂高注「明日」當作「旦明」,說同桂馥〔註 34〕。

(3) 是師者之愛子也,不免乎枕之以糠

高誘注:師,瞽師,目無見者也。故枕子以糠,糠其盲眛子目,非利之
者也。

按:注「眛」,四部叢刊影明本誤作「昧」〔註 35〕。《說文》:「眛,艸入目

〔註 32〕段玉裁《說文解字注》,上海古籍出版社 1981 年版,第 379 頁。
〔註 33〕朱駿聲《說文通訓定聲》,武漢市古籍書店 1983 年版,第 322 頁。
〔註 34〕桂馥《說文解字義證》,齊魯書社 1987 年版,第 573 頁。
〔註 35〕《論衡·狀留篇》:「救眛不給。」孫詒讓曰:「眛,當爲眛。」《淮南子·繆
　　　稱篇》:「蒙塵而欲毋眛,涉水而欲毋濡,不可得也。」《齊俗篇》、《文子·上

中也。」《繫傳》引此文作「瞽師之愛子也，不免枕之以糠眯之也」
〔註36〕，疑今本脫「眯之也」三字。《莊子·天運》：「夫播穅眯目，
則天地四方易位矣。」《太白陰經·守城具篇》：「灰襆糠粃，因風於
城上擲之，以眯敵人之目。」又「眯目，因風以糠粃灰擲之。」此皆
以糠眯目之例也。《淮南子·繆稱篇》：「若眯而撫。」許慎注：「眯，
芥入目也。」《玄應音義》卷 23：「草入目曰眯也，今言眯目是也。」
與《說文》訓合。《莊子·天運》：「必目數眯焉。」《釋文》引《字林》：
「眯，物入眼爲病也。」《慧琳音義》卷 86 引《韻英》：「目中有塵土
曰眯目。」此則其引申之誼。又考《鶡冠子·天權篇》：「半糠入目，
四方弗治。」此尤「眯」訓物入目之確證。注「盲」，讀爲芒，《說文》：
「芒，艸耑。」此指糠之細芒，專字或從禾作秅、秏，《集韻》：「秅、
秏，稻稃也，或從芒。」其，猶之也。糠其盲眯子目，猶言糠之芒眯
子目也。畢沅改「其盲眯」爲「易眯」，無據。于鬯曰：「枕疑當讀爲
肬，肉汁滓也。肉醬之稱，設以糠爲之，瞽者固不能辨。」沈祖民曰：
「免與冕、絻、帵可通，是師之養子，恐子科其頭而寒，故枕之以糠
取暖，未能製免而禦寒，不知糠易眯子目，非利之也。」〔註37〕陳奇
猷曰：「其猶將也。盲、冥二字古通，冥、眯義相似。」三氏之說皆
誤。《證類本草》卷 25 引《莊子》：「瞽者愛其子，不免以糠枕，枕之
以損其目。」今《莊子》無其文，蓋意引此文，而誤記其出處。

（4）夫死殀殘亡，非自至也，惑召之也

高誘注：召，致也。以惑致之也。

按：高注非。「惑」當作「或」，猶有也。言死殀殘亡非自至，乃有所致之
也。本書《名類》：「以言禍福人或召之也。」高誘注：「召，致也。」
又《精通》：「慈石召鐵，或引之也；樹相近而靡，或軵之也。」又《侈
樂》：「或（惑）而後知，或使之也。」〔註38〕又《義賞》：「產與落或

德》「眛」作「眯」，皆其相誤之例。孫詒讓《札迻》，齊魯書社 1989 年版，
第 287 頁。
〔註36〕《繫傳》新安江氏藏版「免」形誤作「克」。
〔註37〕沈祖民《讀呂臆斷》，《制言》第 1 期，1935 年版，本文第 2 頁。
〔註38〕張富祥連下文讀爲「或（惑）而後知或（惑），使之也遂而不反」，非是。張
富祥《呂氏春秋》校釋札記（一），《古籍整理研究學刊》2008 年第 4 期，第

使之，非自然也。」皆是其比。《淮南子‧說林篇》：「質的張而弓矢集，林木茂而斧斤入，非或召之，形勢所致者也。」〔註39〕此用於否定句。王利器謂《名類篇》「或」借作「惑」，傎矣。

（5）使烏獲疾引牛尾，尾絕力勯，而牛不可行，逆也；使五尺豎子引其棬，而牛恣所以之，順也

高誘注：勯，讀曰單。單，盡也。

按：聞一多曰：「可，肯也。」〔註40〕《御覽》卷899引「勯」作「單」，「棬」作「捲」；《記纂淵海》卷98引「勯」作「殫」，「棬」作「綣」。馬敘倫、宋慈裒謂勯借為殫，陳奇猷謂勯為「力盡」義之本字，所說皆是。「單」則省借字，字亦作嘽、疢、壇、驒、癉、亶、癱、但、檀、憚、怛，俗字又作灘、癱〔註41〕，胡文英曰：「勯，音攤。《呂覽》云云。案：勯，力盡而倦也。今吳諺謂用力已倦為勯字，從力亶聲，俗用癱，乃疾也。」〔註42〕今吳語亦然。王念孫謂「勯」是「亶」誤，則偶未會通也。陳直曰：「勯為亶字之假借，《廣雅》：『亶，轉也。』」〔註43〕非是。阜陽雙古堆漢簡《春秋事語》：「能但善虜君，而不與君□□□。」《新序‧雜事五》、《論衡‧定賢》作「盡善」，《晏子春秋‧問上》、《說苑‧臣術》作「納善」，《治要》卷33引《晏子》同，日本古寫本《治要》引《晏子》作「檀善」。蔡偉曰：「『但』、『檀』皆當讀為殫，盡也。今本《晏子》作『納善』（《說苑‧臣術》同），疑後人不曉文義而妄改；刻本《治要》同今本《晏子》，則顯然是據今本而改之，失古書之舊，甚為可惜。」〔註44〕

28頁。顧莉丹謂「下『或』字通『惑』」，亦誤。顧莉丹《〈呂氏春秋〉校注劄記》，蘇州大學2008年碩士學位論文，第14頁。

〔註39〕《文子‧上德》同。

〔註40〕聞一多《璞堂雜業‧呂氏春秋》，收入《聞一多全集》卷10，湖北人民出版社1994年版，第452頁。

〔註41〕參見蕭旭《敦煌變文校補（二）》，收入《群書校補（續）》，花木蘭文化出版社2014年版，第1374～1375頁。

〔註42〕胡文英《吳下方言考》卷5，收入《續修四庫全書》第195冊，上海古籍出版社2002年版，第40頁。

〔註43〕引者按：據《廣韻》，「趲」同「亶」，然陳氏原文「趲」當是「亶」，故引《廣雅》也。

〔註44〕蔡偉《誤字、衍文與用字習慣——出土簡帛古書與傳世古書校勘的幾個專題

（6）味不眾珍，衣不燀熱

高誘注：燀讀曰亶。亶，厚也。

按：高注是也，燀當讀黨旱切。《御覽》卷 720 引注作「燀，之演切」，非是。《爾雅》：「亶，厚也。」猶言厚盛。《集韻》：「燀，黨旱切，厚燠也，《呂氏春秋》：『衣不燀熱。』」字亦作僤，《詩·桑柔》：「我生不辰，逢天僤怒。」毛傳：「僤，厚也。」《釋文》：「僤，都但反，本亦作亶，同。」字亦作癉，或省作單，《戰國策·秦策四》：「王之威亦單矣。」《史記·春申君傳》、《新序·善謀》作「單」。《詩·天保》毛傳：「單，厚也。」《漢書·嚴助傳》：「南方暑溼，近夏癉熱。」王念孫曰：「癉者，盛也。《周語》曰『陽癉憤盈』，言陽盛憤盈也。字通作僤，又作癉，《大雅·桑柔篇》曰『逢天僤怒』，言盛怒也。《秦策》曰『王之威亦單矣』，言威之盛也。《呂氏春秋·重己篇》高注云云。義與癉熱亦相近。癉熱即盛熱。」〔註45〕王說是也。《六書故》解「燀」為「過熱如焚」；馬敘倫讀燀為韇，引《說文》「韇，富韇韇貌」；陳奇猷引《玉篇》「燀，火起兒」、《說文》「燀，炊也」，謂燀熱即熱甚如火起。三說皆非是。《玉篇》、《說文》「燀」當讀尺延切。宋·周守中《養生類纂》卷 2 引作「春不燀熱」，亦誤。

（7）味眾珍則胃充，胃充則中大鞔

高誘注：充，滿也。鞔讀曰懣。不勝食氣為懣病也。

按：《御覽》卷 720 引注作「鞔，音墜，憫也」，「憫」當是「懣」形譌，「墜」不知何字之誤。《集韻》：「懣、㦖、悶、鞔：煩也，或省，亦作憫、鞔。」諸字皆即「悶」之借字或俗字。朱駿聲曰：「鞔，叚借為悶為懣。」〔註46〕馬敘倫曰：「高注是也，鞔借為懣。《莊子·大宗師篇》：『悗乎忘其言也。』借悗為懣，與此同例。」趙海金亦謂鞔借為懣。王利器引《靈樞經·五亂》「清濁相干，亂於胸中，是謂大悗」，謂「大悗」即「大鞔」。按《太素》卷 12 同，楊上素注：「悗音悶。」《鍼灸甲乙經》卷 6 誤作「大脫」。《六書故》解「鞔」為「冒鼓」，

研究》，復旦大學 2015 年博士學位論文，第 147～148 頁。

〔註45〕 王念孫《漢書雜志》，收入《讀書雜志》卷 6，中國書店 1985 年版，本卷第 10～11 頁。

〔註46〕 朱駿聲《說文通訓定聲》，武漢市古籍書店 1983 年版，第 814 頁。

楊慎《丹鉛總錄》卷 26 云：「鞔又作懣音，氣懣如鼓之鞔也。」皆非
是。宋慈裒知「鞔」為假借字，而未指出正字，尚未達一間。

（8）其為宮室臺榭也，足以辟燥濕而已矣

高誘注：……故日足以備之而已。

舊校：辟，一作「備」。

按：孫蜀丞曰：「《管子・法法篇》云：『為宮室臺榭，足以避燥濕寒暑，不
求其大。』避、辟通用。然據舊校與高注合，似正文本有『備』字。又
考《御覽》卷 720 引作『足以辟燥備濕而已』，疑今本正文及注並有誤
脫。」蔣維喬、陳奇猷從其說。孫說非也，「辟」同「避」，一本音誤作
「備」，高注亦誤作「備」，王叔岷指出《御覽》因又誤作「辟燥備濕」。
《管子・禁藏》：「宮室足以避燥濕。」《荀子・富國》：「為之宮室臺榭，
使足以避燥溼養德辨輕重而已，不求其外。」王利器據《管》、《荀》三
文，指出「『辟』與『備』實為異文，非脫文也，孫說未安」，亦是也。
《晏子春秋・內篇諫下》：「吾細人也，皆有蓋廬以避燥濕，君為壹臺而
不速成，何為？」《左傳・襄公十七年》：「避」作「辟」。《淮南子・主
術篇》：「人主深居隱處以避燥濕。」皆言「辟（避）燥濕」。《墨子・辭
過》：「故聖王作為宮室，為宮室之法曰：『高足以辟潤濕，邊足以圉風
寒，上足以待雪霜雨露，宮牆之高，足以別男女之禮，謹此則止。』」
此《呂氏》所本。

（9）其為輿馬衣裘也，足以逸身煖骸而已矣

按：《墨子・辭過》：「故聖人為衣服，適身體和肌膚而足矣。」此《呂氏》
所本。

（10）其為飲食酏醴也，足以適味充虛而已矣

按：酏，《御覽》卷 720 引作「酏」，有注：「音移。」「醴」俗字，亦作「酏」。
《墨子・辭過》：「故聖人……其為食也，足以增氣充虛彊體適腹而已矣。」
又《節用中》：「古者聖王制為飲食之法曰：『足以充虛繼氣強股肱耳目
聰明則止，不極五味之調，芬香之和，不致遠國珍恢異物。』」此《呂
氏》所本。

《貴公》校補

（1）其得之以公，其失之必以偏

按：「得之」下，孫志祖據《御覽》卷 77，孫蜀丞據《書鈔》卷 37、《類聚》卷 22、《御覽》卷 49 所引，補「必」字。「《御覽》卷 49」當是「《御覽》卷 429」，孫氏筆誤，王利器、陳奇猷從其說，皆失檢。《治要》卷 39 引亦有「必」字。

（2）周公曰：「利而勿利也。」

高誘注：務在利民，勿自利也。

按：本書《恃君》：「君道何如？利而物（勿）利，章。」《荀子·富國》：「不利而利之，不如利而後利之之利也。不愛而用之，不如愛而後用之之功也。利而後利之，不如利而不利者之利也。愛而後用之，不如愛而不用者之功也。利而不利也，愛而不用也者，取天下矣。利而後利之，愛而後用之者，保社稷也。不利而利之，不愛而用之者，危國家也。」考《六韜·武韜·發啓》：「大智不智，大謀不謀，大勇不勇，大利不利。」此當即諸子所本。「利而勿利」即「利而不利」，其義自當如陶鴻慶取下文「天地大矣，生而弗子，成而弗有，萬物皆被其澤，得其利，而莫知其所由始」爲解，言當取法天地，既利民矣，而勿謂己利之，使民不知其故也。劉咸炘曰：「此乃儒家之傳說，利而勿利，謂有利之之意，則將涉於私也。高注以上利屬民，下利屬己，本文無此意。」此不必定是儒家之說也。惠棟曰：「利民而不居其利。」范耕研曰：「順至公之道以行利民之政，不可存一毫務利之心，其利乃大。」陳奇猷謂「利而勿利」屬法家之言，解爲「循乎道法而利之，勿以愛惡而利之」。皆非是。

（3）管仲有病，桓公往問之曰：「仲父之病〔病〕矣，漬甚。」

高誘注：病，困也。漬亦病也。按《公羊傳》曰：「大眚（災）者何？大漬也。」

按：孫鏘鳴曰：「『病』字下當依《莊子·徐無鬼篇》重『病』字。漬，浸也，謂病浸深也。」許維遹曰：「當重『病』字。」范耕研曰：「本書下有『漬甚』二字，故不復重疾病字〔註47〕，非脫也。」王叔岷指出

〔註47〕引者按：「疾」字衍。

「『病』字當疊，或『病』上當有『疾』字。」彭鐸曰：「瀆即殨字，《玉篇》：『殨，病也。』殨亦與瘠通。字亦作積。王念孫曰：『殨、瀆、積、瘠，並字異而義同。』」趙海金曰：「瀆與瘠通。《公羊傳·莊公二十年》：『大災者何？大瘠也。』《解詁》：『瘠，病也，齊人語也。』《釋文》：『瘠，一本作瀆。』《順民篇》：『以視孤寡老弱之瀆病。』注：『瀆亦病也。』亦其例。許說非。」王利器曰：「瀆爲瀸汙相染連及眾盡之辭。」劉如瑛以「仲父之病矣瀆甚」爲句，云：「瀆，猶漸，病危垂死曰大漸。」《禮記·曲禮下》鄭玄註引《春秋傳》亦作「瀆」，與高氏引同。孫說、許說當重「病」字是也，王叔岷說亦是也。高注「病，困也」，即釋下「病」字。彭說是也，孫鳴鏘、王利器、劉如瑛說「瀆」字皆未達通假之指。趙說「瀆」是「瘠」借字，得其字矣；而以許說爲誤，則亦未得「瀆」字之義。瘠言瘦瘠、瘦病，此文亦用齊語。鮑本《御覽》卷 632 引作「仲父之病冀矣」，是誤引，景宋本、四庫本《御覽》引皆同今本，無「冀」字。陳奇猷謂「冀」是「疾」誤，劉如瑛謂「冀」是「革」誤，皆據誤文而說，未得。

（4）故曰大匠不斲，大庖不豆，大勇不鬭，大兵不寇

按：大勇不鬭，《御覽》卷 632 引作「大虜不聞」，形之譌也。《御覽》卷 437 引《莊子》：「大勇不鬭，大兵不寇。」今《莊子》無此文，《御覽》所引，上下文皆出本書，蓋誤記出處也。王利器已指出《淮南子·說林篇》「大匠不斲，大豆不具，大勇不鬭」，本《呂氏》此文。

（5）用豎刁而蟲出於戶

按：蟲出於戶，《治要》卷 39 引同，《書鈔》卷 37 引誤作「蟲生於尸」。《管子·小稱》、《韓子·十過》、《說苑·權謀》並作「蟲出於戶」，《史記·齊太公世家》作「尸蟲出於戶」。

（6）貪戾而求王

按：戾亦貪也。《禮記·大學》：「一人貪戾。」鄭注云：「戾之言利也。《春秋傳》曰：『登戾之。』」《公羊傳·隱公五年》作「登來之」。何休《解詁》：「登〔來〕讀言得來〔註48〕。得來之者，齊人語也，齊人名求得爲

〔註48〕 齊召南曰：「『登』字下各本俱脫『來』字，今增。」孔廣森、王闓運並補「來」

得來。作『登來』者，其言大而急，由口授也。」阮元曰：「按古來讀若釐，故以（與）戾音相近。」〔註49〕孔廣森曰：「來古音貍，又轉爲戾。」〔註50〕朱起鳳說同孔氏〔註51〕。戾、利、來，並一聲之轉。徐剛曰：「這個『登』與『來』意思相近，是『使……前來』的意思，但是又比『來』多了一層莊重的褒義色彩。」〔註52〕徐氏望文生義。

《去私》校補

（1）墨者有鉅子腹䵍

按：腹䵍，《御覽》卷429、《漢藝文志考證》卷7、《冊府元龜》卷901引同，《書鈔》卷37引作「腹韠」。聞一多曰：「䵍即焞字。」〔註53〕

（2）王雖為之賜

　　高誘注：受賜也。

按：《御覽》卷429引同，《書鈔》卷37引作「王雖以賜」，《冊府元龜》卷901引高注作「賜，受也」。畢沅曰：「賜猶惠也。」陳昌齊曰：「『受賜也』三字當是正文。」孫蜀丞曰：「畢說固非，陳說尤誤。注『受賜也』本作『賜，愛也』，『受』即『愛』之形誤，又錯入於上者。《御覽》卷429引此句下有『賜愛』二字，即高氏之原文。」趙海金從孫說。陳奇猷曰：「疑高注原作『賜，受也』。古受、授同字，賜、授同

字。阮元《十三經注疏校勘記》云：「按此當作『登讀言得』，猶云登讀爲得也，『來』當誤衍。」亦可。齊召南《春秋公羊傳注疏卷三考證》，收入景印文淵閣《四庫全書》第145冊，臺灣商務印書館1986年初版，第66頁。孔廣森《公羊春秋經傳通義》，收入《續修四庫全書》第129冊，上海古籍出版社2002年版，第13頁。王闓運《春秋公羊傳箋》，收入《續修四庫全書》第131冊，第81頁。阮元《十三經注疏（附校勘記）》，中華書局1980年版，第2211頁。

〔註49〕阮元《十三經注疏（附校勘記）》，中華書局1980年版，第2211頁。

〔註50〕孔廣森《公羊春秋經傳通義》卷1，收入《續修四庫全書》第129冊，上海古籍出版社2002年版，第13頁。

〔註51〕朱起鳳《辭通》卷5，上海古籍出版社1982年版，第428頁。

〔註52〕徐剛《〈公羊傳〉「登來之」及相關問題新解》，《中國語學研究·開篇》第29卷，2010年9月日本株式會社好文出版，第1～4頁。

〔註53〕聞一多《璞堂雜業·呂氏春秋》，收入《聞一多全集》卷10，湖北人民出版社1994年版，第453頁。

義。賜無愛義。」王利器說同陳奇猷，並引《册府》為證。諸說皆非
是，賜當讀為弛、弛〔註54〕，《說文》：「弛，弓解也。」《慧琳音義》
卷 97 引作「弛，弓解也」。《廣雅》：「弛，緩也。」引申為緩解、放
鬆、脫免、解除。此文謂弛刑，解除其刑罰也。《管子・五輔》：「弛
刑罰，赦罪戾。」《漢書・趙充國傳》：「時上已發三輔、太常徒弛刑。」
顏師古注：「弛刑，謂不加鉗鈇者也。弛之言解也。」字亦作施，馬
王堆帛書《十六經・觀》：「正名施刑。」《肩水金關漢簡（一）》
73EJT1:83：「囗（皆）施刑，屯居延，作一日當二〔日〕。」又 73EJT5:
31：「計到三年四月己酉以請詔施刑。」《肩水金關漢簡（三）》73EJT24:
918 作「扡刑」，「扡」則「施」之省。《後漢書・光武帝紀下》：「遣驃
騎大將軍杜茂將眾郡施刑屯北邊。」李賢注：「施讀曰弛。弛，解也。
《前書音義》曰：『謂有赦令，去其鉗鈇赭衣，謂之弛刑。』」本書《忠
廉》：「特王子慶忌為之賜而不殺耳。」《漢書・食貨志上》：「乃下詔
賜民十二年租稅之半。」二例「賜」亦讀為弛。

〔註54〕從易從也古通，參見張儒、劉毓慶《漢字通用聲素研究》，山西古籍出版社 2002
年版，第 350～351 頁。

《仲春紀》卷第二校補

《仲春紀》校補

（1）無肆掠

　　高誘注：肆，極。掠，笞也。

按：于省吾曰：「肆應讀作殺。」陳奇猷曰：「《月令》鄭注：『肆謂死刑暴尸也。』《論語・憲問》《集解》引鄭曰：『有罪既刑陳其尸曰肆。』則肆本有殺戮之義。高此注『極』當讀爲『殛』。殛，誅殺也。」王利器說同陳氏。鄭注二說合，皆是，肆取陳列爲義，謂陳其尸而示眾。《說文》作「隸」，云：「隸，極陳也。」高注「極」下脫「陳」字。

（2）有不戒其容止者，生子不備，必有凶災

　　高誘注：有不戒愼容止者以雷電合房室者，生子必有瘖聾通精狂癡之疾。

按：（a）雷電，《淮南子・時則篇》高注同，《御覽》卷 19、《事類賦注》卷 4 引作「雷霆」，音之誤也。陳奇猷謂「當以『電』爲正」，是也。《埤雅》卷 20 引《玄女房中經》：「雷電之子必病癲狂。」可證高注。（b）合房室，《淮南子・時則篇》高注同，言行房事。《巢氏諸病源候總論》卷 9：「夫病新瘥者，陰陽二氣未和，早合房室，則令人陰腫於腹。」亦此用法。譚戒甫謂「室」爲「事」音誤，陳奇猷從之，非也。（c）梁玉繩引嚴元照曰：「《釋名》云：『眸子明而不正曰通視。』

蓋即『通精』之謂。《後漢書・梁冀傳》:『洞精矘眄。』章懷注:『洞,猶通也。』」譚戒甫曰:「《南史・陳宗室傳》:『新安王伯固,生而龜胸,目通睛揚白。』而嚴元照引《釋名》,下一句云『言通達目匡一方也』,若是,似即今俗語所謂白眼,亦目疾之一。《月波洞中記》云『羊目四白,死于道路』,『四白』蓋亦『通精』之類。」譚說本於葉德炯。王啓原曰:「通訓達,則達於四方,此言通匡一方,則不能四達。亦云通者,《小爾雅》:『旁淫曰通。』是通亦有旁義。通視只能旁達。《說文》:『吳楚謂瞋目顧視曰眮。』顧視則亦旁達。蓋字本為眮,然非疾病之容。」〔註1〕《南史》作「通睛」,《陳書》作「通精」,同。《南史》之「揚白」,即俗言「羊白」也。《月波洞中記》卷上作「羊眼」,不作「羊目」。高注言小兒通睛之疾,古醫書有記載。《銀海精微》卷上:「小兒通睛,與鶻眼凝睛、轆轤展開,此三症頗同,然此症或因外物打着頭額,或被諸般人物驚心,遂成驚風之症。風熱傷肝,魂不應目,風邪上壅,黃仁不成,關鎖瞳人,開惟直視,不辨人物,致眼通睛。通者,黃仁冰輪皆黑,似無黃仁;瞳人水散,似無瞳人。此黃仁與瞳人通混不分,號曰通瞳。」《世醫得效方》卷16:「嬰兒雙眼睛通者,欲觀東邊則見西畔,若振掉頭腦則睛方轉。」所以謂之「通」者,各說不同。《千金翼方》卷27記載治療「眼喎通睛」症,「喎」即俗「歪」字,是「通睛」者眼睛偏斜不正也。(d)《月令》孔疏:「有不戒其容止者,言此時夫婦交接,生子支節性情必不備。」是「不備」指支節、性情不備,故高注云「有瘖聾通精狂癡之疾」。黃震《黃氏日抄》卷16《讀禮記》謂「生子不備,謂骸竅有虧」,陳奇猷謂「『不備』指五官不備」,王利器說同陳氏,則不完整。

《貴生》校補

(1) 聖人深慮天下,莫貴於生

按:郭店楚簡《語叢三》:「生為貴。」

〔註1〕 葉德炯說、王啓原說,並轉引自畢沅、王先謙《釋名疏證補》,中華書局2008年版,第272頁。

（2）夫耳目鼻口，生之役也

　　高誘注：役，事也。

　按：先秦二漢代人謂役使為「事」〔註2〕，故高誘訓役為事。陳奇猷解「役」
　　　為服役，而以高說為非，蓋未達「事」字之義。

（3）耳雖欲聲，目雖欲色，鼻雖欲芬香，口雖欲滋味，害於生則止；
　　在四官者不欲，利於生者則弗為

　　高誘注：止，禁也。四官，耳目鼻口也。

　按：陳昌齊曰：「『在四官者』四字當連『不欲』二字為句，『弗』字衍。」
　　　俞樾說同，陳奇猷、王利器從其讀。孫鏘鳴曰：「『者』字、『弗』字衍
　　　文。」陳奇猷謂「弗」非衍文，末句當作「利於生者則為之，不利於生
　　　者則弗為」，今本脫 8 字。高誘於「在四官者」下作注，則高氏以「不
　　　欲利於生者則弗為」為句。高氏是也。趙海金曰：「疑『欲』字涉上文
　　　而衍，此結上文，謂在四官者，凡不利於生者則弗為。」趙氏得其誼，
　　　然「欲」字不必衍。「在」是介詞，徐仁甫、王利器解為「雖」，皆非是。

（4）堯以天下讓於子州支父，子州支父曰：「以我為天子猶可也。雖
　　然，我適有幽憂之病，方將治之，未暇在天下也。」

　　高誘注：未暇在於治天下。

　按：（a）畢沅曰：「舊作『子州友父』，訛。《御覽》卷80引作『子州支父』，
　　　與《莊子・讓王篇》、《漢書・古今人表》皆合。在，察也。」陳奇猷
　　　從其說。尋此字《四部叢刊》本作「𠬝」字。《干祿字書》：「𠬝、支：
　　　上俗，下正。」「支」俗字作「𠬝」，右上有一點，故形譌作「𠬝」字，
　　　四庫本、百子全書本因又形譌作「友」。《文選・為鄭冲勸晉王牋》李
　　　善注引《莊子》，又曰：「支或為交。」《新序・雜事五》：「帝堯學州
　　　文父。」「交」、「文」亦「支」形譌。《御覽》卷509引嵇康《高士傳》
　　　亦誤作「友」。（b）孫蜀丞據《御覽》卷 80 引及《莊子・讓王篇》，
　　　於「猶」下補「之」字，陳奇猷謂此文本《莊子》，《莊子》多以「猶
　　　之」連文。《慎子外篇》、皇甫謐《高士傳》卷上、嵇康《高士傳》、《類
　　　聚》卷 36 引魏隸《高士傳》亦作「猶之」。然《呂氏》未必同之，王

〔註2〕例證參見《故訓匯纂》，商務印書館 2003 年版，第 53 頁。

利器曰：「考古書多以『猶』與『猶之』互用，落筆似若有別，而其詞性則一也。」其說是也，「猶之」猶言猶尚、尚且〔註3〕，單言則作「猶」。劉淇曰：「猶之可，若云或可也。『猶』得爲『或』者，庶幾之轉也。」〔註4〕趙海金從劉說，非是。（c）幽憂，《莊子》、《愼子》、皇甫謐《高士傳》卷上、魏隸《高士傳》同，嵇康《高士傳》作「勞憂」。（d）在天下，嵇康《高士傳》同，《莊子》、《愼子》、皇甫謐《高士傳》、魏隸《高士傳》作「治」。在，讀爲裁，制也，與「治」義近，字亦借「財」爲之。高注增字爲訓，畢說亦未允。彭鐸曰：「在猶存，恤也。」楊明照曰：「高注自通。言其在彼不在此耳。」皆非是。《漢語大詞典》：「在，通『宰』，參見『在斯』。」而「在斯」條釋爲「在這裏」〔註5〕，顯然不相應。「在」借爲「宰」，不如借爲「裁」音更近。

（5）逃乎丹穴……越人薰之以艾

按：薰之以艾，《莊子·讓王》同，《御覽》卷 54 引《莊子》作「燻之以艾」，《後漢紀》卷 17 載此事作「燻之以薪」。薰之以艾者，謂以艾草薰煙使之出。成玄英疏：「呼召不出，以艾薰之。」《淮南子·原道篇》謂「越人熏而出之」，亦此意。《後漢紀》謂以薪燻之，其用亦同。二漢人去古不遠，當知其義。《墨子·備穴》：「爲穴……蓋陳霾及艾，穴徹，熏之。」此亦古人以艾熏穴之法。陳奇猷、王利器皆謂薰之以艾乃所以去不祥，又謂《淮南》及成玄英疏皆誤，未得其實也。

（6）乘之以王輿

按：《莊子·讓王》：「乘以王輿。」《釋文》：「王輿，一本作玉輿。」趙諫議本作「玉輿」。《書鈔》卷 140 引《莊子》作「乘之以玉輿」，《御覽》卷 54 引《莊子》、《後漢紀》卷 17 作「承以玉輿」，皆與《釋文》所見一本合。《白氏六帖事類集》卷 2 作「乘以玉輦」〔註6〕。承，讀爲

〔註3〕 參見裴學海《古書虛字集釋》，中華書局 1954 年版，第 730 頁。
〔註4〕 劉淇《助字辨略》卷 2，中華書局 1954 年版，第 113 頁。
〔註5〕 《漢語大字典》（縮印本），湖北辭書出版社、四川辭書出版社 1992 年版，第 1166～1167 頁。
〔註6〕 《白孔六帖》在卷 6。

乘。「王」爲「玉」古字。宋玉《高唐賦》:「王乃乘玉輿,駟倉螭。」
玉輿,謂珠玉裝飾的輿車。成玄英疏解爲「玉輅」,是也。本書《贊
能》:「荊王於是使人以王輿迎叔敖,以爲令尹。」亦是「玉輿」。《通
鑑》卷 155 周正《奏記梁晉安王綱》:「逃玉輿而弗乘。」胡三省註引
《莊子》,謂「玉輿當作王輿」,僨矣。

(7) 王子搜援綏登車

按:援,《莊子·讓王》同,《書鈔》卷 140 引《莊子》作「授」。「授」是
形誤。《管子·戒》:「公輟射,援綏而乘,自御,管仲爲左,隰朋參
乘。」《易林·頤之姤》:「執綏登車,驂乘東遊。」援亦執也。此皆
登車援綏之證。下車亦援綏,《說苑·尊賢》云「文侯援綏下車」,是
其例也。《禮記·曲禮上》:「君出就車,則僕并轡授綏,左右攘辟。」
《左傳·哀公二年》:「子良授太子綏而乘之。」此二例言其僕并轡授
綏,君及太子則援綏就車而乘之,二事相因也。

(8) 顏闔守閭

按:守閭,《莊子·讓王》作「守陋閭」。王利器曰:「閭即廬也。」其說是
也,《御覽》卷 899 引《莊子》作「守廬」,《韻府羣玉》卷 6 引《莊子》
作「守陋廬」。《御覽》卷 820 引《莊子》作「守門」,蓋臆改。

(9) 鹿布之衣

按:鹿,《莊子·讓王》作「苴」,《釋文》:「苴,音麤,徐七餘反。李云:
『有子麻也。』本或作麤,非也。」《御覽》卷 820、899 引《莊子》
作「麤」,《書鈔》卷 129 引《莊子》作「麁」。陳昌齊、俞樾謂「鹿」
是「麤」形誤,陳奇猷從之。梁履繩疑「鹿」當作「麁」。洪頤煊謂
「鹿」是「麤」省借,朱起鳳、彭鐸從之〔註7〕。梁說是也。王叔岷
曰:「《冊府元龜》卷 809 引鹿作麁,麁即麤之俗。」王利器亦謂「鹿」
是「麁」脫誤,「麁」同「麁」,是「麤」俗字。「麤」借爲「粗」,「苴」
亦借爲「粗」。《荀子·正名》:「麤布之衣,麤紃之履,而可以養體。」

〔註7〕 朱起鳳《辭通》卷 17,上海古籍出版社 1982 年版,第 1761 頁。

（10）恐聽繆而遺使者罪

按：繆，《莊子・讓王》作「謬」，《御覽》卷 509 引嵇康《高士傳》作
「誤」。罪，《高士傳》作「羞」。

（11）其土苴，以治天下

高誘注：土，瓦礫也。苴，草蒯也。土鼓、蒯桴，伊耆氏之樂也。苴，
音同鮓。

按：孫詒讓指出「此注說違曲，非呂氏之恉」〔註8〕。《莊子・讓王》同，
《釋文》：「土，敕雅反，又片賈、行賈二反，又音如字。苴，側雅反，
又知雅反。司馬云：『土苴，如糞草也。』李云：『土苴，糟魄也。』
皆不真物也。一云：『土苴，無心之貌。』」「土苴」俗作「蠢苴」、「蠢
磋」、「蠢槎」、「蠢傸」、「蠢磋」、「蠢鮓」，俗又作「拉荙」、「拉磋」，
猶言攪和糞土、草芥也，引申為不精細、糟魄等義〔註9〕。高注苴音
鮓是也，餘說皆誤。畢沅從高注，謂「土」讀如字，范耕研謂高注苴
音鮓誤，馮振解作「泥土草苴」〔註10〕。朱起鳳於「土苴」有二說：
一說「苴即粗之叚，土為粗之訛缺」，「土苴」即「蠢粗」，「若今人言
粗糙」；一說「土苴」即「土芥」〔註11〕。馬敘倫曰：「土疑為吐省，
苴疑義為咀，含味也。」〔註12〕諸說皆非是。王念孫校「草蒯」為「草
薊」，同「草芥」，陳奇猷、王利器從其說。下「蒯桴」之蒯當讀為凷，
字或作塊，亦借「蕢」為之〔註13〕。《禮記・禮運》：「蕢桴土鼓。」《家
語・問禮》同。鄭玄注：「蕢，讀為凷，聲之誤也。凷，塷也，謂搏土

〔註8〕 孫詒讓《籀廎讀書錄・呂氏春秋》，收入《籀廎遺著輯存》，中華書局 2010 年
版，第 343 頁。

〔註9〕 參見蕭旭《「垃圾」考》，收入《群書校補》，廣陵書社 2011 年版，第 1390～
1392 頁。

〔註10〕 馮振《呂氏春秋高注訂補》，《學術世界》第 1 卷第 7 期，1935 年版，第 22
頁。

〔註11〕 朱起鳳《辭通》卷 13、18，上海古籍出版社 1982 年版，第 1319～1320、1889
頁。

〔註12〕 馬敘倫《莊子義證》卷 28，收入《民國叢書》第 5 編，（上海）商務印書館
1930 年版，本卷第 5 頁。

〔註13〕 《春秋・定公十四年》：「衛世子蒯聵出奔宋。」《史記・仲尼弟子傳》：「靈公
太子蕢聵得過南子。」「蒯聵」即「蕢聵」，是同一人。此亦「蒯」、「蕢」相
通之證。

爲枹也。土鼓，築土爲鼓也。」《禮記・明堂位》：「土鼓蕢桴。」鄭玄注：「蕢，當爲凷，聲之誤也。」《周禮・春官・宗伯》鄭玄注引《明堂位》作「土鼓蒯桴」。《鹽鐵論・散不足》：「古者土鼓凷枹。」《類聚》卷 74 後漢・邊孝先《塞賦》：「土鼓塊枹，空桑之瑟。」《集韻》：「塊，土也，或作壊、凷，通作蕢。」又「凷，《說文》：『墣也。』或作塊、蕢、蒯。」蒯桴、蕢桴、凷枹、塊枹，字異義同〔註14〕，謂以土塊爲擊鼓之枹也。

（12）故雷則揜耳，電則揜目

按：二「揜」，《意林》卷 2、《御覽》卷 366 引作「掩」，並讀爲弇，覆也。《金樓子・立言篇下》：「聞雷掩耳，見電暝目。」《劉子・言菀》：「故雷震必塞耳，掣電必掩目。」皆本此文。

《情欲》校補

（1）雖神農黃帝其與桀紂同

按：其，猶亦也〔註15〕。徐仁甫曰：「其，猶當也。」亦通。陳奇猷謂「其」指上文之「欲」而言，非是。

（2）俗主虧情，故每動為亡敗

高誘注：敗，滅亡也。

按：陳昌齊、王念孫、姚永概、范耕研皆謂「亡」涉注文而衍。本書《本生》：「若此，則每動無不敗。」文例相同。爲，猶必也〔註16〕，與「無不」義相因。趙海金曰：「爲，猶則也。」亦通。

（3）身盡府種，筋骨沈滯，血脈壅塞，九竅寥寥，曲失其宜

高誘注：府，腹疾也。種，首疾也。極三關之欲，以病其身，故九竅皆寥寥然虛，曲過其適。以害其性也。

〔註14〕 參見蕭旭《孔子家語校補》，收入《群書校補（續）》，花木蘭文化出版社 2014年版，第 355～356 頁。

〔註15〕 參見蕭旭《古書虛詞旁釋》，廣陵書社 2007 年版，第 169 頁。

〔註16〕 參見蕭旭《古書虛詞旁釋》，廣陵書社 2007 年版，第 43 頁。

按：景宋本、四庫本《御覽》卷739引正文同今本，引注「過」作「失」，
「性」作「生」。文廷式曰：「曲有並義。言並失其宜也。」〔註17〕蔣
維喬等曰：「鮑本《御覽》卷739『府種』作『疛腫』，宋刊同今本《呂
氏》。按：前疑『府種』與『疛種』相通，鮑本《御覽》引作『疛腫』，
蓋以意改之，今校以宋刊，信然。」〔註18〕（a）種之言鍾，聚集也，
寒熱氣所聚集之腫疾名之曰鍾，後出本字作「腫」或「瘇」。《釋名》：
「腫，鍾也，寒熱氣所鍾聚也。」此說得其語源矣。府，聚集也，水
所聚集之腫疾亦名之曰府，後出本字作「疛」，《玉篇》：「疛，附俱、
夫禹二切，腫也。」《廣韻》：「疛，扶雨切，病腫。」字亦作胕，《集
韻》：「胕，馮無切，腫也。」《素問·評熱病論》：「有病腎風者，面胕
疣然，壅害於言，可刺不？」王冰註：「胕疣然，腫起貌。」又《水熱
穴論》：「上下溢於皮膚，故爲胕腫。胕腫者，聚水而生病也。」又《五
常政大論》：「寒熱胕腫。」王冰註：「胕腫，謂腫滿。」《備急千金要
方·積氣》：「四肢胕腫，手足筋攣。」「府種」即「胕腫」，指聚氣聚
水所生之病。字亦作「柎種」，馬王堆帛書《足臂十一脈灸經》：「足柎
種。」裘錫圭讀爲「胕腫」〔註19〕。又作「浮腫」，借音字也。《素問·
陰陽應象大論》：「熱勝則腫……寒勝則浮。」王冰註：「熱勝則陽氣內
鬱，故洪腫暴作。寒勝則陰氣結於玄府，玄府閉密，陽氣內攻，故爲
浮。」又《風論》：「腎風之狀，多汗惡風，面疣然浮腫。」又《欬論
篇》：「此皆聚於胃，關於肺，使人多涕唾而面浮腫，氣逆也。」《金匱
要略·臟腑經絡先後病脈證》：「上氣面浮腫肩息，其脉浮大，不治。」
《備急千金要方》卷57作「胕腫」。又作「腑腫」，《本草綱目》卷6：
「諸病腑腫疼酸驚駭，皆屬於火。」身盡府種者，言全身浮腫也。本
書《盡數》：「形不動則精不流，精不流則氣鬱。鬱處頭則爲腫爲風……
處腹則爲張爲府，處足則爲痿爲蹷。」高誘注：「腫與風，皆首疾。府，
跳動。〔張與府〕，皆腹疾。」高誘注此篇云「府，腹疾也。種，首疾
也」，即本《盡數》「處頭則爲腫，處腹則爲府」爲說。是高氏以「種」

〔註17〕文廷式《純常子枝語》卷15，收入《續修四庫全書》第1165冊，上海古籍出
版社2002年版，第211頁。
〔註18〕蔣維喬等《呂氏春秋彙校補遺》，《制言》第33期，1937年版，本文第2頁。
〔註19〕裘錫圭《馬王堆醫書釋讀瑣議》，收入《裘錫圭學術文集》卷2，復旦大學出
版社2012年版，第183頁。

即「腫」，得之；而高說「府，跳動」則失之（蓋即誤以爲「疛」字，詳下文）。「張」同「漲」、「脹」、「痕」，謂漲滿；「府」同「胕」，謂胕腫。故「張」、「府」皆爲腹疾也。畢沅謂「府種」即「胕腫」，舉《西山經》郭注「治胕腫也，音符」爲證，得之。(b)《說文》：「疛，小（心）腹病。從疒，肘省聲。」〔註20〕「疛」訓心腹病者，其語源是擣。《詩·小弁》：「我心憂傷，惄焉如擣。」毛傳：「擣，心疾也。」《釋文》：「擣，丁老反，本或作癮，同。《韓詩》作疛，除又反，義同。」孔疏：「復云如擣，則似物擣心，故云心疾也。《說文》云：『擣，手椎〔註21〕，一曰築也。』」《漢書·景十三王傳》引《詩》，顏師古注：「惄，思也。擣，築也。言我心中憂思，如被擣築。」錢大昕曰：「疛即『惄焉如擣』之擣。」〔註22〕「疛」從「肘」省聲，或從「壽」得聲，故字亦作「癮」或「痟」，而「府（疛、胕）」從「付」得聲，二者音義不同，判然二字。《廣韻》：「痟」同「疛」。《玉篇》：「痟，腸痛也。」「腸」是「腹」形誤。《玉篇》：「疛，除又切，心腹疾也，《呂氏春秋》云『身盡疛腫』。」孫志祖、盧文弨、胡吉宣並據《玉篇》謂此文「府」爲「疛」誤〔註23〕，皆非是。王念孫說此文云「疛、胕、府並通」，得之；然王氏又改《盡數篇》「府」作「疛」〔註24〕，畢沅、王利器改同，則失之。段玉裁曰：「疛其正字，癮其或體，擣其譌字也。《玉篇》引《呂氏春秋》曰：『身盡疛腫。』今本《呂覽》作『身盡府腫』，二字皆誤。」〔註25〕段氏未知其語源，至以本字爲譌。沈祖民曰：「畢校以府種爲胕腫，非也。《說文》：『胕，爛也。』與府字義同。五藏六府之藏府，今作臟腑，

〔註20〕 《玉篇》、《廣韻》、《集韻》並云：「疛，心腹疾也。」蔣斧印本《唐韻殘卷》：「疛，心福（腹）病，又作癮。」「心」字不誤。

〔註21〕 今本《說文》「擣，手推也」，多誤作「推」字，惟汲古閣本、藤花榭本、段注本不誤。《玉篇》、《類篇》引亦不誤。

〔註22〕 錢大昕《潛研堂文集》卷11《答問八》，收入《嘉定錢大昕全集（九）》，江蘇古籍出版社1997年版，第161頁。

〔註23〕 胡吉宣《〈玉篇〉引書考異》，收入《語言文字研究專輯》（上），《中華文史論叢增刊》，上海古籍出版社1982年版，第125頁。

〔註24〕 王念孫《廣雅疏證》，收入徐復主編《廣雅詁林》，江蘇古籍出版社1992年版，第33頁。王筠亦謂《盡數篇》「府」當作「疛」，桂馥謂《呂氏》二文「府」皆當作「疛」，其誤正同。王筠《說文解字句讀》，中華書局1988年版，第278頁。桂馥《札樸》卷7，中華書局1992年版，第294頁。

〔註25〕 段玉裁《說文解字注》，上海古籍出版社1981年版，第349頁。

乃俗字。府即六府之府，凡腹之疾可以府名之。且《盡數篇》：『鬱處頭則爲腫爲風，處腹則爲張爲府。』則以分解爲宜，畢校以爲不宜分解，誤。」〔註26〕沈氏未得其命名之由，「六府」之府亦取聚集爲義，指飲食所聚之處；與「府腫」之府所指不同。惠棟曰：「疛，俗作府，《呂氏春秋》俗本誤爲府。」〔註27〕蔣維喬等曰：「府、疛、腑、胕疑本相通，『府』爲本字。」則皆混二字爲一字。陳奇猷讀府爲腐，失之尤遠。

（4）意氣易動，蹻然不固

高誘注：蹻謂（讀）乘蹻之蹻，謂其流行速疾，不堅固之貌，故其志氣易動也。

按：高注未得。蹻，讀爲躁。《莊子·在宥篇》《釋文》：「矯，梟也。」是其證。言其意氣躁然不定，故易動而不堅固也。意氣躁然，猶言意氣揚揚也。沈瓞民謂「蹻釋驕爲宜」；陳奇猷讀蹻爲翹，謂「翹然則不踏實，與不固義相成」。皆非是。「翹然」不能用以形容意氣易動。

《當染》校補

（1）功名蔽天地

高誘注：蔽，猶極也。

按：蔽，盡也，高注訓極，極亦盡也〔註28〕。馮振曰：「蔽猶蓋也。高注訓蔽爲極，則蔽當作敝。」〔註29〕陳奇猷曰：「蔽猶言遮蔽。高注爲極，義亦近。」徐仁甫曰：「蔽，塞也。」王利器曰：「《西都賦》：『灑野蔽天。』『蔽』字義與此同。」四氏皆未得「蔽」是之誼。江紹原曰：「《史記·繩（龜）策列傳》：『壽蔽天地。』《韓非·存韓篇》：『以金石相弊。』《素問·上古天眞論》：『故能壽弊天地。』《漢仙人鏡（鏡）

〔註26〕沈瓞民《讀呂臆斷》，《制言》第1期，1935年版，本文第3頁。

〔註27〕惠棟《惠氏讀説文記》卷中弟7，指海本第四集，第12頁。

〔註28〕參見蕭旭《〈素問·上古天眞論篇〉校補》，收入《群書校補》，廣陵書社2011年版，第1212～1215頁。

〔註29〕馮振《呂氏春秋高注訂補》，《學術世界》第1卷第7期，1935年版，第24頁。

銘》：『壽敝金石。』敝、弊、蔽，皆『比』之借字。」〔註30〕其說亦誤。

（2）吳王夫差染於王孫雄、太宰嚭

按：雄，諸家校作「雒」是也。當以「駱」爲正字，「雒」則借字，「雄」則誤字。駱，野獸也。古人多以虎豹熊羆爲名。《淮南子・繆稱篇》：「造父以治馬，醫駱以治病。」醫者名「駱」，亦其例也〔註31〕。

《功名》校補

（1）善釣者出魚乎十仞之下，餌香也；善弋者下鳥乎百仞之上，弓良也

按：《類聚》卷 66、《記纂淵海》卷 84、《古今事文類聚》前集卷 37、《古今合璧事類備要》前集卷 52 引「出」作「引」，「十」作「千」。《御覽》卷 935、《黃氏日抄》卷 56 引同今本，《御覽》卷 834 引作「出」、「千」。《淮南子・覽冥篇》：「故蒲且子之連鳥於百仞之上，而詹何之鶩魚於大淵之中。」即本此文。

（2）水泉深則魚鱉歸之，樹木盛則飛鳥歸之，庶草茂則禽獸歸之，人主賢則豪桀歸之

按：《治要》卷 39 引同，《御覽》卷 932 引「泉」、「木」並作「之」，「茂」作「美」；又卷 952 引「庶草茂」作「芻草美」，蓋皆臆改。《長短經・政體》引作「樹木茂則禽獸歸之，水泉深則魚鱉歸之，人主賢則豪傑歸之」〔註32〕，文字又有倒脫。《逸周書・大聚解》：「泉深而魚鱉歸之，草木茂而鳥獸歸之，稱賢使能，官有材而〔賢〕歸之。」〔註33〕《荀子・致士》：「川（水）淵深而魚鱉歸之，山林茂而禽獸歸之，刑政平而百姓歸之，禮義備而君子歸之。」《韓詩外傳》卷 5：「水淵深

〔註30〕江紹原《讀呂氏春秋雜記（二）》，《中法大學月刊》第 5 卷第 3 期，1934 年版，第 8 頁。

〔註31〕參見蕭旭《〈史記〉校札》，收入《群書校補（續）》，花木蘭文化出版社 2014 年版，第 1981 頁。

〔註32〕《長短經》據南宋初年杭州淨戒院刊本，四庫本「泉」誤作「源」。

〔註33〕「賢」字據《玉海》卷 60、《黃氏日抄》卷 52 引補。

廣則龍魚生之，山林茂盛則禽獸歸之，禮義修明則君子懷之。」王利器指出諸文並可互參。此文及《逸周書》「泉」疑本作「淵」，唐人避諱所改。《意林》卷 1 引《荀子》，亦改「淵」作「泉」。「備」是「脩」形誤。《釋名》：「懷，亦言歸也，來歸己也。」《玉篇》：「懷，歸也。」

（3）彊令之為道也，可以成小，而不可以成大

> 高誘注：虛稱可以為致，顯實難以詐成。虛小實大也，故曰不可以成大也。

按：《長短經・政體》引脫「令」字。本書《審應》高誘注：「虛稱不可以為致，顯實難以詐成。」彼注「不」字衍。畢沅改此注「為致」作「偽制」，改《審應》作「偽致」。蔣維喬等曰：「為、偽通，致、制亦通。」讀「為」為「偽」是也，「偽」、「詐」同義對舉；而讀「致」為「制」則非是。「致」當讀如字，猶言引來、求得。言可以偽詐引致其虛假之譽，但不可以詐偽成就其顯實之名。陳奇猷曰：「『致』、『緻』古今字，緻猶言精緻，用於形容語言是『動聽』。」陳氏未得其句法，因未得其誼。

（4）缶醯黃，螨聚之，有酸，徒水則必不可

> 高誘注：黃，美也。黃故能致酸，酸故能致螨。

按：螨，四部叢刊本作「蚋」，同。《御覽》卷 945 引作「缶䲔黃，蚋聚之，有酸也」，注云「美羹」。「䲔」誤。疑今本注「黃，美也」當作「美羹」，謂蚋以醯黃為美羹，故聚之也。陳奇猷疑注「也黃」二字衍，或未得。譚戒甫、陳奇猷舉《荀子・勸學》「醯酸而蚋聚焉」以證此文，是也，《淮南子・說林篇》：「醯酸不慕蚋，蚋慕於醯酸。」亦足參證。

（5）以貍致鼠，以冰致蠅，雖工不能

按：貍，《類聚》卷 97、《御覽》卷 944、945 引作「狸」，同。工，《黃氏日抄》卷 56 引同，《御覽》卷 945 引作「上聖」。疑「工」誤作「上」，因增「聖」字以求其通。于鬯曰：「工，巧也。」《商子・農戰》：「則如以狸餌鼠爾，必不冀矣。」又《外內》：「是謂設鼠而餌以狸也，亦不幾乎！」

（6）以茹魚去蠅，蠅愈至

　　高誘注：茹讀「茹船漏」之茹字。茹，臭也。

　按：《御覽》卷 945 引「去」作「致」，注作「茹，女居反，臭也」。《文選·
　　魏都賦》李善注、《楚辭·離騷》洪興祖補注引「去」作「驅」。「致」
　　誤。王利器引《韓子·外儲說左下》：「以魚驅蠅，蠅愈至。」又引《金
　　樓子·立言篇下》：「以魚敺蠅，蠅愈至。」高注「茹船漏」者，謂以
　　破布塞漏船之空隙也。「茹」指塞漏船空隙的敝敗之物，字亦作「笳」，
　　《玉篇》：「笳，竹笳，以塞舟。」作動詞用，則以敝敗之物堵塞孔洞
　　亦謂之茹、笳，字亦作絮，《廣雅》：「絮，塞也。」〔註34〕

（7）罰雖重，刑雖嚴，何益

　　高誘注：《淮南記》曰：「急轡利錣，非千里之御也。」嚴刑峻法，非百
　　　　　　王之治也，故曰何益。

　按：陳奇猷曰：「高引《淮南》見《繆稱訓》，『急轡利錣』作『急轡數策
　　者』。」王利器指出今本《繆稱篇》是許慎注本，高本作「急轡利錣」，
　　此許、高之異也。錣，本字作笍，《集韻》：「笍，或作錣。」字亦音轉
　　作銳，《韓子·喻老》：「倒杖而策銳貫頤。」《淮南子·道應篇》、《列
　　子·說符》「銳」作「錣」，《淮南》許慎注：「策，馬捶。端有針以刺
　　馬，謂之錣。」段玉裁曰：「錣與笍音義皆同。」〔註35〕楊樹達曰：「此
　　銳字借爲笍。《說文》：『笍，羊車騶箠也，箸箴其耑，長半分。』字又
　　作錣，故《淮南》作錣。笍、銳、錣古音並同，故得通用。」〔註36〕

（8）賢不肖不可以不相分，若命之不可易，若美惡之不可移

　　高誘注：分，猶與也。命短不可爲使長也。

　按：吳汝綸謂「不相分」之「不」字衍。陶鴻慶曰：「作『與』者是也。正
　　文『不相分』，『不』字誤衍。」其說皆是也，「與」同「予」，《廣雅》：
　　「分，予也。」下文云「而不能與之賢名」、「名固不可以相分」即承

〔註34〕參見蕭旭《〈龍龕手鑑〉「鉏」字考》，收入《群書校補（續）》，花木蘭文化出
　　　　版社 2014 年版，第 1917 頁。
〔註35〕段玉裁《說文解字注》，上海古籍出版社 1981 年版，第 196 頁。
〔註36〕楊樹達《積微居讀書記·韓非子（續）》，《北平北海圖書館月刊》第 2 卷第 2
　　　　號，1929 年出版，第 119 頁。

此言，「與」字是其確詁。畢沅改「與」作「異」，陳奇猷讀分爲混，皆誤。王利器指出正文「命」上脫「性」字，是也。

《季春紀》卷第三校補

《季春紀》校補

（1）生者畢出，萌者盡達

舊校：生，一作牙。

按：畢沅曰：「『牙』字是，《月令》作『句』。」蔣維喬等曰：「姜本、宋邦乂本『牙』誤『身』。」陳奇猷曰：「《月令》鄭注：『句，屈生者。』案此文作『身』字是也。身、申古通，《說文》：『伸，屈伸也。』《釋名》：『身，伸也，可屈伸也。』亦可證申有屈曲之義，故此作『身』，《月令》作『句』，其義均同。畢、蔣說非。」陳說皆誤。「伸」訓屈伸者，「屈伸」是人所共知之語，故舉以為訓，言「伸」是「屈伸」之「伸」耳。非「伸」有「屈曲」之義也。「伸」古籍多借「信」字為之，猶言伸展、伸直、不屈〔註1〕，決無「屈曲」之義。句者指曲者，萌者指直者，皆指草木之萌芽也。此作「牙」，即「芽」。此文以「萌」、「芽」對舉，《月令》、《淮南子‧時則篇》以「句」、「萌」對舉，其義一也。作「生」者，蓋涉鄭玄注「句，屈生者」而誤〔註2〕。「牙」俗字作「刕」，故易形誤作「身」。

〔註1〕《廣雅》：「伸，直也。」又「伸，展也。」《慧琳音義》卷98引顧野王云：「伸者，不屈之稱也。」又引《埤蒼》：「伸，展也。」

〔註2〕此中國社科院語言研究所《上古漢語研究》匿名審稿人意見，謹致謝忱！

（2）田獵畢弋

　　高誘注：畢，掩網也。弋，繳射〔飛〕鳥也。

按：畢弋，《禮記·月令》作「畢翳」。注：「翳，或作弋。」陳奇猷曰：「翳當爲弋之同音假字。鄭注謂『翳，射者所以自隱也』，乃望文生訓。」《文選·射雉賦》呂延濟注：「翳，所以隱射也。」同鄭注。考翳字有隱蔽義，指兵器言，不指人，鄭、呂並誤。或省借爲医，《說文》：「医，盛弓弩矢器也。《國語》曰：『兵不解医。』」今本《國語·齊語》作「翳」，韋昭注：「翳，所以蔽兵也。」《廣雅》：「医，矢藏也。」翳、弋自爲二物，當各從本書，陳氏強合之，未可從。

（3）戴任降于桑

　　高誘注：部生於桑。

按：郝懿行曰：「『部』蓋借爲『抱雞』之抱。」陳奇猷曰：「部、抱雙聲通假。」其說皆是也，王利器謂「部生」即「族居」，非是。其本字是孚，《說文》：「孚，卵孚也。」字或作伏、抙、荸、菢、包、氄、附、勹〔註3〕。

（4）百工咸理，監工日號，無悖於時，無或作爲淫巧，以蕩上心

按：陳奇猷曰：「『心』當爲『志』字之譌，『志』與上『理』、『時』爲韻，若作『心』則失其韻矣。」陳說非是。《月令》亦作「心」，本書《孟冬紀》同，諸類書引亦同。此非韻語。

（5）國人儺，九門磔禳，以畢春氣

　　高誘注：嫌非王氣所在，故磔犬羊以禳，木氣盡之，故曰以畢春氣也。

按：嫌，嫌惡，厭惡。上文高誘注：「天子城門十二，東方三門，王氣所在處，尙生育，明餒獸之藥所不得出也。嫌餘三方九門得出，故特戒之如言無也。」《淮南子·時則篇》高誘注脫誤作「兼餘」。嫌餘猶言厭惡其餘的。陳奇猷謂「嫌餘」、「嫌」是其餘、剩餘之義，非是。吳承仕、于大成校《淮南》，謂「王氣」當作「生氣」，引《風俗通》卷 8「蓋天子之城十有二門，東方三門，生氣之門也」爲證〔註4〕。

〔註3〕 參見蕭旭《淮南子校補》，花木蘭文化出版社 2014 年版，第 17～18 頁。
〔註4〕 于大成《淮南子校釋》，臺灣大學 1970 年博士論文，收入《淮南鴻烈論文集》，

（6）季春行冬令，則寒氣時發，草木皆肅，國有大恐

高誘注：行冬令，寒殺氣之令，故寒氣早發，草木肅棘，木不曲直也。

按：《月令》、《淮南子·時則篇》同。陳昌齊曰：「王石臞云：『《淮南》注：「草木上疏曰肅。」棘當爲疏。』按肅疏猶蕭疏也。」朱駿聲曰：「肅，叚借又爲摯。」〔註5〕陳奇猷曰：「陳說非也。《月令》鄭注：『肅謂枝葉縮栗。』疏云：『縮栗，言枝葉減縮而急栗。』『肅棘』與『縮栗』音轉。」宋·張處《月令解》：「草木皆肅，謂枝葉無條暢之意。」王石臞、陳昌齊、朱駿聲說皆誤，陳奇猷謂「肅棘」與「縮栗」音轉亦誤。肅，讀爲縮。《詩·七月》毛傳：「肅，縮也。」孔疏：「肅音近縮，故肅爲縮也。霜降收縮萬物，言物乾而縮聚也。《月令》：『季春行冬令，則草木皆肅。』注云：『肅謂枝葉縮栗。』亦謂縮聚乾燥之意也。」棘，讀爲亟、極，急也。肅棘者，言因寒冷而收縮急恐，與上「寒氣時發」相應。《淮南》高注「上疏」當作「上竦」，竦亦上也、高也，言向上收縮也。《廣雅》：「竦，上也。」《慧琳音義》卷14引《莊子》：「竦，高也。」〔註6〕又卷62引顧野王曰：「竦，高也。」《淮南子·道應篇》：「舉臂而竦身。」竦身謂收縮其身而上跳，上跳是竦身的結果，故《廣雅》又云「竦，跳也」。《論衡·道虛》作「縱身」，縱亦竦也、跳也，取收縮爲義。《孟子·滕文公下》：「脅肩諂笑。」趙岐注：「脅肩，竦體也。」孫奭疏：「脅肩諂笑，竦縮其身。」《漢書·楊惲傳》：「不寒而慄。」顏師古注：「慄，竦縮也。」《法苑珠林》卷107《音釋》：「慄，竦縮也。」竦縮其身者，引申則是戰慄義。鄭注言「縮栗」者，與「肅棘」義近。栗讀爲慄。「縮栗」亦作「宿栗」，本書《古樂》：「筋骨瑟縮不達。」《漢書·司馬相如傳》顏師古注引「瑟縮」作「縮栗」，《古文苑》卷2《舞賦》章樵註引作「宿栗（栗）」。「粟」爲「栗」形譌，斷無可疑。引申之，「縮慄」則有恐懼、戰抖義，《新唐書·李愬傳》：「馬皆縮慄。」《永樂大典》卷10310引作「縮栗」。唐·司空圖《盧公神道碑》：「吏十縮慄，皆請閉關拒守。」

里仁書局2005年版，第164、165頁。

〔註5〕朱駿聲《說文通訓定聲》，武漢市古籍書店1983年版，第287頁。

〔註6〕《莊子》司馬彪、孟氏注本皆五十二篇，今郭象注本三十三篇。此所引是《莊子》佚文，《慧琳音義》卷89引《莊子》：「竦立而高也。」「竦立」謂竦身而立。

《盡數》校補

（1）精氣之集也……集於珠玉與為精朗

按：集於，《御覽》卷 803 引作「阜於」，蔣維喬等已指出「阜」字誤〔註7〕。
陳昌齊謂「朗」當作「良」，陳奇猷已駁之。《御覽》引同今本作「朗」
字，字本作睍，《說文》：「睍，明也。」本書《士容》：「其狀睍然不
儩，若失其一。」

（2）流水不腐，戶樞不螻，動也

高誘注：腐，臭敗也。

按：螻，《埤雅》卷 11 引同，云：「螻者，蟻也。」梁履繩謂「螻」為朽腐
如螻蛄之氣；李寶洤謂「螻」為腐臭之意；沈濤謂「螻」當作「蠹」；
范耕研謂「螻」即螻蟻；蔣維喬引《方言》卷 11「蟓蟷謂之蟔，秦晉
之閒謂之蠹，或謂之天螻」，謂「螻」、「蠹」相通，江紹原、趙海金說
同。江紹原又謂「或當作『戶樞不蠹』」，解為「蟲齧木中」〔註8〕。
陳奇猷從范、蔣說。螻作蟲名，無論指螻蟻，或指螻蛄、天螻，皆無
動詞用法。焦循曰：「康成以漏為螻，令升以螻為漏……《呂氏春秋·
慎小篇》云：『巨防空螻，而漂邑殺人。』注云：『巨，大。防，隄也。
如隄有孔穴容螻蛄，則潰漏穿決，至於漂沒閭邑，溺殺人民也。』此
螻即漏字，空螻即孔漏也。高誘解為孔穴容螻蛄，尚非是。《呂氏春秋·
盡數篇》云：『流水不腐，戶樞不螻，動也。』邱光庭《兼明書》引《道
書》云：『流水不腐，戶樞不蠹。』此螻直即是蠹孔，戶樞動搖，故不
生蠹蟲，致成孔穴。」〔註9〕竊謂「螻」讀為殽、齵〔註10〕，朽壞也，
蠹敗也。《說文》：「殽，齒蠹也。齵，殽或從齒。」《釋名》：「齵，朽
也，蟲齧之齒缺朽也。」引申之，蠹朽亦曰齵，不特指齵牙也。《釋名》：
「糇，齵也，飯而磨〔散〕之，使齵碎也。」〔註11〕又「煮麥曰麩（麩），

〔註7〕蔣維喬等《呂氏春秋彙校補遺》，《制言》第 33 期，1937 年版，本文第 3 頁。
〔註8〕江紹原《讀呂氏春秋雜記（二）》，《中法大學月刊》第 5 卷第 3 期，1934 年版，
第 4～5 頁。
〔註9〕焦循《禮記補疏》卷 2，收入《續修四庫全書》第 105 冊，上海古籍出版社
2002 年版，第 16 頁。
〔註10〕《後漢書·趙壹傳》《嫉邪賦》李賢注：「嫗媮，猶傴僂也。」此其相通之證。
〔註11〕「散」字據《御覽》卷 860 引補。

麪（麩）亦齲也，煮熟亦齲壞也。」〔註12〕《急就篇》卷 2 顏師古註：「麩之言齲也，謂齲爛也。」俗字作蚛，《集韻》：「蚛，蟲也。」《意林》卷 2、《愛日齋叢抄》卷 5 引本書「螻」作「蟲」，蓋以意改。張家山漢簡《脈書》：「夫留（流）水不腐，戶貗（樞）不橐（蟲），以其勤（動）。」《三國志·華佗傳》：「譬猶戶樞不朽是也。」〔註13〕《類聚》卷 75 引《華佗別傳》：「卿見戶樞，雖用易腐之木，朝暮開閉動搖，遂最晚朽。」《雲笈七籤》卷 36 引《抱朴子》：「道以爲流水不腐，戶樞不蟲，以其勞動故也。」〔註14〕又卷 32「蟲」作「朽」。唐·邱光庭《兼明書》卷 2：「樞是門關，關發即扉開。《道書》云：『流水不腐，戶樞不蟲。』蓋以門關來去，故不蟲敗。」邱氏解「樞」、「蟲」均得之。《唐六典》卷 14 引《仙經》：「戶樞不朽，流水不腐。」《子華子·北宮意問》：「流水之不腐，以其逝故也；戶樞之不蟲，以其運故也。」〔註15〕古代至有以鐵作戶樞者，亦以朽壞言之。《潛夫論·忠貴》：「貴戚懼家之不吉而聚諸令名，懼門之不堅而爲作鐵樞，卒其〔所〕以敗者，非苦禁忌少而門樞朽也，常苦崇財貨而行驕僭，虐百姓而失民心爾。」〔註16〕

（3）形不動則精不流，精不流則氣鬱

按：《路史》卷 9 羅苹注「鬱」下有「閼」字，下句「鬱處頭則爲腫爲風」無「鬱」字。

（4）（氣鬱）處耳則為捐為聾

高誘注：皆耳疾也。

按：范耕研曰：「捐蓋借爲瞠，《集韻》：『聽不聰也。』捐、瞠音近。」陳奇猷曰：「《說文》：『捐，戟持也。』重聽之人曲其肘如戟而以手置耳旁以聽人之言，故重聽之疾謂之捐也。范氏失考。」王利器與陳說同，

〔註12〕《御覽》卷 859、《說文繫傳》「麩」字條引二「麪」作「麩」。

〔註13〕《御覽》卷 720 引臆改作「譬猶戶樞不蟲，流水不腐，以其常動故也」，卷 184 引亦作「戶樞不朽」。

〔註14〕今本《抱朴子》無，蓋佚文。又卷 33、35、56 亦有「流水不腐，戶樞不蟲」語。《備急千金要方》卷 81 引眞人曰：「且流水不腐，戶樞不蟲，以其運動故也。」

〔註15〕《周易集說》卷 15 引作《文子》。

〔註16〕「所」字據《御覽》卷 183 引補。《御覽》引「朽」誤作「朽」。

而視之尤詳，不具引錄。「搞」、「瞳」音不近，無通借之例，范說失之。陳說、王說尤為臆測，無有依據。「搞」疑「漏」形譌，指耳液（指血膿）流出之病。《路史》卷 9 羅苹注作「塥」，亦誤。《素問・刺禁論》：「刺客主人，內陷中脈，為內漏為聾。」王冰註：「客主人，穴名也，今名上關。言刺太深也，刺太深則交脈破決，故為耳內之漏脈。內漏則氣不營，故聾。」《鍼灸甲乙經》卷 5：「刺客主人，內陷中脈，為漏為聾。」

（5）處目則為瞕為盲

按：《文選・風賦》：「得目為蔑。」李善注引「瞕」作「蔑」，云：「蔑與瞕古字通。」《路史》卷 9 羅苹注亦作「蔑」，《六書故》卷 10「矇」字條引作「矇」。李善注每改字以就正文，羅苹用省文，《六書故》改作本字。

（6）處鼻則為鼽為窒

高誘注：鼽，齆鼻。窒，不通。

按：窒，《路史》卷 9 羅苹注誤作「醒」，不知何以致誤。

（7）處腹則為張為府

高誘注：府，跳動，皆腹疾。

按：已詳《情欲篇》校補。

（8）甘水所多好與美人

高誘注：美亦好也。

按：陳奇猷曰：「好人者指美女也。美，同『嬧』，福慶也。美人蓋即今語所謂福相之人也。」王利器曰：「美人猶今言美女，好人猶今言美男子，俱就形體言。」考《詩・盧令》：「其人美且鬈。」毛傳：「鬈，好貌。」「美」就內在的道德性情而言，「好」就外在的儀表容貌而言。

（9）食能以時，身必無災

高誘注：時，節也。不過差，故身無災疾也。

按：過差，猶言過分、過甚〔註 17〕。「不過差」即申言「時，節也」之誼，

〔註 17〕 參見蕭旭《古書虛詞旁釋》，廣陵書社 2007 年版，第 390～391 頁。

謂當有節制。陳奇猷謂「時即時間」，未得。

（10）凡食之道，無飢無飽，是之謂五藏之葆

　　　高誘注：葆，安也。

按：許維遹曰：「葆，借爲寶。《書鈔》卷 142 引作『寶』。」陳直亦讀葆爲寶。《書鈔》引作「是爲五臟之寶」。

（11）今世上卜筮禱祠，故疾病愈來

按：孫鳴鏘曰：「上，尙也。」陳奇猷曰：「孫說是，松皋圓、馮振說同。《玉海》引作『尙』。」《黃氏日抄》卷 56 引亦作「尙」。

（12）譬之若射者，射而不中，反修于招，何益於中

按：《賈子‧君道》：「射而不中者，不求之鵠，而反脩之於己。」即本此文。

（13）夫以湯止沸，沸愈不止，去其火則止矣

按：《淮南子‧精神篇》：「故以湯止沸，沸乃不止，誠知其本，則去火而已矣。」《文子‧上禮》：「故揚湯止沸，沸乃益甚，知其本者，去火而已。」《漢書‧枚乘傳》《上書諫吳王》：「欲湯之凔，一人炊之，百人揚之，無益也，不知絕薪止火而已。」王利器引上三文以證。《漢書‧禮樂志》：「如以湯止沸，沸愈甚而無益。」又《董仲舒傳》：「如以湯止沸，抱薪救火，愈甚，亡益也。」《鹽鐵論‧錯幣》：「是猶以煎止燔，以火止沸也。」《後漢書‧董卓傳》：「臣聞揚湯止沸，莫若去薪。」亦足參證。

《先己》校補

（1）腠理遂通

按：腠理，《御覽》卷 720 引作「湊理」。

（2）及其天年

按：及，《史記‧賈生傳》《索隱》、《御覽》卷 720 引作「反」。俞樾謂

「及」、「反」是「終」之誤。范耕研謂「及」訓到達，陳奇猷從其說。蔣維喬等謂「反」訓還。俞氏得其誼，未得其字。及，讀爲訖、迄、汔，盡也、終也；字亦音轉作既、急。《說文》：「訖，止也。」《廣雅》：「既、急、汔，盡也。」《玉篇》：「訖，畢也。」又「急，盡也。」「急」古字作「忣」，從「及」得聲。

（3）故百仞之松，本傷於下，而末槁於上

按：蔣維喬等曰：「朱本、《類聚》卷 88、《御覽》卷 953『槁』作『稿』，疑通。」宋本《類聚》、《御覽》仍作「槁」，蔣氏失檢〔註18〕。

（4）戰而不勝，是吾德薄而教不善也

按：戰，《御覽》卷 279、《困學紀聞》卷 2、《資治通鑑外紀》卷 2 引同，《御覽》卷 82 引作「我」。「我」當是「伐」形誤。

（5）處不重席，食不貳味

按：《路史》卷 23 作「不因席，不仍味」。

（6）鍾鼓不修

高誘注：修，設。

按：《路史》卷 23 作「鐘弗撞，鼓弗攷」。

（7）子華子曰：「丘陵成而穴者安矣，大水深淵成而魚鱉安矣，松柏成而塗之人已蔭矣。」

按：《子華子·孔子贈》：「夫丘陵崇而穴成於上，狐狸藏矣；溪谷深而淵成於下，魚鱉安矣；松柏茂而陰成於材（林），塗之人則蔭矣。」〔註19〕今本《呂氏》似有倒譌脫誤，疑當作「丘陵〔崇〕，穴成而〔狐狸藏〕矣；大水深，淵成而魚鱉安矣；松柏〔茂，陰〕成而塗之人已蔭矣」。高誘注第三「成」字云：「成，茂。」則其所見本已有脫文矣。「深淵」不是一詞，舊說皆誤，不具徵引。

〔註18〕蔣氏校語每多失誤，可參看藏用《評呂氏春秋彙校》，《圖書季刊》新第 8 卷第 1～2 期，1947 年出版，第 28～41 頁。

〔註19〕《道藏》本「材」作「林」，《記纂淵海》卷 135、《愛日齋叢抄》卷 5、《喻林》卷 84 引亦作「林」。《記纂淵海》據宋刊本，四庫本在卷 72。

《論人》校補

（1）其索之彌遠者，其推之彌疏；〔其〕求之彌疆者，失之彌遠

按：高誘注上句云：「彌，益也。」陳奇猷曰：「推，去也，遠離之辭。疏亦遠也。疆，猶遠也，窮也。『彌』與『無』聲同通假，故彌疆即無疆，亦即甚遠也。」陳說殊牽強，四「彌」字當同義，高注不誤。王利器謂「推」訓求，是也，推尋、推求之義。「疏」謂迂闊、疏失。楊明照謂「疆」當作「彊」，古字通，不必改字，俗作「強」。

（2）而游意乎無窮之次，事心乎自然之塗

　　高誘注：事，治也。

按：高注未是。事，俞樾訓立，陳奇猷、王利器訓任，于省吾謂同「使」，亦皆未切。《爾雅》：「勞、事，勤也。」邢昺疏：「皆為勤勞也。」事心，猶言勞心、苦心。《管子·任法》：「是故人主有能用其道者，不事心，不勞意，不動力。」俞樾曰：「『事』與『勞』義通。」〔註20〕《漢書·張敞傳》：「今陛下游意於太平，勞精於政事。」文例同此，「事心」亦即「勞精」也。

（3）言無遺者，集〔於〕肌膚，不可革也

　　高誘注：遺，失也。該

按：本書《重言》：「古之天子其重言如此，故言無遺者。」「者」與「無」相應。陳奇猷改「者」為「意」，殊為無據。許維遹曰：「『集』下疑脫『於』字，《論威篇》：『捷於肌膚。』《管子·白心篇》：『知於肌膚。』辭利並同。」陳奇猷曰：「許說是也。《墨子·脩身》：『接之肌膚。』集、接、捷三字音近通假。集於肌膚者，謂接於人之肌膚為人所感覺而知之也。」王利器曰：「許說是。捷、集一聲之轉。集讀為襍，匝也。猶言周浹於肌膚也。」陳奇猷謂「集、接、捷」音通，是也，然未得《管子》「知」字之義。《墨子·經上》：「知，接也。」《莊子·庚桑楚》：「知者，接也。」《漢書·董仲舒傳》：「接於肌膚。」亦作「接」字。《莊子·在宥》：「若彼知之，乃是離之。」《文子·自然》「知」作「狹」，即「挾」，亦接也。集、捷、接、挾、浹，皆音之轉，指接近，與「周

〔註20〕俞樾《管子平議》，收入《諸子平議》卷4，中華書局1954年版。第78頁。

浹」義相會〔註21〕。宋慈裒謂「此訛文……無可補訂」，失考耳。楊軍謂「接」、「集」借為「捷」，實為「插」，訓刺入〔註22〕，非也，楊氏未考慮「知」字的訓解。

（4）故知知一，則若天地然，則何事之不勝，何物之不應

高誘注：勝，猶任也。應，當也。

按：勝，讀為稱，當（去聲）也。「應」訓當亦讀去聲。勝、應皆猶言適宜。物亦事也。二句只是一義。言若天地然，凡事皆自然適宜。陳奇猷謂「應」是「響應聲」之應，非是。

（5）譬之若御者，反諸己，則車輕馬利，致遠復食而不倦

按：梁玉繩曰：「復食者，行遠而後食。」陳昌齊謂「復食」是「履險」之訛。章太炎曰：「復食猶蓐食也。蓐，厚也。『復』通『腹』。腹，厚也。」〔註23〕范耕研謂「復食」是「後食」之訛。徐仁甫謂「復食」是「復（退）食」之訛。陳奇猷謂「復食」即《韓子》「返御」，指返回而後進食。陳奇猷說大誤，「御」訓進食，只用於帝王。許維遹從陳昌齊說，舉《荀子·哀公》、《韓詩外傳》卷2「歷險致遠」以證之。考《韓子·喻老》：「凡御之所貴，馬體安於車，人心調於馬，而後可以進（追）速致遠。」《淮南子·主術篇》：「今夫御者，馬體調於車，御心和於馬，則歷險致遠，進退周遊，莫不如志。」皆與本文意近。此文「反諸己」即指御者之心調和於馬，然則陳昌齊說當是。余又疑「復食」當作「復重」，讀為服重、負重，猶言任重、載重。「服（負）重致遠」是古籍成語。句言御者之心調於馬，則車輕馬利，雖負重致遠亦不疲倦也。

（6）人同類而智殊，賢不肖異

按：王念孫、陶鴻慶謂「智」下脫「愚」字，陳奇猷謂其說非，「愚」字可省。王說是也，《漢書·董仲舒傳》：「則廉恥殊路，賢不肖異處矣。」

〔註21〕參見蕭旭《〈廣雅〉「接，徧也」補疏》，收入《群書校補》，廣陵書社2011年版，第1419頁。

〔註22〕楊軍《〈呂氏春秋〉「捷於肌膚」之「捷」字新解》，《貴州大學學報》1997年第1期，第82～86頁。

〔註23〕章太炎《膏蘭室札記》卷3，收入《章太炎全集（1）》，上海人民出版社1982年版，第223頁。

文例相近，「智」、「愚」相對，猶彼「廉」、「恥」相對也。《鬼谷子・揣闔》：「夫賢不肖智愚勇怯仁義有差。」《韓子・安危》：「有賢不肖而無愛惡，有愚智而無非（誹）譽。」又《六反》：「是故決賢不肖愚知（智）之分。」本書《情欲》：「貴賤愚智賢不肖欲之若一。」皆「智」、「愚」相對連文。

（7）通則觀其所禮，貴則觀其所進

按：進，《韓詩外傳》卷3、《淮南子・氾論篇》、《文子・上義》、《說苑・臣術》、《貞觀政要》卷3作「舉」，義同。《鶡冠子・道端》：「貴者觀其所舉。」

（8）富則觀其所養

按：養，《淮南子・氾論篇》、《文子・上義》作「施」〔註24〕。《逸周書・官人解》：「富貴者觀其有禮施。」《大戴禮記・文王官人》：「富貴者觀其禮施也。」《鶡冠子・道端》：「富者觀其所予。」《中說・天地》：「富觀其所與。」施、予（與）同義。

（9）止則觀其所好，習則觀其所言

按：許維遹曰：「《治要》引『止』作『近』。」趙海金曰：「止猶居也。或曰『止』當依《治要》作『近』，蓋『止』爲『岅』之壞字，《說文》：『岅，古文近。』」彭鐸曰：「『近』字古文作『岅』。居，近也，止也。『止』與『近』義相近。」王利器曰：「彭說是。《長短經・知人篇》引亦作『近』。《莊子・列禦寇篇》：『近使之而觀其敬。』義與此相比。《韓詩外傳》卷3：『夫觀士也，居則視其所親。』《史記・魏世家》同。居之訓近，彭氏已言之矣。」《貞觀政要》卷3亦作「居」。「近」是「止」形誤。居、止同義，是與「行」對舉的字。王氏引《莊子》不切。

（10）窮則觀其所不受，賤則觀其所不爲

高誘注：不受非其類也，不爲諂諛。

按：受，《治要》引同，《淮南子・氾論篇》、《貞觀政要》卷3亦同，《長短

〔註24〕《意林》卷1引《文子》「施」作「欲」，誤。

經·知人》引作「愛」。徐仁甫已指出作「愛」誤。《後漢紀》卷 16：「窮則觀其所守，達則觀其所施。」「所不受」即「所守」也。《鶡冠子·道端》：「貧者觀其所不取，足以知廉；賤者觀其所不為，足以知賢。」取、受同義。《文子·上義》：「窮即觀其所受，賤即觀其所為。」〔註25〕《中說·天地》：「貧觀其所取……窮觀其所為。」無二「不」字，義亦相因。

（11）怒之以驗其節，懼之以驗其特

高誘注：節，性。特，獨也。雖獨不恐。

按：高注非是。節，節操，陳奇猷解為「約束」，亦非是。李寶洤疑「特」當作「持」，解為「持守」，陳奇猷申證之，可備一說。竊謂「特」讀為植，志也，與「節」義近。《管子·法法》：「上無固植，下有疑心。」尹注：「植，志。」《楚辭·招魂》：「弱顏固植。」王逸注：「固，堅。植，志也。」《文子·上義》：「振以恐懼，以觀其節。」

（12）譬之若逃雨汙，無之而非是

按：《淮南子·齊俗篇》：「與世競走，譬猶逃雨也，無之而不濡。」《文子·道德》：「吾若與俗遽走，猶逃雨也，無之而不濡。」《編珠》卷 1 引《文子》作「若與俗處（遽），猶走而逃雨，無處不濡濕也」，《白氏六帖事類集》卷 1 引《文子》作「若與俗遽走，猶逃雨之無面（而）不濡濡濕也」〔註26〕，《御覽》卷 10 引《文子》作「若與俗處（遽），猶走逃雨也，無之而不濡」。敦煌寫卷 P.3768《文子》作「儒」，即「濡」字俗寫。三引皆有倒誤，當據今本訂正。《白帖》「濡濕也」疑是注文，或衍一「濡」字。遽，猶競也。許維遹以「汙」字屬上讀，是也，此與《淮南》、《文子》句法不同。正文「是」即代指「雨汙」。陳奇猷謂「汙」字當屬下讀，非是。濡，浸漬也，霑濕也。濕則汙矣。本書《勸學》：「入水而惡濡。」義同。許維遹曰：「濡、汙古通。」陳奇猷、王利器皆從其說。聞一多曰：「汙蓋濡之訛。許云『濡、汙古通』，案二字聲隔，無相通之理。」〔註27〕聞氏駁許說是也，而改字亦未得。

〔註25〕《意林》卷 1 引《文子》「貧則觀其所愛」，「愛」亦誤。
〔註26〕《白帖》在卷 2。
〔註27〕聞一多《璞堂雜業·呂氏春秋》，收入《聞一多全集》卷 10，湖北人民出版社 1994 年版，第 453 頁。

《圜道》校補

（1）天道圜，地道方，聖王法之，所以立上下

　　　高誘注：上，君。下，臣。

按：《御覽》卷 2、《事類賦注》卷 1 引「圜」作「圓」，「上下」作「天下」。
「天下」誤。

（2）精氣一上一下，圜周復雜，無所稽留，故曰天道圜

　　　高誘注：雜，猶匝。無所稽留，運不止也。

按：圜周復雜，畢沅指出《御覽》卷 2、15 引作「圓通周復無雜」是後人
坿益，王念孫指出《文選・元皇后哀策文》李善註引正作「圜周復雜」，
王利器指出《金樓子・立言篇下》亦同今本，陳奇猷引《淮南子・詮
言篇》「以數雜之壽」注「雜，匝也」以證此文高注，其說皆是也。
下文「還周復歸」，即其誼。雜即讀爲匝，《御覽》卷 469 引《淮南》
正作「匝」〔註 28〕。《淮南子・原道篇》：「鈞旋轂轉，周而復匝。」
正作本字，可迻以釋此文。《事類賦注》卷 1 引亦承《御覽》之誤。

（3）萬物殊類殊形，皆有分職，不能相為，故曰地道方

　　　高誘注：不能相爲，不能相兼。

按：高氏「不能相兼」是釋句意，非訓「爲」爲「兼」。言各有職分，不能
爲非己職之事也。譚戒甫乙作「不相爲能」，謂「能」訓兼該，殊誤，
陳奇猷已駁之。《文選・元皇后哀策文》李善註、《御覽》卷 2、《事類
賦注》卷 1 引皆同今本。

（4）月躔二十八宿，軫與角屬，圜道也

按：陳奇猷謂「月」當作「日」，非是。《文選・補亡詩》李善註、《類聚》
卷 1、《書鈔》卷 150、《玉海》卷 1 引皆作「月」。「軫與角屬」另詳王
利器說。

（5）雲氣西行，云云然，冬夏不輟

　　　高誘注：云，遊也。周旋運布，膚寸而合，西行則雨也。

〔註28〕參見蕭旭《淮南子校補》，花木蘭文化出版社 2014 年版，第 440 頁。

按：畢沅改注「遊」作「運」，陳奇猷引《釋名》「雲，運也」以證之，王
利器謂「凡以『云云』爲聲之疊字，皆有眾盛而流動之義」，皆是也。
《御覽》卷8引《春秋說題辭》：「雲之爲言運也，觸石而起謂之雲，
含陽而起，以精運也。」又引《禮統》：「雲者，運氣布恩普博也。」
亦其證。

（6）黃帝曰：「帝無常處也，有處者乃無處也。」以言不刑蹇，圜道也

高誘注：刑，法也。言無刑法，故蹇難也。

按：高注非是。以言，猶言此言〔註29〕，代指上文黃帝的話。「以言不刑
蹇」即是對所引黃帝的話的解釋。本書《名類》：「《商箴》云：『天降
災布祥，並有其職。』以言禍福人或召之也。」又《務本》：「《易》
曰：『復自道，何其咎，吉。』以言本無異，則動卒有喜。」又「《大
雅》曰：『上帝臨汝，無貳爾心。』以言忠臣之行也。」又《慎大》：
「《周書》曰：『若臨深淵，若履薄冰。』以言慎事也。」又《貴信》：
「故《周書》曰：『允哉！允哉！』以言非信，則百事不滿也。」文
例皆同（俞樾、趙海金已得其句法）。刑，讀爲形。《易·序卦》：「蹇
者，難也。」《廣雅》：「蹇，難也。」指行之難。《玄應音義》卷12：
「蹇，掛礙也。」不刑蹇者，言其形無阻滯掛礙，申言無常處之誼也。
字亦作謇，《方言》卷6：「謇，難也。」指口吃，此是言語堅難之專
字，固與「蹇」同源也。俞樾謂「刑蹇」同「形倨」，解爲不躓礙，
已得其義，許維遹、劉咸炘、趙海金從其說。王利器謂「蹇」爲凝固
義，亦是。章太炎曰：「刑當作訮，蹇亦作謇。以者，用也。」陳奇
猷曰：「『刑蹇』即『刑尅』。蹇、尅雙聲。」皆誤。

（7）一也齊至貴，莫知其原，莫知其端，莫知其始，莫知其終，而萬
物以為宗

高誘注：道無匹敵，故曰至貴也。

按：本書《下賢》：「以天爲法，以德爲行，以道爲宗，與物變化而無所終
窮，精充天地而不竭，神覆宇宙而無望（埒）〔註30〕，莫知其始，莫

〔註29〕 參見楊樹達《詞詮》，中華書局1954年版，第350頁。

〔註30〕 王念孫《呂氏春秋校本》校「望」作「埒」，轉引自張錦少《王念孫〈呂氏春
秋〉校本研究》，《漢學研究》第28卷第3期，2010年出版，第315頁。文廷

知其終，莫知其門，莫知其端，莫知其源，其大無外，其小無內，此之謂至貴。」《莊子・寓言》：「莫知其所終，若之何其無命也？莫知其所始，若之何其有命也？」王利器指出二文可以參證。是此文「莫知其原」以下五句，皆是解釋「至貴」的含義。《文選・雜體詩》李善注引作「一也者至貴也」，劉咸炘、孫蜀丞、松皋圓、蔣維喬等皆謂當從《選》注，「齊」當作「者」，其說是也，王利器謂古鈔《文選集注》殘本引亦作「者」字。「一」指「道」而言，故又稱之「至貴」，高注至確。獨陳奇猷謂今本不誤，猶言道與帝之至貴相齊等。「莫知其原，莫知其端，莫知其始，莫知其終，而萬物以爲宗」明明描寫的是「道」，決不會是「帝」，陳說不確。《莊子・大宗師》：「夫道，有情有信，無爲無形，可傳而不可受，可得而不可見，自本自根……莫知其始，莫知其終。」此其確證也。本書《爲欲》：「執一者至貴也，至貴者無敵，聖王託於無敵。」「至貴」亦是指「一」，而不是「執一」；「託於無敵」才是「執一」之誼。「執一者至貴也」之「執」是衍文。《文子・下德》：「故聖王執一，以理物之情性。夫一者至貴，無適（敵）於天下，聖王託於無適（敵）。」《淮南子・齊俗篇》：「故聖王執一而勿失，萬物之情既矣，四夷九州服矣。夫一者至貴，無適（敵）於天下，聖人託於無適（敵）。」此其確證也。《文子》、《淮南》亦是此文「齊」當作「者」的確證。陳奇猷未知其是衍文，謂「《爲欲》與此不同義」，疏矣。《楚辭・遠遊》：「曰：『道可受兮，而不可傳。其小無內兮，其大無垠。無滑而魂兮，彼將自然。壹氣孔神兮，於中夜存。虛以待之兮，無爲之先。庶類以成兮，此德之門。』聞至貴而遂徂兮，忽乎吾將行。」「受」、「傳」二字當據《莊子》互乙。屈子所聞之「至貴」，即指上文「其小無內兮，其大無垠」的「道」而言，與《呂氏》「其大無外，其小無內」誼同。蔣驥注：「至貴，上所言之要道也。」此解得之。王逸注：「見彼王侯而奔驚也。」洪興祖《補注》：「《莊子》曰：『獨有之人，是之謂至貴。』屈子聞其風而往焉。」朱熹《集註》：「至貴謂至妙之言，其貴無敵也。」皆失之。《御覽》卷 668 引《五符經》：「一者至貴，無偶之號。」

式《純常子枝語》卷 15 則謂王說非，「望當作對」，收入《續修四庫全書》第 1165 冊，上海古籍出版社 2002 年版，第 213 頁。

（8）聖王法之，以令其性，以定其正，以出號令

舊校：令，一作全。正，一作生。

按：楊樹達曰：「作『全』者是也。『正』讀爲政。作『生』者非。」陳奇猷曰：「令，善也。則作『令』作『全』均通，但以作『全』義長。『正』作『生』，非。」然陳氏所解「全其性」、「定其正」不洽。「法之」者，「之」代指上文的「一」。「性」當讀爲生。全其生，謂全其身也。本書每言「全其天」，即此義。「正」當讀爲政。定其政，謂定法制。本書《大樂》：「故能以一聽政者，樂君臣，和遠近，說黔首，合宗親。能以一治其身者，免於災，終其壽，全其天。能以一治其國者，奸邪去，賢者至，成大化。能以一治天下者，寒暑適，風雨時，爲聖人。故知一則明，明兩則狂。」可以參證。「以一聽政」即以定其政也，「以一治身」即以全其生也，「以一治國」、「以一治天下」即以出號令也。

（9）今五音之無不應也，其分審也。宮徵商羽角，各處其處，音皆調均，不可以相違，此所以不受也

高誘注：受亦應之。

按：畢沅於「不受」上增「無」字，改注作「受，亦應也」。楊明照曰：「畢補是也，《文選·演連珠》李注引，正有『無』字。」楊說是，陳奇猷引《選》注誤作劉孝標注。「無不受」即上「無不應」之誼，故高注云「受，亦應也」。受，讀爲周，合也，調也。「受」從爪舟省聲，故得借爲「周」也。金其源謂「受」訓付與。陳奇猷謂「受」無「應」訓，「受」是「㝛（侵）」之誤。王利器謂「受」當作「乿（亂）」。皆非是。

《孟夏紀》卷第四校補

《孟夏紀》校補

（1）命司徒，循行縣鄙

按：循，《月令》同。于鬯曰：「《月令記》宋本循作巡。」陳奇猷、王利器
　　並曰：「循與巡通。」《大唐開元禮》卷 100、103、《儀禮經傳通解》卷
　　26、《職官分紀》卷 2 引《月令》正作「巡」，《增韻》卷 3、4「行」字
　　條二引亦同。

（2）命農勉作，無伏於都

　　高誘注：伏，藏也。

按：伏，《月令》作「休」，鄭玄注：「《王居明堂禮》曰：『毋宿於國。』
　　今《月令》休爲伏。」鄭玄訂作「休」是也，形近而訛。「休」與「宿」
　　同義，言無宿止於都邑也。王利器謂「伏」、「休」義近通用，非是。

（3）暴風來格，秀草不實

　　高誘注：春木氣，多風，故暴疾之風應氣而至，使當秀之草不長茂。

按：《淮南子・時則篇》同，高誘注：「春木氣，多風，故言暴風來至，使當
　　秀之草不長茂。」高氏訓「格」爲「至」，王利器從其說，甚確。陳奇
　　猷訓「格」爲殺戮，以高說爲誤，僨矣。

《勸學》校補

（1）不疾學而能為魁士名人者，未之嘗有也

按：蔣維喬等曰：「《御覽》卷 607 引無『疾』字。」《御覽》引脫「不疾學」
三字，「未之嘗有也」作「未之聞也」，蔣氏失檢。

（2）是拯溺而硾之以石也，是救病而飲之以堇也

舊校：拯，一作承。

高誘注：硾，沈也。能沒殺人，何拯之有？

按：王利器曰：「惠棟曰：『硾，鎮也，筆也，亦作縋。』惠氏所舉，澤存
堂本《玉篇》『硾』下文也。原本《玉篇》『硾』下引此文作『倕』，云
『字書或爲倕字』，則《呂覽》此文又有作『倕』之本矣。尋《鄧析子・
無厚篇》：『拯溺錘之以石。』皆同音通用也。」《玉篇殘卷》「縋」字
條云：「鎮筆之縋爲硾字。」《淮南子・說林篇》：「拯溺而授之石。」
亦足參證。《廣韻》：「硾，鎮也。《呂氏春秋》云：『硾之以石。』」《集
韻》：「硾，鎮也，《呂氏春秋》：『硾之以石。』或作倕。」《六書故》：
「硾，縣石也。《呂氏春秋》曰：『拯溺而硾之以石。』別作碹。」《龍
龕手鑑》：「硾，鎮也，重也，《春秋》云：『硾之以石也。』」

（3）曾點使曾參，過期而不至，人皆見曾點曰：「無乃畏耶？」曾點
曰：「彼雖畏，我存，夫安敢畏？」

高誘注：畏，猶死也。

按：曾點，阜陽雙古堆漢簡《呂氏春秋》作「曾箴」；「箴」同「蒧」，即
「點」字〔註1〕。並讀爲黤。《說文》：「黤，雖晳而黑也。古人名黤，
字晳。」曾點字子晳，奚蒧字子晳〔註2〕。劉師培謂注當作「畏，猶
畏死也」，范耕研改「夫安敢畏」之「畏」作「死」，陳奇猷駁之，陳
氏謂「畏」即下文「孔子畏於匡」之畏，讀爲圍，引申訓藏。李寶洤
曰：「『畏』如《禮・檀弓》『畏壓溺』之畏。」馮振曰：「畏當訓懼。」

〔註1〕參見胡平生《阜陽雙古堆漢簡〈呂氏春秋〉》，《古文字與古代史》第 4 輯，台
灣中研院歷史語言研究所 2015 年 2 月出版，第 526 頁。

〔註2〕參見蕭旭《孔子家語校補》，收入《群書校補（續）》，花木蘭文化出版社 2014
年版，第 500 頁。

〔註3〕鍾泰謂此「畏」即下「孔子畏於匡」之「畏」，指遇寇難〔註4〕。
陳奇猷訓藏得其誼，但此「畏」與「孔子畏於匡」之「畏」不是同義，
畏讀爲圍，亦無藏義。畏，躲避、隱蔽也。《史記・廉頗藺相如列傳》：
「今君與廉頗同列，廉君宣惡言，而君畏匿之。」「畏匿」猶言躲藏，
同義連文。王念孫曰：「畏匿之，《文選・覽古詩》注引作『畏匿』，《感
舊詩》注引作『畏之匿』。作『畏之匿』者是也。」裴學海謂王說誤，
云：「畏讀爲猥。猥，猝也。」〔註5〕王說固非，裴亦未得。字亦作偎，
《山海經・海內經》：「其人水居，偎人愛之。」郭璞注：「偎亦愛也。」
《列子・黃帝》：「不偎不愛。」張湛注：「偎亦愛也。」《釋文》：「不
偎不愛，謂或隱或見。」「愛」即隱藏義，或作薆、僾〔註6〕。字亦作
㥄，《玄應音義》卷9：「避㥄：㥄，隱蔽之處也。《論文》〔作〕『偎』，
愛也。偎非此義。」〔註7〕玄應未得「愛」字之義，故以爲非此義。
此爲《大智度論》卷13音義，檢經文作：「我爲佛賊，藏覆避㥄。」
「藏覆避㥄」四字同義連文。《佛說無崖際總持法門經》卷1：「以不
藏㥄爲翼從。」《慧琳音義》卷33亦作「藏㥄」，宋、元、明本作「藏
偎」，《可洪音義》卷8同。《禪宗頌古聯珠通集》卷1：「六載㥄藏在
雪山，灰頭土面自慚顏。」「藏㥄（偎）」、「㥄藏」亦同義連文。無乃
畏耶，猶言或許躲起來了吧。王利器據《白虎通》，謂注當作「畏，兵
死也」，玆亦不從。

（4）孔子畏於匡

按：《論語・先進》：「子畏於匡，顏淵後。」陳奇猷讀畏爲圍，舉《淮南
子・主術篇》「孔子圍於匡」爲證，是也。《莊子・秋水》：「孔子游於
匡，宋人圍之數匝。」《韓子・難言》：「仲尼善說而匡圍之。」《家語・
困誓》：「孔子之宋，匡人簡子以甲士圍之。」《說苑・雜言》：「孔子

〔註3〕 馮振《呂氏春秋高注訂補》，《學術世界》第1卷第7期，1935年版，第28頁。
〔註4〕 鍾說轉引自蔣禮鴻《義府續貂》，收入《蔣禮鴻集》卷2，浙江教育出版社2001
　　　 年版，第213頁。
〔註5〕 裴學海《評高郵王氏四種》，《河北大學學報》1962年第2期，第76頁。
〔註6〕 《爾雅》：「薆，隱也。」郭璞注：「謂隱蔽。」《方言》卷6：「掩，薆也。」
　　　 郭璞注：「謂蔽薆也。《詩》曰：『薆而不見。』」今《詩・靜女》作「愛」。「掩」、
　　　 「隱」亦一聲之轉。《廣韻》：「僾，隱也。」
〔註7〕 「作」字據《慧琳音義》卷46引補。

之宋，匡簡子……甲士以圍孔子之舍。」《韓詩外傳》卷 6：「孔子行，簡子……帶甲以圍孔子舍。」《論衡・知實》：「匡人之圍孔子。」亦皆作「圍」字。《荀子・賦》：「孔子拘匡。」《史記・孔子世家》：「匡人於是遂止孔子。」又「拘焉五日。」又「匡人拘孔子益急。」「拘」、「止」即拘留義，與「圍」義相會。《文選・東征賦》：「入匡郭而追遠兮，念夫子之厄勤；彼衰亂之無道兮，乃困畏乎聖人。」呂向注：「《論語》云：『子畏於匡。』言遭匡人圍之也。」「困畏」即今言圍困也〔註8〕。林定川曰：「畏當讀爲威。子威於匡，謂孔子爲匡人所侮也。」〔註9〕非是。

《尊師》校補

（1）此十聖人六賢者，未有不尊師者也

按：蔣維喬等據《治要》卷 39 引刪「人」字，《御覽》卷 404、《群書考索》卷 55 引亦無「人」字。有，《治要》引同，《御覽》引作「見」。

（2）使其口可以言，不學，其言不若爽

高誘注：爽，病。無所別也。

按：爽，《容齋四筆》卷 3 引作「喑」，《新序・雜事五》亦作「喑」。《御覽》卷 366 引「不若爽」作「曲以爽」，「爽」字同今本，「曲以」則爲妄改。陳奇猷曰：「《老子》12 章：『五味令人口爽。』王弼注：『失口之用，故謂之爽。』喑，不能言也。則爽、喑同義。高注有誤，未詳所當作。」《老子》王弼注：「爽，差失也。失口之用，故謂之爽。」《釋文》：「爽，差也。河上云：『亡也。』」《淮南子・精神篇》：「五味亂口，使口爽傷。」高誘注：「爽，病。病傷滋味也。」「爽」是指口失去味覺的病名，與「喑」不是同義。高注「無所別也」，即謂不能辨別滋味，高注不誤。趙海金疑注「病」當作「瘄」，殊爲無據。

〔註8〕 此例說見趙惠君《「子畏於匡」「畏」字補證》，《古漢語研究》1999 年第 2 期，第 48 頁。

〔註9〕 林定川《〈論語〉古訓質疑》，《孔孟月刊》第 53 卷第 3、4 期合刊，2015 年版，第 33 頁。

（3）高何、縣子石，齊國之暴者也

按：暴，《路史》卷 17 同，《黃氏日抄》卷 56 引誤作「著」。

（4）索盧參，東方之鉅狡也，學於禽滑黎

　　高誘注：禽滑黎，墨子弟子，一作篇滑。

按：鉅狡，阜陽雙古堆漢簡《呂氏春秋》作「巨交」〔註 10〕。《元和姓纂》
卷 10、《通志》卷 29、《通鑑》卷 38 胡三省註引作「禽滑釐」，《路史》
卷 17 作「篇滑」。陳奇猷曰：「『篇』當是『禽』形近之誤。」

（5）織菲屨

按：畢沅曰：「『菲』疑『菲』字之誤。《說文》：『菲，枲實也，或作顡。』
蓋菲屨即後人所謂麻鞵耳。案《晏子・問下篇》有『治唐園，考菲履』
之語，菲音與菲亦相近，益明爲『菲』字無疑。」桂馥曰：「盧君文
弨曰：『案菲是華蕃之名，不可爲屨，此必菲字之譌。《說文》：「菲，
枲實也。」蓋麻枲可以爲屨，後人所謂麻鞵是也。』馥案：《齊民要
術》種麻、種麻子，各爲一物，以枲爲牡麻，以菲爲麻子，最爲明晢。」
〔註 11〕桂氏所引盧說見《鍾山札記》卷 1，盧氏亦引《晏子》，與畢說
全同〔註 12〕，蓋暗合也。王利器引汪中曰：「『菲』必『菲』字之誤。
『菲』、『菲』通。」朱駿聲曰：「菲，又爲菲之誤字。」〔註 13〕陳奇
猷曰：「畢說至確。《儀禮・喪服》：『繩屨者，繩菲也。』疏云：『周
公時謂之屨子，夏時謂之菲。』明菲履即麻鞵也。」〔註 14〕汪氏、畢
氏校「菲」作「菲」，陳氏引《儀禮》以證之，皆是也，而並失其義。
菲、菲，並當讀爲屝。《說文》：「屝，履也。」《方言》卷 4：「屝、屨、
麤，履也。徐兗之郊謂之屝，自關而西謂之屨。絲作之者謂之履，麻

〔註 10〕 參見胡平生《阜陽雙古堆漢簡〈呂氏春秋〉》，《古文字與古代史》第 4 輯，台
灣中研院歷史語言研究所 2015 年 2 月出版，第 514 頁。

〔註 11〕 桂馥《說文解字義證》，齊魯書社 1987 年版，第 49 頁。

〔註 12〕 盧文弨《鍾山札記》卷 1，中華書局 2010 年版，第 29～30 頁。畢氏校《孟夏
紀》「王善」作「王菩」，盧氏《鍾山札記》卷 2 說亦同，第 48 頁。卯泮林亦
曰：「鄭汪云『今《月令》作「王萯生」。』萯、菩古通用。」卯泮林《呂氏
春秋補校》，收入《叢書集成續編》第 40 冊，新文豐出版公司 1988 年印行，
第 468～469 頁。

〔註 13〕 朱駿聲《說文通訓定聲補遺》，武漢市古籍書店 1983 年版，第 1110 頁。

〔註 14〕 陳氏引「周公時」誤作「周時人」，徑據原書訂正。

作之者謂之不借。南楚江沔之閒總謂之麤。麤者謂之屨。履其通語也。」
《釋名》：「齊人謂韋屨曰扉。扉，皮也，以皮作之。」《初學記》卷
26引《世本》：「於則作扉履。」《廣韻》：「屨，《字書》：『草曰扉，麻
也屨，皮曰屨，黃帝臣於則所造。』」《左傳・僖公四年》：「共其資糧
扉屨。」杜預注：「扉，草屨。」孔疏：「《方言》云：『扉、粗，屨也。
絲作之曰履，麻作之曰扉，粗者謂之屨。』《喪服傳》曰：『疏屨者，
藨蒯之菲也。』是菲用草爲之也。」《鹽鐵論・散不足》：「古者庶人
鹿（麄）菲草芰（履），縮絲尙韋而已。」〔註15〕「菲屨」即《左傳》
之「扉屨」，與「扉履」、「菲履」同義，是平列結構，而不是偏正詞
組。扉之爲物，時代不同，或以麻作之，或以皮作之，或以草作之，
草作之履又改易義符從艸作專字「菲」。

（6）聽從不盡力，命之曰背；說義不稱師，命之曰叛

高誘注：背，戾也。叛，換也。說義不稱師，猶臣叛君。

按：畢沅曰：「換，易也。《詩・卷阿》『伴奐』，徐邈音『畔換』，箋云『自
縱弛之意』。學者以己臆見易師之說，即是自放縱叛其師也。」陳奇
猷曰：「以換訓叛，本是音訓。換亦叛也。『伴奐』不但與『畔換』同
音，且亦同義。自縱弛者，離其遊而自行其是，亦即背叛之意也。字
亦作『畔援』，鄭箋謂『畔援猶拔扈也』，《釋文》引《韓詩》謂『畔
援，武彊也』，皆未洽。」畢氏謂「換，易也」，望文生訓。陳氏謂「『伴
奐』與『畔換』同，亦作『畔援』」皆是，但解爲「背叛」則誤，趙
海金誤同。「背」訓戾，是違反、不聽從義，聽從不盡力，亦就是不
聽從也。「叛」亦「背」也，說義不稱師，亦稱爲不聽從也。鄭箋謂
「畔援，猶跋扈也」〔註16〕，《韓詩》謂「畔援，武彊也」，皆是也，
猶言倔強、不從。下文「背叛之人，賢主弗內之於朝，君子不與交友」，
「背叛」是很戾不從之義，斷不可以常義解之。《左傳・襄公三十一
年》：「不吾叛也。」孔疏引劉炫曰：「叛，違也。」字或作「伴仟」、
「伴㣚」、「伴援」，《集韻》：「伴，伴仟，相拒。」又「㣚，㣚㣚，不
順。」又「㣚、援，㣚㣚，不順也，一曰拔扈，或作援。」《類篇》：

〔註15〕《初學記》卷26、《書鈔》卷136引「鹿菲草芰」作「麄扉草履」，《御覽》卷
697引作「鹿（麄）菲草履」。

〔註16〕陳氏引「跋」誤作「拔」，逕正。

「援，伴援，不順也。」《楚辭・惜誦》：「眾駭遽以離心兮，又何以
為此伴也？同極而異路兮，又何以為此援也？」此例「伴援」分言之。
「換」字音轉亦作諺（唸）、岸，《書・無逸》：「乃逸乃諺。」孔穎達
疏：「《論語》：『由也諺。』諺乃叛諺，欺誕不恭之貌。」《論語・先
進》作「唸」。《玉篇殘卷》「岸」字條：「《尚書》：『乃逸乃岸。』孔
安國曰：『牟岸，不恭也』。」「叛諺」、「牟岸」、「伴奐」、「畔換」、「畔
援」皆音之轉，或複用，或單言，其義一也〔註17〕。陳奇猷、王利器
並指出《荀子・大略》「言而不稱師謂之畔，教而不稱師謂之倍」是
此文所本，是也，「倍畔」同此文「背叛」。《淮南子・齊俗篇》：「談
語而不稱師，是返也。」《治要》卷41、《意林》卷2引「返」作「反」，
《御覽》卷405、498引作「叛」，《戰國策・趙策四》作「倍」（王利
器已引《戰國策》、《淮南子》）。「返（反）」讀為「叛」，與「倍（背）」
同義，亦很戾不從之義也。高亨謂「說義」借為「說議」，謂談論，
是也，《戰國策》、《淮南子》作「談語」是其確證。陳奇猷謂「義」
讀「議」，猶言家法，大誤。

《誣徒》校補

（1）達師之教也，使弟子安焉、樂焉、休焉、游焉、肅焉、嚴焉

按：王利器曰：「《禮記・學記》：『故君子之於學也，藏焉、脩焉、息焉、
遊焉。』鄭注：『藏謂懷抱之。脩，習也。息謂作勞休止謂之息。遊謂
閒暇無事謂之遊。』」孔疏：「藏謂心常懷抱學業也。脩謂脩習不廢也。
息謂作事倦息之時而亦存學也。游謂閒暇無事遊行之時亦在於學。言
君子於學無時暫替也。」《初學記》卷18、《御覽》卷404引《孫卿子》
同此文。《初學記》卷21、《御覽》卷613、《群書考索》卷22並引《孫
卿子》「休」作「往」，「嚴焉」作「藏焉嚴」，餘亦同此文。或《荀子》
佚文，乃此文所本也。「往」是「休」形譌；「藏焉嚴」疑本作「藏焉」，
「嚴」字是校書者旁注異文，因捏入正文。劉師培據《初學記》卷18
輯作《荀子》佚文，校曰：「休焉，《初學記》卷21、《御覽》卷613

〔註17〕 參見蕭旭《〈說文〉「鼇姍」疏證》，收入《群書校補（續）》，花木蘭文化出版
　　　　社2014年版，第1857～1859頁。

及《考索》誤作『往焉』。嚴焉,《御覽》卷 404 同;卷 613 及《考索》並作『藏焉』,《初學記》卷 21 同,下有『嚴』字,是也,此文『嚴』當作『藏』,『此』上當有『嚴』字。此文與《呂氏春秋・誣徒》略同。」〔註18〕是劉氏以「嚴」屬下句作「嚴此六者得於學,則邪辟之道塞矣,理義之術勝矣」。又考下文「此六者不得於學,則君不能令於臣、父不能令於子、師不能令於徒」,係反面之筆,則「嚴」字不當屬下為句也,劉說非是。陳奇猷讀游為淫,訓「逸」,非是。

（2）子華子曰:「王者樂其所以王,亡者亦樂其所以亡。故烹獸不足以盡獸,嗜其脯則幾矣。」然則王者有嗜乎理義也,亡者亦有嗜乎暴慢也。所嗜不同,故其禍福亦不同

按:理義,《御覽》卷 889 引同,《愛日齋叢抄》卷 5 引誤作「禮義」,另參王利器說。《子華子・執中》無「然則」二字,餘同此文。據《子華子》,「然則」以下 30 字亦是子華子語,當括於引號內,王利器本不誤。《淮南子・繆稱篇》:「故治國樂其所以存,亡國亦樂其所以亡也。」亦本《子華子》。

（3）則從而抑之,難而懸之,妬而惡之

按:從,讀為摐。《說文》:「摐,推擣也。」字或作㧪,《廣雅》:「㧪,推也。」字或作摗、搋,敦煌寫卷 P.3906、S.6204《碎金》:「手推樸:推聳。」P.2717《碎金》:「手推樸:音辣。」《集韻》:「搋,推也。」又「摗,推也。」字亦作聳,P.3757《燕子賦》:「左推右聳。」字亦作揀,S.5431《開蒙要訓》:「推揀拽挽。」懸,讀為訮,《廣雅》:「訮,怒也。」《玉篇》:「訮,訶也。」范耕研解為「懸而不決」,非是。

（4）草木雞狗牛馬不可譙訹遇之,譙訹遇之則亦譙訹報人

高誘注:譙訹,猶禍惡也。

按:譙訹,畢沅校作「㷤訹」,姜亮夫從畢說〔註19〕;王念孫校作「譙詬」

〔註18〕劉師培《荀子佚文輯補》,《中國學報》1916 年第 1 期;收入《劉申叔遺書》,江蘇古籍出版社 1997 年版,第 940～941 頁。

〔註19〕姜亮夫《詩騷聯綿字考》,收入《姜亮夫全集》卷 17,雲南人民出版社 2002 年版,第 289 頁。

〔註20〕，王紹蘭校作「譏詬」、「譙詬」。孫詒讓曰：「『譙詬』亦『譏詬』之訛。」胡吉宣說同〔註21〕。皆是也。《玉篇殘卷》「譤」字條引正作「譤詬」，又引《說文》：「譤詬，恥辱也。」方以智曰：「譙詬，言譙讓垢辱也。」〔註22〕陳直曰：「譙詬疑爲譙訶之誤字。」二氏說皆非是。

（5）教人則不精

高誘注：教，效也。效人別是非，不能精核。

按：陳奇猷謂「教」即「施教」之教，是也。精核，讀爲「精覈」。《說文》：「覈，實也，考事西筶，邀遮其辭，得實曰覈。」《繫傳》：「實謂考之使實也。西者人覆之也。筶，迫也。邀者，要其情也。遮者，止其詭道也。所以得實覆也。」《後漢書・順帝紀》：「其簡序先後，精覈高下，歲月之次，文武之宜，務存厥衷。」正作本字。

《用衆》校補

（1）善學者若齊王之食雞也，必食其跖數千而後足

高誘注：跖，雞足踵。

按：跖，《類聚》卷91、《事類賦注》卷18引作「蹠」，《御覽》卷918引作「距」，《淮南子・說山篇》作「蹠」。跖、蹠，正、借字。《說文》：「跖，足下也。」又「距，雞距也。」《御覽》引作「距」者，易以同義詞也。許維遹曰：「《御覽》卷607引『數千』作『數十』，與《淮南》同。」景宋本《御覽》卷607引作「數千」，許氏所據爲誤本。楊明照指出《文選・七命》李善注、《續博物志》卷10〔註23〕、《海錄碎事》卷18、《御覽》卷607、918引作「數千」，蔣維喬等指出《類

〔註20〕 王念孫《呂氏春秋校本》，轉引自張錦少《工念孫〈呂氏春秋〉校本研究》，《漢學研究》第28卷第3期，2010年出版，第313頁。

〔註21〕 孫詒讓《墨子閒詁》，中華書局1986年版，第444頁。胡吉宣《〈玉篇〉引書考異》，收入《語言文字研究專輯》（上），《中華文史論叢增刊》，上海古籍出版社1982年版，第125頁。

〔註22〕 方以智《通雅》卷4，收入《方以智全書》第1冊，上海古籍出版社1988年版，第198頁。

〔註23〕 楊氏原文誤作「《續博物志》卷16」，逕據《逸史》本及《四庫》本訂正。

聚》、《續博物志》引作「數千」〔註24〕。《類聚》見卷 91 引。《初學記》卷 26、《記纂淵海》卷 62、《後村詩話》卷 6 引《呂氏》亦作「數千」。《淮南》當據此訂正。

（2）故善學者假人之長以補其短，故假人者遂有天下

按：《御覽》卷 607 引作「善學者假人道之長以補其短，故假而又假，遂有天下」。「道」字衍。作「假而又假」或臆改。

（3）辯議而不可為，是被褐而出，衣錦而入

按：是，猶如也，若也。《御覽》卷 607 引作「學不辯義，如被褐而出，錦衣而入」。

（4）今使楚人長乎戎，戎人長乎楚，則楚人戎言，戎人楚言矣

按：二「乎」，《御覽》卷 607 引作「呼」，音之誤也。

（5）天下無粹白之狐，而有粹白之裘，取之眾白也

高誘注：粹，純。

按：陳奇猷曰：「《淮南子・說山訓》『取』作『掇』，義同。」《白帖》卷 12 引注作「集而後成。粹，純也。」銀雀山漢簡《聽有五患》：「千金之裘，非一狐之白也。」《墨子・親士》：「千鎰之裘，非一狐之白也。」《御覽》卷 694 引引《戰國策》：「千鎰之裘，非一狐之裘也。」《文選・四子講德論》：「故千金之裘，非一狐之腋。」〔註25〕李善注引《慎子》：「狐白之裘，非一狐之皮也。」〔註26〕《說苑・建本》：「千金之裘，非一狐之皮。」《書鈔》卷 129 引漢・杜篤《眾瑞賦》：「夫千金之裘，非一狐之白。」諸文皆可互證（王利器已引《墨子》）。

（6）故以眾勇無畏乎孟賁矣，以眾力無畏乎烏獲矣，以眾視無畏乎離婁矣，以眾知無畏乎堯舜矣。夫以眾者，此君人之大寶也

高誘注：《淮南記》曰：「萬人之眾無廢功，千人之眾無絕良。」故人君

〔註24〕 蔣維喬等《呂氏春秋彙校補遺》，《制言》第 33 期，1937 年版，本文第 3 頁。
〔註25〕 《史記・劉敬叔孫通列傳》引語曰同。
〔註26〕 《御覽》卷 909 引同，《治要》卷 37、《御覽》卷 766 引「非」上有「蓋」字，餘同；《意林》卷 2 引「皮」作「腋」。

以眾爲大寶也。

按：陳奇猷曰：「《淮南子‧主術訓》作『千人之群無絕梁，萬人之聚無廢
功』。此作『良』字乃音近之譌，『眾』、『聚』亦不同。」陳說非也。
《文子‧下德》：「千人之眾無絕粮，萬人之群無廢功」，《纘義》本
「粮」作「糧」，王利器謂當作「良」字〔註27〕，是也。「聚」是「眾」
形譌。言採善於眾人，與千人之眾謀，則不失其良策；與萬人之眾謀，
則不敗其功也。《鹽鐵論‧刺議》：「故謀及下者無失策，舉及眾者無
頓功。」《孟子‧公孫丑上》章指：「言大聖之君，由（猶）采善於人，
故曰計及下者無遺策，舉及眾者無廢功也。」皆是其誼矣。《金樓子‧
立言篇下》用此文，上二「無」下有「所」字，下二「無」下有「以」
字。

（7）孟賁庶乎患術，而邊境弗患……得之眾也

高誘注：齊之邊境不以孟賁爲患者，眾也。

按：庶乎，猶言差不多。患術，猶言患於術。術，讀爲遂。《集韻》：「術，
六鄉之外地，通作『遂』。」句言勇如孟賁者，差不多也就僅僅是爲患
於鄉里，而邊境不會以孟賁爲患，因爲邊境人多，不怕他一人之勇。
陳奇猷讀術爲役，解「患役」爲「視兵役爲禍患而不願任兵役」，殊爲
迂曲，不可信也。孟賁縱然任兵役，亦不能爲邊患也。土利器曰：「孟
賁，衛人。庶，幾也。此謂衛之孟賁庶習乎患術，時爲邊患，而齊之
邊境弗以爲患者，齊人眾也。」趙海金曰：「據注，『患術』二字當衍。
此係倒文成句，順言之，謂庶乎，而邊境弗患孟賁。」二氏皆未達厥
誼。

〔註27〕王說除見《呂氏春秋注疏》，又見《文子疏義》，中華書局 2000 年版，第 420
頁。

《仲夏紀》卷第五校補

《仲夏紀》校補

（1）執干戚戈羽

　　高誘注：羽以爲翳，舞者執之以指麾也。

　按：陳奇猷曰：「高以執爲執持之義，非是。『執』、『縶』同，『縶』之本義爲絆馬，引申則爲以繩繫之之義。繫之者，蓋使牢固也。」高說是，陳說誤。執干戚戈羽者，執之以舞也。

（2）游牝別其群，則縶騰駒，班馬正

　　高誘注：是月牝馬懷妊已定，故放之則別其群，不欲駒蹄踰趣其胎育，故縶之也。

　按：畢沅曰：「注『踰』疑當作『踊』。」畢說非是。《文選‧吳都賦》劉淵林注：「超，踰躍也。」「踰趣」即「踰躍」。踰亦跳躍義，不當改字。

（3）百官靜，事無刑

　　高誘注：事無刑，當精詳而後行也。

　按：《禮記‧月令》同，鄭注：「今《月令》『刑』爲『徑』。」《淮南子‧時則篇》作「事無徑」，高誘注：「事無刑，當精詳而後行也。」《玉燭寶典》卷5引《月令章句》作「徑」，又解云：「徑，易也，言諸官皆靜，皆重慎，不輕易也。」王念孫曰：「徑，疾也，速也。徑、刑古聲相近，

故借刑爲徑，非謂刑罰也。」〔註1〕王利器從王說。蔣維喬等曰：「松
皋圓、王引之、徐鼒、劉師培及范耕研皆據《注》，謂『刑』當作『徑』，
本與《淮南‧時則篇》及今《月令》同，後人以《月令》改之也。然
『刑』與『徑』古音同青部，疑本相通……似不必本作『徑』也。陳
喬樅曰：『《說文》云：「刑，剄也。剄，刑也。」二字義同。刑、徑音
亦相近。刑之爲訓，有一成不變之義，近於直情徑行，故高誘以爲「當
精先詳而後行」。』是『刑』、『徑』不特音近，義亦通也。」〔註2〕陳
奇猷曰：「橫絕謂之徑。」刑，當讀爲徑，輕易。二陳說並誤。事無徑，
言於事無輕率，故高云「精詳而後行」。

（4）半夏生，木堇榮

按：《禮記‧月令》、《淮南子‧時則篇》同，《初學記》卷 3、《書鈔》卷
154、《大唐開元禮》卷 100、103 引《月令》「堇」作「槿」。

《大樂》校補

（1）音樂之所由來者遠矣，生於度量，本於太一

按：蔣維喬等曰：「《書鈔》卷 105『音』作『夫』，無『者』字。《治要》
無『音』字『者』字。《御覽》卷 566『遠』作『尚』。」《治要》卷
39、《御覽》卷 569 引有「音」字，無「者」字。《御覽》卷 566 引「音」
作「故」，蔣氏失檢。郭店楚簡《語叢一》：「樂生於度。」

（2）渾渾沌沌，離則復合，合則復離

高誘注：渾讀如「袞冕」之袞。沌讀近屯。

按：《御覽》卷 566 引作「渾渾純純，離而復合，合而復離」。《文選‧爲
顧彥先贈婦》李善注引「離則復合」前有「夫萬物成則毀，合則離」
九字，此雜合本書《必己》之文，非本篇當有此語也。

〔註1〕王念孫說轉引自王引之《經義述聞》卷 14，江蘇古籍出版社 1985 年版，第
340 頁。
〔註2〕蔣維喬等《今〈月令〉考》，《制言》第 5 期，1935 年版，本文第 4 頁。所引
徐鼒說見徐鼒《讀書雜釋》卷 7，中華書局 1997 年版，第 117 頁。

《侈樂》校補

（1）世之人主，多以珠玉戈劍為寶，愈多而民愈怨，國人愈危，身愈危累

按：陳昌齊等疊「寶」字，刪下「人」字、下「危」字，皆是也。《類聚》卷35、《御覽》卷485「貧」條皆引作「世皆以珠玉爲寶，寶愈多而民愈貧，失其所寶也」，《御覽》卷802「寶」條引二「愈」作「逾」，餘同。楊明照已據以證當疊「寶」字。然則「怨」亦當據校作「貧」，諸家並未及。

（2）若冰之於炎日，反以自兵

高誘注：兵，災也。

按：畢沅曰：「『炎日』《御覽》作『炭』。」《御覽》卷566引作「若水之於炭，反以自外」。「水」、「外」皆爲形誤字。

（3）此生乎不知樂之情，而以侈為務故也

按：生，《御覽》卷566引同，《治要》卷39引誤作「主」。

《適音》校補

（1）人之情，欲壽而惡夭，欲安而惡危，欲榮而惡辱，欲逸而惡勞

按：《荀子・君道》：「爲人主者，莫不欲彊而惡弱，欲安而惡危，欲榮而惡辱，是禹桀之所同也。」爲此文所本。本書《論威》：「人情，欲生而惡死，欲榮而惡辱。」《亢倉子・政道》：「人之情，欲生而惡死，欲安而惡危，欲榮而惡辱。」

（2）太清則志危，以危聽清則耳谿極，谿極則不鑒，不鑒則竭

高誘注：谿虛極，病也。不聞和聲之故也。鑒，察也。太清無和，耳不能察，則竭病之。

按：（a）高注王利器點作：「谿，虛。極，病也。」是也。《御覽》卷566、《黃氏日抄》卷56、《樂書》卷18、103引「谿極」并同，《御覽》引注「虛」誤作「靈」。高注「極，病也」得之，而未得「谿」字之誼。

朱駿聲謂「谿」訓虛是本義之轉注。俞樾曰：「高注殊不成義。谿疑
鮎字之誤。《文選・上林賦》曰：『與其窮極倦鮎。』郭注曰：『窮極
倦鮎，疲憊者也。』是鮎、極義同，并有病義。」范耕研謂「谿極」
即《荀子》之「暴谿」，違俗自潔之貌。陳奇猷謂「谿極」或作「適
歷（秝）」、「哭歷」、「洞歷」，稀疏之意，指耳上通下達的空虛之病。
朱起鳳曰：「谿與疲聲相近。」〔註3〕劉師培校《賈子・耳痺》「谿徹
而輕絕」云：「『谿』爲隘狹刻覈之義。《晏子春秋・問下》云『谿盎
而不苛』，《呂氏春秋・適音》云『聽清則耳谿極』。此云『谿徹』，猶
彼『谿極』矣。」〔註4〕王利器說同劉氏。姜亮夫謂「谿極」是「蹊
髁」之轉語，解爲「訛倪不正貌」〔註5〕。惟俞樾得其義，然未得其
字，其餘諸說皆誤。谿，讀爲憨〔註6〕。《說文》：「憨，憊也。」又「憊，
憨也。」二字互訓。《廣雅》：「憨、憊，極也。」《玉篇》：「憨，備（憊）
也，極也。」《廣韻》：「憨，劇也。」《玄應音義》卷7：「憊，又作憊。
《通俗文》：『疲極曰憊。』」「極」是病困、疲憊之義。「谿極」即「憨
極」，同義連文。字亦作擊，《淮南子・人間篇》：「子發辨擊劇而勞佚
齊，楚國知其可以爲兵主也。」「憨」、「劇」亦同義連文〔註7〕。字亦
作罄，《爾雅》：「罄，盡也。」郭璞注：「今江東呼厭極爲罄。」《釋
文》：「罄，苦計反，《說文》口地反，云：『器中盡也。』本或作憨字，
音同。《廣雅》云：『憨，劇也。』」今本《廣雅》無「憨，劇也」之
語。（b）鑒，《御覽》卷566引作「監」，引注作「監，察」。監、鑒，
正、俗字。高注訓「察」是也，言耳朵疲憊則不能鑒別音樂。范耕研
讀監爲濫，訓「攣聚」。陳奇猷謂「監」訓「守」，與「攣聚」義亦近。
皆非是。

〔註3〕 朱起鳳《辭通》卷24，上海古籍出版社1982年版。第2680頁。
〔註4〕 劉師培《賈子新書斠補》卷下，收入《劉申叔遺書》，江蘇古籍出版社 1997
　　　　年版，第999頁。
〔註5〕 姜亮夫《詩騷聯綿字考》，收入《姜亮夫全集》卷17，雲南人民出版社 2002
　　　　年版，第290頁。
〔註6〕 《淮南子・本經篇》：「傒人之子女。」高誘注：「傒，繫囚之繫，讀曰鷄。」
　　　　《治要》卷41引「傒」作「繫」。《集韻》：「繫，或作繇。」皆其相通之證。
〔註7〕 參見蕭旭《淮南子校補》，花木蘭文化出版社2014年版，第626頁。

（3）太濁則志下，以下聽濁則耳不收，不收則不特，不特則怒

　　高誘注：不收，越散。不特，不專一也，故惑怒也。

按：畢沅據孫志祖說，從《御覽》改「特」作「搏」。《御覽》卷 566、《樂書》卷 18、103 引「特」作「搏」，孫氏失檢。「特」、「搏」皆是「搏」形誤。王念孫、朱駿聲校此文作「搏」，亦從孫說。王念孫謂「搏」與「專」同，朱駿聲謂搏借爲摶、專〔註8〕，皆是也。陳奇猷謂畢校非是，「特」當訓「一」。陳說非也，「特」訓「一」是單獨、獨個義，而不是專一義。

（4）何謂衷？大不出鈞，重不過石，小大輕重之衷也

　　高誘注：三十斤爲鈞，百二十斤爲石。

按：陶鴻慶曰：「『大』當爲『小』字之誤。」于鬯曰：「高解非也。二語本出《國語・周語》，韋昭解云：『鈞，所以鈞音之法也，以木長七尺，有弦繫之，以爲鈞法。』《文選・思玄賦》李善注引《樂緯汁圖徵》：『立五均。均者，六律調五聲之均也。』宋均曰：『均長八尺，施絃以調六律五聲。』均即鈞也。」陳奇猷曰：「既以『大』言，則『鈞』當非重量名，高、陶說非。《國語・周語》：『大不出鈞，重不過石。』韋注云云。又『律所以立均出度也。』韋注：『均者均鐘，木長七尺，有弦繫之，以均鐘者，度鐘大小清濁也。』（『均』、『鈞』同）。則『鈞』爲度量鐘音律度大小之器……即今之『標音』。」于、陳說是也，王利器亦從于說。鈞之言均，謂均平其聲，猶言調也，故以爲均音之名。方以智曰：「樂均，調樂器也。」〔註9〕《史記・鄒陽傳》《索隱》引韋昭語作「鈞，木長七尺，有絃，所以調爲器具也」。《風俗通義・聲音》：「大不出均，重不過石。」正作「均」字。韋昭謂「木長七尺」，此一說；宋均謂「均長八尺」，此又一說。《文選・與魏文帝牋》、《舞賦》李善注並引宋均注：「均，長八尺施絃也。」《後漢書・張衡傳》李賢注引宋均注：「均，長八尺，施絃以調六律也。」

〔註8〕王念孫《管子雜志》，收入《讀書雜志》卷 7，中國書店 1985 年版，本卷第 44 頁。朱駿聲《說文通訓定聲》，武漢市古籍書店 1983 年版，第 758 頁。

〔註9〕方以智《通雅》卷 30，收入《方以智全書》第 1 冊，上海古籍出版社 1988 年版，第 929 頁。

《古樂》校補

（1）昔葛天氏之樂，三人操牛尾投足以歌八闋

高誘注：投足，猶蹀足。

按：（a）畢沅曰：「『操』舊作『摻』，俗字，今從《初學記》卷 9、《御覽》卷 566、《禮書》改正。」蔣維喬等舉《類聚》卷 43、94、《初學記》卷 15、《御覽》卷 899、《史記·司馬相如傳》《集解》引作「操」以證畢說。《史記·司馬相如傳》《索隱》引作「持」，《能改齋漫錄》卷 2、《事物紀原》卷 2、《古今合璧事類備要》外集卷 11、《禮書》卷 129、132 引作「操」，《記纂淵海》卷 78 引作「揉」，《玉海》卷 59、106、《群書考索》卷 47 引作「捲」，《玉海》二引並有注：「捲，一作摻，一作持。」《紺珠集》卷 7 引作「探」，《資治通鑑外紀》卷 1 作「摻」。「持」、「操」義同，餘皆形譌或臆改。（b）投，《玉海》卷 106 引作「頭」，有注：「頭，一作投。」《類聚》卷 43、《禮書》卷 132、《能改齋漫錄》卷 2、《事物紀原》卷 2、《紺珠集》卷 7 引作「捉」，《古今合璧事類備要》外集卷 11 引作「提」。「投（頭）」字是，投（頭）之言毁也，《說文》：「毁，緜（遙）擊也。古文祋（投）如此。」《玉篇》：「毁，遙擊也，古爲投。」投足，謂以足擊地，猶言踏足，故高注云「猶蹀足」。

（2）陰多滯伏而湛積

按：《儀禮集傳通解》卷 27 引此文，朱熹注：「湛音沈。」

（3）民氣鬱閼

高誘注：閼讀曰「遏止」之遏。

按：鬱閼，《文選·七命》李善注、《漢書·司馬相如傳》顏師古注、《儀禮集傳通解》卷 27 引同，《資治通鑑外紀》卷 1、《冊府元龜》卷 565 亦同，《類聚》卷 43、《書鈔》卷 107、《初學記》卷 15、《御覽》卷 574、《事物紀原》卷 2 引作「壅閼」，《古文苑》卷 2《舞賦》章樵註引作「鬱閼」。「閼」是「閼」形譌。

（4）筋骨瑟縮不達閼

按：陳奇猷曰：「瑟縮，猶言收縮。」瑟縮，《文選·七命》李善注引作「攣

縮」，《漢書·司馬相如傳》顏師古注引作「縮栗」，《古文苑》卷 2《舞賦》章樵註引作「縮栗（栗）」。「縮栗」亦是收縮不伸義，又引申爲恐懼義。《禮記·月令》：「草木皆肅。」鄭玄注：「肅謂枝葉縮栗。」孔穎達疏：「縮栗，言枝葉減縮而急栗。」唐·韓愈《與少室李拾遺書》：「彊梁之兒，銷鑠縮栗，迎風而委伏。」字亦作「縮慄」，《新唐書·李愬傳》：「會大雨雪，天晦，凜風偃旗裂膚，馬皆縮慄，士抱戈凍死於道十一二。」朱起鳳謂「瑟縮」是「獦狚」音轉，引《方言》卷 2 訓「驚」〔註10〕，殊爲無據。

（5）昔黃帝令伶倫作爲律

高誘注：伶倫，黃帝臣。

按：畢沅曰：「《說苑·修文篇》作『泠倫』，《古今人表》作『泠淪』。」《說苑》作「伶倫」，畢氏失檢。《玉海》卷 131 引本書作「泠倫」。王利器指出字又作「泠綸」，《漢書·律曆志》：「黃帝使泠綸。」顏師古注：「泠音零，綸音倫也。」方以智曰：「因黃帝使泠倫取竹爲古樂師，故後世號樂官爲泠。既以泠爲官，故別作伶。」〔註11〕則「泠」爲本字，「伶」爲專字。《玄應音義》卷 6 引《世本》：「黃帝世伶倫作樂。」敦煌寫卷 Φ367《妙法蓮華經音義》「伶」作「冷」，「冷」是「泠」形譌。《路史》卷 29：「泠倫國，衛之泠邑，近魯。作冷非。」

（6）黃帝又命伶倫與榮將鑄十二鐘，以和五音，以施英韶

按：陳奇猷曰：「『英韶』當是樂名，但未詳所出。施，敷陳也。《御覽》卷 565 及《路史·後紀五》『施』作『詔』。『詔』、『昭』同，明也，亦通。」《御覽》見卷 566 引，陳氏誤記，下文皆然。《樂書》卷 52、109 引《傳》曰「以詔英韶」，《路史·餘論三》同，《玉海》卷 6、103 引則同今本。《書鈔》卷 105 引《呂氏》云：「英招鬼神解音律，爲帝和五音。」當即此文。《路史·發揮三》：「且英韶本皆黃帝之樂，後世所不知者，鑄十二鐘以韶英韶是也。」

〔註10〕朱起鳳《辭通》卷 21，上海古籍出版社 1982 年版，第 2238 頁。

〔註11〕方以智《通雅》卷 30，收入《方以智全書》第 1 冊，上海古籍出版社 1988 年版，第 943 頁。

（7）**鱓乃偃寢，以其尾鼓其腹，其音英英**

高誘注：鼓，擊。英英，和盛之貌。

按：畢沅曰：「『寢』舊本訛『浸』。舊本『英英』正、注皆不重，依《初學記》、《御覽》改正。」《初學記》卷 15、《記纂淵海》卷 78 引作「寢」，《御覽》卷 566、932 二引皆作「寢」，《冊府元龜》卷 565 同，《玉海》卷 103、《儀禮集傳通解》卷 27、《通志》卷 2、《資治通鑑外紀》卷 1 引已誤作「浸」。《御覽》卷 566、《記纂淵海》卷 78、《冊府元龜》卷 565 引作「英英」。《書鈔》卷 112 引作「鱓乃嫚寢，以其尾鼓其腹，其音英浹」，王利器曰：「嫚爲偃俗別字，浹當即泱字之誤。」《御覽》卷 932 引下句作「以其尾擊腹，其音美也」，蓋臆改。譚戒甫解「偃浸」爲「偃伏浸於水中」〔註12〕，非是。

（8）**乃以麋䘴置缶而鼓之**

按：䘴，《御覽》卷 566 引作「輅」，又卷 584 引作「鞅」，《事物紀原》卷 2 引作「絡」，皆「䘴」形誤。孫詒讓曰：「『置缶』難通。『置』疑當作『冒』，形近而誤。『置』或當作『冥』，即『幎』之省。冒、幎義亦同。」蔣維喬等曰：「《御覽》卷 584、《事物紀原》『置』作『魚』。案孫說近是。『魚』或『黏』字之假（陳奇猷、王利器引『黏』誤作『黏』），字亦作『糊』，亦或『幠』字之假。」陳奇猷曰：「冒、置同義，不必改字，孫、蔣說非。」孫氏後說是也。置，《玉海》卷 103、《儀禮集傳通解》卷 27 引同，《路史》卷 20、《資治通鑑外紀》卷 1、《通志》卷 2 亦同，《御覽》卷 566、《樂書》卷 137、《禮書》卷 124 引作「冥」，《樂書》卷 64、115、《冊府元龜》卷 565 亦作「冥」〔註13〕。「置」、「魚」皆「冥」字形誤。「冥」的俗字作「寞」、「寅」等形，故形誤作「寞」，又改作「置」。

（9）**舜立，仰延乃拌瞽叟之所爲瑟，益之八弦，以爲二十三弦之瑟**

高誘注：拌，分。

〔註12〕譚戒甫《校呂遺誼》，國立武漢大學《文哲季刊》第 3 卷第 1 期，1933 年版，第 184 頁。

〔註13〕《冊府元龜》據宋本，中華書局 1988 年影印，第 1631 頁。四庫本誤作「宜」。王利器謂「宜」是「冒」形誤，非也。

按：畢沅曰：「『命』舊本作『仰』，據《路史》改正。」陳奇猷曰：「畢改非也。《路史》多妄改，不可爲據。」王利器說同陳氏。畢校是也。仰延，《儀禮集傳通解》卷27、《姓氏急就篇卷上》引同，《御覽》卷566引作「夘（卯）延」，《資治通鑑外紀》卷1作「命延」。「仰」、「夘」皆是「命」形誤。《通志》卷2：「乃命益八絃爲二十三絃之瑟。」《玉海》卷103引作「舜立，鼓根延乃柈鼓根之所爲瑟」，有注：「根，一作仰。柈，一作析。」〔註14〕析亦分也。《路史》卷20羅苹注：「瞽根，或作瞽叟。董逌（逌）謂秦文以根爲佶（佶），云『與謦同』。」楊樹達曰：「拌，《說文》作『判』，云『分也』。」楊說是也，《樂書》卷10正作「判」。于鬯讀拌爲伴，訓「大」，非是。

（10）禹立，勤勞天下，日夜不懈，通大川，決壅塞，鑿龍門，降通滲水以導河，疏三江五湖，注之東海

高誘注：降，大。滲，流。

按：大川，《玉海》卷103引誤作「大水」。降通滲水，《御覽》卷566、《玉海》卷103、《儀禮集傳通解》卷27引同。高氏「降」訓「大」者，王利器指出讀爲洚。高氏「滲」訓流者，即讀滲爲流〔註15〕。《儀禮集傳通解》卷27朱熹注：「滲，蓮條反。」朱子未得其讀。考本書《貴因》：「禹通三江五湖，決伊闕，溝迴陸，注之東海。」高誘注：「迴，通也。」「溝迴陸」當作「迴溝陸」，注當作「迴，通也」（王念孫說）。《淮南子・本經篇》：「舜乃使禹疏三江五湖，闢伊闕，導瀍澗，平通溝陸，流注東海。」疑此文「降」當作「陸」，「降通滲水」即「平通溝陸」、「迴溝陸」，言陸通流水以導於河也。高注云云，是所見本已誤作「降」字。陳奇猷謂「降」字衍文，非是。陳奇猷又曰：「滲水即潦水，蓋謂洪水。《說文》：『潦，雨水大貌。滲，清深也。』滲水即深水，與大水義亦近。」陳氏前說可備一通，後說則非。「滲」訓

〔註14〕「析」據《玉海》（合璧本），（日本）中文出版社1977年版，第1952頁。四庫本、浙江書局本皆誤作「柝」。

〔註15〕「流利」或作「滲淶」。《莊子・知北遊》《釋文》：「滲然：音流。」《爾雅・釋鳥》《釋文》：「鷚，孫音流。」《晉書音義》卷下：「嘹，音流。」《文選・南都賦》李善註：「滲，〔音〕流。淶，力計〔反〕。」《文選・檄吳將校部曲文》舊校：「樛，音流。」皆是其例也。

清深，指水清澈，非洪水之誼。潒，讀爲潦，字亦作澇。王利器曰：
「注『潒，流』，《儀禮集解集注》卷 27、《玉海》卷 103 引『流』作
『水』。《文選・西京賦》薛綜注：『潒瀁，小水別名。』」《儀禮集解
集注》引注同今本，王氏失檢。王氏引薛綜注，亦非其誼。

（11）於是命皋陶作爲《夏籥》九成，以昭其功

按：昭，《御覽》卷 566 引作「招」，借字。

（12）夏爲無道，暴虐萬民

按：虐，《詩・那》孔疏、《玉海》卷 103、《儀禮集傳通解》卷 27 引同，
《御覽》卷 566 引作「害」，蓋臆改。

（13）湯於是率六州以討桀之罪

舊校：討，一作誅。

按：蔣維喬等曰：「《御覽》卷 83、565、566『討』作『誅』。」《御覽》卷
566 二引，皆作「誅」，非卷 565，蔣氏失檢。《詩・那》孔疏、《玉海》
卷 103、《儀禮集傳通解》卷 27 引作「討」。

（14）修九招

按：九招，《御覽》卷 83 引作「九韶」，又卷 566 引作「六招」。「六」涉下
文「六列」而誤。

（15）周文王處岐，諸侯去殷三淫而翼文王

高誘注：淫，過。翼，佐。三淫，謂剖比干之心，斷材士之股，刳孕
婦之胎者。

按：《儀禮集傳通解》卷 27 引正文及注同，《御覽》卷 566 注作：「三淫，
割心，斷脛，刳孕。」「割」是「剖」形譌。俞樾改「三淫」作「王
受（紂）」，譚戒甫、高亨改作「二垂」，陳奇猷改作「之淫」，王利器
駁之。蔡偉曰：「高亨謂當作『二垂』，義雖是，而字則恐未得，我們
認爲『淫』當作『湮』，借爲『垂』。」〔註 16〕錄以備考。

〔註 16〕蔡偉《誤字、衍文與用字習慣——出土簡帛古書與傳世古書校勘的幾個專題
研究》，復旦大學 2015 年博士學位論文，第 71 頁。

《季夏紀》卷第六校補

《季夏紀》校補

（1）行秋令，則丘隰水潦，禾稼不熟，乃多女災

　按：乃，《禮記·月令》、《淮南子·時則篇》同，《大唐開元禮》卷 100、103
　　　引《月令》作「孕」，形之譌也。

《音律》校補

（1）蕤賓之月，陽氣在土，安壯養俠

　　　高誘注：俠，少也。

　按：畢沅據《月令》「養壯佼」，改「土」作「上」，「俠」作「佼」，惠棟、
　　　王念孫、牟庭亦校作「佼」，皆是也。許維遹指出《治要》卷 39 引「上」
　　　字不誤，王利器指出古鈔本《治要》作「佼」不誤。四部叢刊本《治
　　　要》「佼」則誤作「孩」。《樂書》卷 102 正作「陽氣在上，安壯養佼」，
　　　有注：「狡（佼），小也。」考《月令》孔疏：「壯謂容體盛人，佼謂
　　　形容佼好。」《黃氏日抄》卷 16《讀禮記》引方氏、陸氏云：「壯言形
　　　之大，佼言色之好。」《詩·隰有萇楚》：「夭之沃沃。」毛傳：「夭，
　　　少也。沃沃，壯佼也。」孔疏：「言其少壯而佼好也。」「佼」指容色
　　　言，字本作姣，字亦作狡。《說文》：「姣，好也。」《方言》卷 1：「娥，
　　　好也。自關而東，河濟之閒謂之媌，或謂之姣。」《詩·狡童》毛傳：

「昭公有壯佼之志。」《廣雅》:「壯、佼,健也。」沈欽韓曰:「古佼好之字,俱混爲佼。」〔註1〕本書《禁塞》:「壯佼老幼胎膽之死者。」王利器曰:「本書《仲夏紀》、《聽言篇》作『壯佼』,同。《廣雅》:『佼(狡),健也。』《詩·澤陂》鄭箋:『生而佼大。』佼大即謂壯大也。」佼之訓少、訓好、訓健,三義皆相因。

（2）林鐘之月,草木盛滿,陰將始刑

高誘注:林鐘,六月。刑,殺也。夏至後四十六日立秋,秋則行刑戮,故曰陰氣將始殺也。

按:阜陽雙古堆漢簡《呂氏春秋》作「草木盛盈,陰將始薄」。畢沅曰:「『盛滿』疑本是『盛盈』,與下文皆兩句爲韻。」王念孫曰:「『始刑』當爲『始殺』。『殺』與『氣』爲韻。注『刑,殺也』,當作『殺,刑也』。《治要》作『陰氣將刑』。」陳奇猷曰:「畢、王說非。『滿』字不必爲韻。『刑』字古音亦讀如踁,與『氣』字正合韻。」胡平生曰:「今簡本正作『盛盈』。薄,字書未見,但應從沸得聲,上古音幫母物部字。氣,溪母物部字。王念孫說與『氣』押韻,是也。沸,《說文》:『畢沸,濫泉。』《玉篇》:『沸,泉涌出貌。』此處疑指陰氣似泉涌出,形容陰氣始起也。」〔註2〕薄,疑讀爲刜,擊殺。

《音初》校補

（1）夏后氏孔甲田於東陽萯山,天大風晦盲

高誘注:盲,瞑也。

按:《後漢書·郡國志》劉昭注引「田」上有「遊」字。田,《御覽》卷361引作「佃」,《今本竹書紀年》卷上、《論衡·指瑞》作「畋」,字皆同。萯,《御覽》卷763引同,有注:「萯,音倍。」又卷82引作「蕡」,注作「蕡,音頻」。《路史》卷3羅苹注:「萯,音培,《集韻》倍、負同音培。《太平御覽》作『蕡山』,音爲頻,繆矣。」「蕡」當是「萯」

〔註1〕沈欽韓《春秋左氏傳補註》,收入《叢書集成新編》第109冊,新文豐出版公司1985年版,第359頁。

〔註2〕胡平生《阜陽雙古堆漢簡〈呂氏春秋〉》,《古文字與古代史》第4輯,台灣中研院歷史語言研究所2015年2月出版,第526～527頁。

形誤，《御覽》又據誤字注音也。《路史》卷 23：「遇神襤而迷。」羅苹注：「字書云：『襤，黃蒉山之神，能動天地，孔甲嘗遇之。』《呂氏春秋》及《地記》皆作蒉山。」《廣韻》：「襤，大黃負山之神，能動天地氣，昔孔甲遇之。」《集韻》：「襤，蒉山神，通作逢。」《論衡·書虛》作「蒉山」，注：「蒉，一作莫。」《劉子·命相》作「箕山」，皆形之誤。蔣維喬等曰：「郭璞注《中山經》『盲』作『冥』，《論衡·書虛篇》、《指瑞篇》皆作『天雨晦冥』。」朱起鳳曰：「冥之作盲，輕唇音讀重唇音也。」〔註3〕陳奇猷曰：「盲、冥雙聲，盲即冥之假字，瞑即冥之俗字。」趙海金曰：「盲、瞑古音雙聲。《論衡·書虛篇》正作冥。」王利器指出本書《明理》高誘注「盲，冥也」，又指出《宋書·樂志》、《劉子·命相》、《通典》卷 145 亦作「晦冥」。諸說皆是。《樂書》卷 162、《路史》卷 23 亦作「冥」，《今本竹書紀年》卷上沈約注仍作「盲」。《荀子·賦》：「列星殞墜，旦暮晦盲。」又「闇乎天下之晦盲也。」與本書同。《晏子春秋·內篇雜上》：「冥臣不習。」《新序·雜事一》同，《文選·演連珠》、《雜詩》李善注二引《晏子》並作「盲」，《文章正宗》卷 22 引亦作「盲」，《御覽》卷 574 引作「瞑（瞑）」，《事類賦注》卷 11 引作「瞑」，《孫子·謀攻》杜牧注作「瞑」，《韓詩外傳》卷 8 亦作「盲」。孫星衍曰：「『冥』、『盲』音義俱相近。」〔註4〕合言之則曰「盲冥」，《修行本起經》卷 1：「欲救一切，攝度盲冥。」《梵摩渝經》卷 1：「為盲冥所蔽。」也作「盲瞑」，《大般涅槃經》卷 1：「我等盲瞑，永無開悟。」

（2）或曰：「后來見良日也。之子是必大吉。」或曰：「不勝也，之子是必有殃。」

按：畢沅據《御覽》卷 361、763 引改「見」作「是」，是也。《御覽》82 引亦作「是」，《宋書·樂志一》、《通典》卷 145 同，《樂書》卷 162 作「乃」，義同；《今本竹書紀年》卷上沈約注亦誤作「見」。二「是」字，蔣維喬等謂是衍文，裴學海謂「是猶則」，謝德三從裴說；陳奇

〔註3〕 朱起鳳《辭通》卷 10，上海古籍出版社 1982 年版，第 979 頁。
〔註4〕 孫星衍《晏子春秋音義》，收入《諸子百家叢書》，上海古籍出版社 1989 年影印浙江書局本，第 92 頁。

猷謂「『是』、『實』通」，王叔岷謂「是猶終」。王說為長，王氏舉《劉子·命相》作「是子不勝，終必有殃」為證〔註5〕。是猶終也，卒也〔註6〕。《御覽》卷361、763兩引無「是」字，《論衡·書虛》、《指瑞》、《宋書·樂志一》、《金樓子·雜記》同，可省耳。《御覽》卷82引上「或」形譌作「咸」。

（3）子長成人，幕動坼橑，斧斫斬其足

按：坼橑，四部叢刊本作「拆撩」。《御覽》卷82引作「幕動折撩，斧破斬足」，又卷361引作「幕動析橑，斧破斬其足」，又卷763引作「莫動析〔橑〕，斧破斬其足」，《論衡·書虛》作「析橑，斧斬其足」，《劉子·命相》作「析薪，斧斬其左足」〔註7〕，《宋書·樂志一》、《通典》卷145並作「析橑，斧破斷其足」〔註8〕，《御覽》卷571引《古今樂錄》作「幕動折〔橑〕，斧被斬足」〔註9〕，《樂書》卷162作「折撩，斧破斷其足」，《路史》卷23作「幕動撩析（析撩），而中厥足」。《御覽》卷361、763有注：「橑，音老。」「撩」是「橑」形譌或借字。「坼」、「折」、「拆」皆是「析」形譌，「斫」、「被」皆是「破」形譌。析橑，猶言析薪，今言劈柴。斧破，指斧頭壞了，故下文云「破斧之歌」，與此相應。李若暉謂「斬」訓斷〔註10〕，是也。句言風吹幕動，孔甲之子劈柴，斧頭壞了，斫斷了其足。惠棟曰：「橑，梁道切，榱也。」畢沅謂衍「斬」字。孫蜀丞謂「斫」、「斬」衍其一，作「破」者涉「破斧之歌」而誤。蔣維喬等謂「斫」衍，「坼」當作「折」。陳奇猷謂「斬」是「斷」誤，「坼」訓裂；「幕」借作「幎」，勉也；「動」借作「挺」，

〔註5〕 裴學海《古書虛字集釋》，中華書局1954年版，第811頁。王叔岷《古書虛字新義》，聯經出版事業公司1978年版，第125頁。謝德三《〈呂氏春秋〉虛詞用法詮釋》，文史哲出版社1977年版，第225頁。
〔註6〕 參見蕭旭《古書虛詞旁釋》，廣陵書社2007年版，第366頁。
〔註7〕 《劉子》據宋本，明刻本、四庫本「析」誤作「折」。《路史》卷23羅苹注引作「析薪，斬左足」。
〔註8〕 《通典》據北京大學圖書館藏宋元遞修本、嘉靖十八年西樵方獻夫刊本；中華書局1988年點校本同，第3698頁。四庫本誤作「折橑」。
〔註9〕 四庫本作「幕動折橑，斧破斬足」。
〔註10〕 李若暉《〈呂氏春秋校釋〉質疑》，《武漢大學學報》1999年第6期，第73頁；其說又見李若暉《〈呂氏春秋新校釋〉平議》，《華學》第6輯，2003年版，第174頁；又收入《語言文獻論衡》，巴蜀書社2005年版，第77頁。

拔也；解爲「用力拔裂薪」。諸說皆誤。王利器曰：「《宋・志》、《通典》
作『破斷』，正是《破斧》之歌得名之由，當據此訂正，孫、蔣等說，
不足據。」王說是矣。

（4）禹行功，見塗山之女

按：孫志祖曰：「李善注《文選・南都賦》、〔劉逵注〕《吳都賦》並引作『禹
行水』，《御覽》卷 135 同。」鹽田曰：「高麗活板《文選・南都賦》
注引作『禹行竊見塗山之女』。」許維遹曰：「作『竊』字是。」蔣維
喬等曰：「行功，鮑本《御覽》卷 135『功』作『水』，宋刊同今本《呂
氏》。《書鈔》、《選》注引，亦作『行水』，亦通。或自來《呂氏》本
有不同也。」〔註11〕王利器曰：「『功』字許氏以爲『竊』字之誤，余
謂當作『窺』字。」陳奇猷曰：「諸說皆非也。行，巡視也。禹行功，
猶言禹巡視治水之功也。《選》注等改『功』爲『水』，不可據。」景
宋本《御覽》卷 135、四庫本《書鈔》卷 106 引同今本作「行功」，四
庫本《御覽》、孔本《書鈔》作「行水」。陳奇猷說是也，蔣維喬謂「竊」
是「功」誤亦是。《黃氏日抄》卷 56 引亦作「行功」。彭鐸曰：「『功』
非『竊』字之訛，乃『切』字之訛也。」非是。

（5）禹未之遇而巡省南土

高誘注：遇，禮也。

按：巡省，《水經注・江水》、四庫本《書鈔》卷 106、《詩地理攷》卷 1 引
同，《文選・吳都賦》劉逵注引作「南省」，《文選・南都賦》李善注引
作「省」，孔本《書鈔》、《御覽》卷 135 引作「南音」，《宋書・樂志一》、
《通典》卷 145 作「省」。「音」是「省」形誤。《御覽》引注作「遇，
以禮成之」。

（6）塗山氏之女乃令其妾待禹于塗山之陽

按：畢沅改「待」作「候」，云：「舊本作『待』，今從《初學記》卷 10 改。
善注《吳都賦》引作『往候』。」蔣維喬等曰：「畢改是，《書鈔》卷
106、《初學記》卷 15、《御覽》卷 135、李善注《南都賦》、劉逵注《吳
都賦》引『候』上有『往』字，亦當據補。」陳奇猷從蔣說。王利器

〔註11〕蔣維喬等《呂氏春秋彙校補遺》，《制言》第 33 期，1937 年版，本文第 4 頁。

指出「《通典》、《樂書》、《詩攷》、《詩地理攷》卷 1 作『候』」，《通典》見卷 145、《樂書》見卷 162。《宋書·樂志一》、《玉海》卷 103、《詩補傳》卷 29 引作「候」，四庫本《書鈔》卷 106 引仍作「待」。《初學記》卷 10 未引此文，當是卷 15，畢氏誤記。作「往候」是，故下文云「歌曰候人兮猗」，與此相應。

（7）王及蔡公抎於漢中

高誘注：抎，墜，音曰「顛隕」之隕。

按：梁玉繩曰：「蔡當作祭。」許維遹曰：「《左傳·僖四年》孔疏引作『祭公』，《竹書紀年》同。郝懿行云：『蔡公即祭公，聲相近。』抎與隕通。孔疏及《御覽》卷 85 引『抎』並作『隕』。」蔡公，《資治通鑑外紀》卷 3 引作「祭公」，《御覽》卷 571 引《古今樂錄》亦作「祭公」。惠棟曰：「古文『抎』，今文『隕』。」王利器曰：「惠說是，《通鑑外紀》卷 3 原注引作『王及祭公隕於漢』。」趙海金曰：「『抎』與『隕』通。」《文選·蜀都賦》李善注、四庫本《御覽》卷 85 引作「隕」，注作「隕，尤粉切，傾墜也」〔註 12〕；《穀梁傳·僖公四年》楊士勛疏引作「隕」，《宋書·樂志一》、《御覽》卷 571 引《古今樂錄》、《通典》卷 145、《樂書》卷 162 作「殞」。「殞」同「隕」。

（8）辛餘靡振王北濟，又反振蔡公

高誘注：振，救也。

按：辛餘靡，《文選·蜀都賦》劉淵林注引作「辛游靡」。王利器曰：「《古今人表》作『辛繇靡』，師古曰：『繇讀與由同。』《竹書紀年》作『辛伯餘靡』，《史記·周本紀》《正義》引《帝王世紀》作『辛游靡』。餘、游同音通用。」徐仁甫曰：「餘、游雙聲。」孫志祖曰：「振者，振其尸也，注非。」馬敘倫曰：「振借為拯。孫氏亦不明振之為拯也。」楊樹達曰：「《說文》：『振，舉救也。』『振』如字讀，義固可通。『振』在痕部，『拯』在登部，二字音不同也。」王利器申證楊說。《文選》劉淵林注引作「拯」。《史記·周本紀》《正義》引《帝王世紀》：「昭王德衰，南征，濟於漢，船人惡之，以膠船進王。王御船至中流，膠液

〔註12〕景宋本《御覽》引作「杜」，注作「杜，尤粉切，訓墜也」，誤。

船解，王及祭公俱沒于水中而崩。其右辛游靡長臂且多力，游振得王，周人諱之。」《御覽》卷 85 引《帝王世紀》「振」作「拯」。蓋以意改之。

（9）辛餘靡長且多力……周公乃侯之于西翟，實為長公

高誘注：以辛餘靡有振王之力（功），故賞之爲長公。

按：侯，劉如瑛訓爲封賞，是也，《宋書・樂志一》、《通典》卷 145 作「封」。實，讀爲是。陳奇猷改「周公」作「昭王」，「實」作「賞」，大誤。《文選・蜀都賦》劉淵林注引作「周乃侯其子（「子」衍文）于西翟，實爲長公」，《御覽》卷 571 引《古今樂錄》作「周公候（侯）之于西翟，實爲長公」，《宋書・樂志一》、《通典》卷 145 作「周公乃封之西翟」。

（10）殷整甲徙宅西河，猶思故處

按：《文選・蜀都賦》劉淵林注引作「楚徙宅西河」，《御覽》卷 571 引《古今樂錄》作「殷憼甲從（徙）宅西河，追思故處」，《宋書・樂志一》、《通典》卷 145 作「徙宅西河，追思故處」。《文心雕龍・樂府》：「殷鼇思於西河，西音以興。」「憼」是「整」俗字〔註 13〕，「楚」、「鼇」則形譌（王利器已指出「楚」誤）。《玉海》卷 106 引《文心雕龍》作「殷整」。

（11）有娀氏有二佚女，為之九成之臺

按：梁玉繩曰：「簡狄聖母，奈何以淫佚譏之？」蔡雲曰：「蔡鐵耕云：『佚女，猶言處子，不當作淫佚解。』陸萊仲云：『有娀之佚女，見《楚騷》，注：「佚，美也。」又作美字解。』」陸說是也，字亦作姝，王應麟《詩地理攷》卷 5 引此文，注：「佚，美也。」《離騷》洪興祖補注：「佚，《釋文》作『姝』。」字亦作昳，《戰國策・齊策 》：「鄒忌修八尺有餘，而形貌昳麗。」高誘注：「昳，讀曰逸。」鮑彪注：「昳，徒結切，日側也，故有光艷意，又疑作佚。」《類聚》卷 70、《御覽》卷 520 引

〔註 13〕 俗字形參見黃征《敦煌俗字典》，上海教育出版社 2005 年版，第 550 頁；又參見臧克和《漢魏六朝隋唐五代字形表》，南方日報出版社 2011 年版，第 652 頁。

－87－

作「逸麗」。「眣」字古讀徒結切，音轉爲逸，曾運乾氏所謂喻四歸定也。《御覽》卷 849 引「娀」誤作「城」，《御覽》卷 571 引《古今樂錄》誤作「娥」。

（12）鳴若謚隘

按：謚隘，《御覽》卷 922 引同，《玉燭寶典》卷 2 引作「嗑嗑」（下「嗑」作重形符號），《文選·齊故安陸昭王碑文》李善注引作「隘隘」，《事類賦注》卷 19、《路史》卷 19 羅苹注引作「謚隘」〔註 14〕。「謚」是形誤。許維遹曰：「作『隘隘』是，《玉燭寶典》引作『嗑嗑』，『嗑』、『隘』聲同，皆象燕鳴也。」宋慈襄曰：「孫校非也。《說文》：『謚，笑貌。』徐錯曰：『猶笑言呃呃也。』《字林》『謚』呼益反，訓同上。此『謚隘』當作『謚謚』，孫氏反據誤本《文選》以證之，眞可鄙也。」陳奇猷曰：「『謚隘』蓋象燕鳴，猶今作『咿呀』。宋慈襄謂當作『謚謚』，馮振、許維遹謂當作『隘隘』，蔣維喬等謂當作『嗑嗑』，皆無謂之爭辯。」此當作「謚謚」或「隘隘」、「嗑嗑」，今本蓋旁注異文而誤合之。笑聲的專字作「謚謚」、「嗑嗑」，《韓詩外傳》卷 9：「疾笑嗑嗑。」燕鳴字本當作「乙乙」，馮振、王利器引《說文》：「乙，燕燕，玄鳥也，齊魯謂之乙，取其鳴自謼，象形也。鳦，乙或從鳥。」〔註 15〕字亦作「乙乙（音軋軋）」，又作「札札」、「軋軋」，俗作「叱叱」，《集韻》：「叱，叱叱，聲也。」〔註 16〕《正統道藏·洞眞部·玉訣類·胎息秘要歌訣》：「咽時須喉中鳴，即隘隘也，象津氣入下丹田。」此「隘隘」狀喉中鳴，亦「乙乙」音轉。

（13）二女愛而爭搏之，覆以玉筐，少選，發而視之

　　高誘注：少選，須臾。

按：爭搏，《御覽》卷 805《帝王世紀》、《宋書·符瑞上》作「競取」，義同。少選，《宋書·樂志一》、《通典》卷 145、《樂書》卷 162 作「既

〔註 14〕《事類賦注》據《北京圖書館古籍珍本叢刊》第 75 冊，書目文獻出版社 1998 年版，第 479 頁；四庫本作「謚隘」。

〔註 15〕馮振《呂氏春秋高注訂補（續）》，《學術世界》第 1 卷第 8 期，1935 年版，第 32 頁。

〔註 16〕參見蕭旭《象聲詞「札札」考》，收入《群書校補（續）》，花木蘭文化出版社 2014 年版，第 2203～2205 頁。

而」，義同；《記纂淵海》卷 97 引作「少遲」，誤。選之言旋，用作時間副詞，極言時間之短〔註17〕。牟庭謂「選」音刷，即俗「霎」字，陳奇猷從其說，且謂「選」借爲「眨」。馬敘倫謂「選」借爲「瞚（瞬）」。李若暉謂「選」借爲「迅」或「速」〔註18〕。皆未得。玉筐，《路史》卷 19 羅苹注引作「玉匡」，《樂書》作「玉筐」，「筐」字形誤。

（14）燕遺二卵，北飛，遂不反

　　高誘注：天令燕降卵於有娀氏女，吞之生契。

按：各書引同，惟《御覽》卷 760 引「遂不反」下有「吞之生契」四字，乃把高注誤作正文。遂不反，《御覽》卷 571 引《古今樂錄》作「逐之不及」，蓋形之譌。《宋書·樂志一》作「北飛，不反」。

（15）流辟誂越慆濫之音出，則滔蕩之氣、邪慢之心感矣

　　高誘注：出，生也。

按：(a)《禮記·樂記》、《史記·樂書》並云：「流辟邪散狄成滌濫之音作，而民淫亂。」《說苑·修文》「辟」作「僻」，餘同。鄭玄注：「狄、滌，往來疾貌也。濫，僭差也。」孔穎達疏：「流辟，謂君志流移不靜。邪散，謂違辟不正，放邪散亂。狄成、滌濫，皆謂往來速疾。云『狄滌往來疾貌也』者，《詩》云：『踧踧周道。』字雖異，與此狄同。《詩》又云：『滌滌山川。』皆物之形狀，故云往來疾貌。」《史記集解》：「王肅曰：『狄成，言成而似夷狄之音也。』滌，放濫。濫，僭差也。」《史記正義》：「狄、滌，皆往來疾速也。往來速而成，故云狄成。往來疾而僭濫，故云滌濫也。」三書「成」當據此作「越」。王引之曰：「狄，讀爲誂。『成』者，『戉』之譌，『戉』與『越』通。《呂氏春秋》云云。『慆濫』即『滌濫』也，『誂越』即『狄戉』也……誂字亦作佻，《漢書·韓延壽傳》服虔曰：『佻音滌濯之滌。』正與狄同音，故誂通作狄。鄭云：『狄，往來疾貌。』《方言》曰：『佻，疾也。』《廣雅》：『越，疾也。』佻與誂同聲，越與戉同聲。是『誂越』、『狄戉』，皆謂樂聲往

〔註17〕 參見蕭旭《敦煌變文校補（二）》，收入《群書校補（續）》，花木蘭文化出版社 2014 年版，第 1529 頁。

〔註18〕 李若暉《〈呂氏春秋校釋〉質疑》，《武漢大學學報》1999 年第 6 期，第 73 頁；又收入《語言文獻論衡》，巴蜀書社 2005 年版，第 86～87 頁。

—89—

來之疾也……王肅、孔穎達望文生訓，胥失之矣。」〔註19〕王說是也，朱彬、郭嵩燾、向宗魯皆從其說〔註20〕。《禮記·郊特牲》《釋文》、《穀梁傳·莊公二十二年》《釋文》並云：「滌，音狄。」亦爲王說之證。王利器從其說校「成」爲「戉（越）」，而改訓「越」爲「散」。然王說未盡，猶可補者。「狄」、「誂」訓往來疾貌者，讀爲�，字亦作挑、佻。《詩·子衿》：「挑兮達兮。」毛傳：「挑達，往來相見貌。」《說文》「達」字條引同，《繫傳》本作「佻」，《初學記》卷18引亦作「佻」。《說文》：「�，滑也。《詩》云：『�兮達兮。』」字亦作本，《廣韻》音土刀切。《玉篇》：「本，丑高切，往來見兒。」《玉篇殘卷》：「誃，誃健，往來見皃（兒）。」「健」當是「健」，不是「健」。「誃健」即「�達」，斷可知也；亦即「挑達」，音轉又作「條達」。「誃」本作「詷」，《說文》：「詷，往來言也。」「詷」與訓「往來相見」的「�」同源，複言之則曰「詷詷」，又或作「誃詷」，《玉篇殘卷》：「誃，《埤蒼》『詷』字。《字書》：『誃詷，往來言。』」敦煌寫卷 P.2011 王仁昫《刊謬補缺切韻》：「誃，詷。」《廣韻》：「誃，誃詷，言不節。」俗言「滔滔不絕」、「嘮叨」者，皆當作此字。孔氏引《詩》「踧踧」、「滌滌」，字雖可通，然《詩》是平易貌之義，與此無涉。《史記正義》說亦非是。《御覽》卷563引《禮記》「狄成」作「簡成」，亦是妄改。「滌」、「慆」古音相轉，《詩·終南》毛傳：「條，稻。」《淮南子·地形篇》：「東方曰條風。」《呂氏春秋·有始》作「滔風」。《論語·微子》：「滔滔者天下皆是也。」鄭本作「悠悠」，《史記·孔子世家》、《鹽鐵論·大論》、《中說·王道》引亦作「悠悠」，《漢書·敘傳》顏師古注引作「慆慆」。《廣韻》「條」同「稻」。《集韻》「條」同「綯」。皆是其例。（b）「滌濫」鄭玄、孔穎達、王肅說皆誤，《黃氏日抄》卷21《讀禮記》：「滌濫，言滌蕩而泛濫。」亦未得「滌」字之誼。王氏謂「慆濫即滌濫」雖是，但未釋其義。「滌濫」、「慆濫」皆是「滔濫」音轉，指水汎濫無節，此以形容樂聲。趙海金曰：「慆與滔通。滔濫謂如水滔滔放濫，往而不返。」其說

〔註19〕 王引之《經義述聞》卷15，江蘇古籍出版社1985年版，第367頁。
〔註20〕 朱彬《禮記訓纂》卷19，郭嵩燾《禮記質疑》卷19，分別收入《續修四庫全書》第105、106冊，上海古籍出版社2002年版，第569、458頁。向宗魯《說苑校證》，中華書局1987年版，第503～504頁。

是也。字亦作「叨濫」，六朝晉唐俗語。《廣韻》：「叨，叨濫。」又「濫，叨濫，汎濫。」《南齊書·劉休傳》：「校其年月，不過盈歲，於臣叨濫，宜請骸骨。」倒言則作「濫叨」，《晉書·賈充傳》：「濫叨非據。」《北齊書·清河王勱傳》：「臣以蒙幼，濫叨拔擢。」（c）《禮記·樂記》又云：「感條暢之氣。」王念孫曰：「《史記·樂書》、《說苑·修文》並作『感滌蕩之氣』。《淮南子·泰族篇》：『拊循其所有而滌蕩之。』《文子·自然篇》作『條暢』。《呂氏春秋》：『慆（滔）蕩之氣。』慆（滔）蕩即滌蕩也。滌蕩、條暢、慆（滔）蕩聲相近，故字相通。《說文》滌從水條聲，《周官》『條狼氏』，杜子春云：『條當爲滌。』《郊特牲》：『滌蕩其聲。』滌，徐同弔反，聲與條、慆並相近。」〔註21〕王說亦是也，朱彬、郭嵩燾、向宗魯、王利器皆從其說〔註22〕。字亦作「滌暢」、「條鬯」，《潛夫論·德化》：「德政加於民，則多滌暢姣好，堅彊考壽。」汪繼培曰：「滌當作條。《漢書律·曆志》云：『陰陽萬物，靡不條鬯該成。』顏師古注：『鬯與暢同。』」彭鐸曰：「滌、條古同聲，故《周禮·秋官》『條狼氏』即『滌狼氏』。『滌暢』與『條鬯』並以雙聲取義，尤不可改。」〔註23〕彭說是也，汪氏未達通假。字亦作「滌場」，《詩·七月》：「九月肅霜，十月滌場。」孔穎達疏：「十月之中，埽其場上粟麥盡皆畢矣。」孔說非是。王國維曰：「肅霜、滌場，皆互爲雙聲，乃古之聯緜字，不容分別釋之。肅霜猶言肅爽，滌場猶言滌蕩也……又轉而爲『條暢』，爲『條鬯』。」〔註24〕聯緜字並非不可分訓，王氏餘說則皆是也。（d）畢沅曰：「誂與佻同。」未詳其解。范耕研曰：「『滔』疑『淫』字之譌。」陳奇猷曰：「佻，輕佻。越，踰也，謂過其制。慆，慢也。滔蕩蓋形容水之氣勢濫漫無羈，此文蓋謂人聽流辟誂越慆濫之音，則感而生濫漫無羈之氣與邪慢之心。」趙海金曰：「佻，薄也。佻越謂「佻薄踰越而淫散。」范說無據，陳、趙說亦非。二氏皆失撿王

〔註21〕王說轉引自王引之《經義述聞》卷15，江蘇古籍出版社1985年版，第368頁。
〔註22〕朱彬《禮記訓纂》卷19，郭嵩燾《禮記質疑》卷19，分別收入《續修四庫全書》第105、106冊，上海古籍出版社2002年版，第571、459頁。向宗魯《說苑校證》，中華書局1987年版，第504頁。
〔註23〕汪繼培、彭鐸《潛夫論箋校正》，中華書局1985年版，第373頁。
〔註24〕王國維《「肅霜」、「滌場」說》，收入《觀堂集林》卷1，河北教育出版社2001年版，第38~39頁。

念孫、王引之說，故未得其誼。

《制樂》校補

（1）比旦其大拱

按：畢沅曰：「『而』舊本訛作『其』，梁仲子據《御覽》卷 83 改，與《韓詩外傳》正同。」裴學海曰：「其，猶而也。《御覽》引『其』作『而』，是以意改。」〔註25〕裴說是。《類聚》卷 12 引作「至旦而大合拱」。比，亦至也。《說苑‧君道》：「比旦而拱。」

（2）湯退卜者曰：「吾聞祥者福之先者也，見祥而為不善則福不至；妖者禍之先者也，見妖而為善則禍不至。」

按：福不至，《韓詩外傳》卷 3 作「福不臻」，《說苑‧君道》作「福不生」。二「妖」字，《說苑》作「殃」。《文子‧微明》作「見祥而不為善則福不來，見不祥而行善則禍不至」，《劉子‧禍福》作「是以見不祥而修善，則妖反為祥；見祥而不為善，即祥還成妖矣」。「為不善」與「不為善」皆通。《賈子‧春秋》：「故見祥而為不可，祥反為禍……故曰見妖而迎以德，妖反為福也。」《潛夫論‧夢列》：「且凡人道，見瑞而修德者福必成，見瑞而縱恣者福轉為禍，見妖而驕侮者禍必成，見妖而戒懼者禍轉為福。」皆本於此文（王利器已引《潛夫論》）。

（3）於是早朝晏退，問疾吊喪，務鎮撫百姓

按：陳奇猷據《韓詩外傳》卷 3，謂「務」是「赦」形誤，補作「赦過賑窮」。其說非是，《外傳》與此文不同，不可據改。《類聚》卷 12 引同今本，《冊府元龜》卷 326 亦同。《御覽》卷 83 引無「務」字，省文耳。

（4）群臣皆恐，曰：「請移之。」

按：畢沅曰：「孫疑『曰』字衍，《外傳》無。」孫蜀丞曰：「《御覽》卷 84 引無『曰』字，孫校近是。」蔣維喬等曰：「孫氏人和說疑非，《御覽》卷 880 引又正有『曰』字，固不必同於《外傳》也。」陳奇猷曰：「蔣

〔註25〕裴學海《古書虛字集釋》，中華書局 1954 年版，第 383～384 頁。

說是，《外傳》自誤耳。」陳說是也，《類聚》卷12、《記纂淵海》卷5引《外傳》有「曰」字，《冊府元龜》卷同，是今本《外傳》脫「曰」字耳。《治要》卷39節引此文，亦脫「曰」字。恐，《御覽》卷880引誤作「悲」，《記纂淵海》卷5引《外傳》誤同。

（5）於是謹其禮秩皮革以交諸侯

按：交，《御覽》卷84引誤作「文」。

（6）頒其爵列等級田疇以賞群臣

按：頒，《御覽》卷84引誤作「頌」。

（7）無幾何，疾乃止

按：《御覽》卷880引作「無幾，疾瘳也」，乃以意改。

（8）此文王之所以止殃翦妖也

高誘注：翦，除也。

按：翦，《韓詩外傳》卷3作「踐」。郝懿行曰：「踐，蹈躪也。《釋名》：『踐，殘也，使殘壞也。』又與『翦』通，又與『善』同。凡此諸義，於『踐妖』之說皆得兼通。」〔註26〕趙懷玉曰：「『踐』如《左傳》『妖夢是踐』之踐，杜注：『踐，厭也。』《呂氏》作『翦』，翦、踐古亦通用。」〔註27〕周廷寀曰：「踐、翦字並古通。」〔註28〕諸家謂「踐」、「翦」通是也，然所釋則誤。當以「翦」爲正字，滅也。

（9）宋景公之時，熒惑在心

按：蔣維喬等曰：「《日抄》、《事類賦》『在』作『守』，『在』、『守』聲轉義通。《淮南·道應篇》、《新序·雜事四》作『在心』，《論衡·變虛篇》、《史記·宋世家》作『守心』。」陳奇猷曰：「『在』與『守』義近，非通借。」陳說是也。《文選·思玄賦》、《辯命論》李善注二引作「守」，《後漢書·張衡傳》李賢注、陳本《書鈔》卷150、《白氏六帖事類集》

〔註26〕郝說轉引自許維遹《韓詩外傳集釋》，中華書局1980年版，第83頁。

〔註27〕趙懷玉校本《韓詩外傳》，收入《龍溪精舍叢書》，無頁碼。

〔註28〕周廷寀《韓詩外傳校注附拾遺》，民國21年安徽叢書編印處據歙黃氏藏營道堂刊本影印，無頁碼。

卷 1 引亦作「守」〔註29〕。

（10）公曰：「宰相，所與治國家也。」

按：蔣維喬等曰：「《御覽》卷 403、《事類賦》卷 2 引『所與』作『所以』。
『所與』亦『所以』也。《新序》、《論衡》『與』皆作『使』。」陳奇
猷曰：「使亦以也。」景宋本《御覽》引仍作「所與」，《治要》卷 39、
《類聚》卷 1、21、《御覽》卷 7 引同。與，陳本《書鈔》卷 150、《白
氏六帖事類集》卷 1、《事類賦注》卷 2 引作「所以」，《淮南子・道應
篇》作「所使」。《初學記》卷 1 引作「所以與」，蓋誤合異文。

（11）今夕熒惑其徙三舍

按：孫蜀丞曰：「《治要》引『其』作『必』，是也。《淮南》、《新序》、《論
衡》並作『今夕星必徙三舍』。」蔣維喬等曰：「『其』通『期』，必也。」
陳奇猷曰：「其猶將也。《淮南》等書自作『必』，此不必同。」蔣說
是也，陳說誤。其，猶必也〔註30〕。其徙，《初學記》卷 1、《類聚》
卷 1、《白氏六帖事類集》卷 1、《御覽》卷 7、《記纂淵海》卷 58 引作
「必徙」，《文選・思玄賦》李善注、《後漢書・張衡傳》李賢注引作
「必退」。《史記・宋世家》作「熒惑宜有動」，「宜」亦表示必然語氣。

《明理》校補

（1）……此之謂大悲。是正坐於夕室也，其所謂正，乃不正矣

高誘注：言其室邪夕不正，徒正其坐也。

按：注「徒」，四庫本、四部叢刊本並誤作「徙」。考《子華子・孔子贈》：
「悲夫！是正坐於夕室也。」〔註31〕是《呂氏》此語本於《子華子》
也（王利器已及）。畢沅引梁仲子曰：「《晏子春秋》六曰：『景公新成
柏寢之室，使師開鼓琴，師開左撫宮，右彈商，曰：「室夕。」』云云。」
高亨引《廣雅》：「夕，邪也。」方以智曰：「多、夕皆有宜音……《呂
覽》：『正坐於夕室。』謂宮斜而正其坐也。夕與邪同……夕亦宜之入

〔註29〕孔本《書鈔》引作「在」。
〔註30〕訓見裴學海《古書虛字集釋》，中華書局 1954 年版，第 407 頁。
〔註31〕《子華子》據《道藏》本，四庫本「正」誤作「旦」。

聲也。」〔註32〕惠棟曰：「夕室，西向之室。」王念孫曰：「《呂氏》高誘注云云。《晏子春秋・雜篇》云云。西、衰、夕一聲之轉。故曰衰曰西，總謂之夕。」〔註33〕章太炎曰：「《廣雅》：『夕，衰也。』《呂氏春秋》高誘云云。《地官・保氏》注有『夕桀』。夕者，邪也。桀者，《字林》訓杙，《毛詩・國風》傳訓特立，是直物也。一邪一直爲磬折形，小別於句股也。今淮南、吳、越謂兩物相覆參差不正曰夕，音如鵲（夕、昔聲通）。亦謂邪轉曰夕轉。吳、越如字，淮南音如鵲，猶回訓衰，亦訓轉矣（夕轉去聲，《廣韻・禡部》有笡，訓爲斜逆，音遷謝反，今人亦謂斜逆爲笡。若轉陽唐，則音遷宕切，俗字作餳，江船邪行御風爲打餳。）」〔註34〕《文選・勵志詩》：「星火既夕，忽焉素秋。」胡紹煐曰：「按：夕，斜也，猶西也。西、斜、夕一聲之轉。《晏子春秋・雜篇》云云。」〔註35〕諸說皆是也。高誘注以「邪夕」解之，「邪夕」亦是由正字借字成詞之例。李寶洤解爲「夕暮之室」，非是。陳奇猷曰：「據《晏子》則邪向東之室爲朝室，邪向西之室爲夕室。」陳說亦非，夕室爲傾斜不正之室，未必就是邪向西，至於「朝室」云云，則是陳氏臆造，先秦二漢典籍無徵。更考從「夕」之字，亦多有衰義。《法言・吾子》：「中正則雅，多哇則鄭。」王引之曰：「多，讀爲哆。哆，邪也。下文云『述正道而稍邪哆者有矣，未有述邪哆而稍正也。』哆與多古字通。《孟子・梁惠王篇》：『放辟邪侈。』字亦與哆同。多、哇皆邪也。」〔註36〕汪東曰：「案『多』從重夕，夕有邪義。《說文》：『夕，莫也，從月半見。』夫日邪而莫，月之半見，則邪月也。（古言夕陽，後人多言斜陽，其義一也。）故《廣雅》云：『夕，衰也。』《呂氏春秋・明理篇》高誘注云云。『多』訓爲緟，凡物重絫，則其勢傾邪失中。諸從多之字，如《奢部》：『重

〔註32〕方以智《通雅》卷2，收入《方以智全書》第1冊，上海古籍出版社1988年版，第130頁。

〔註33〕王念孫《廣雅疏證》，收入徐復主編《廣雅詁林》，江蘇古籍出版社1992年版，第182頁。

〔註34〕章太炎《新方言》卷2，收入《章太炎全集（7）》，上海人民出版社1999年版，第27頁。

〔註35〕胡紹煐《文選箋證》卷22，黃山書社2007年版，第528頁。

〔註36〕王說轉引自王念孫《讀書雜志》卷16《餘編上》，中國書店1985年版，本卷第53頁。

文「夛」，張也。』《人部》：『侈，掩脅也，一曰奢也。』後人習言奢侈爲過甚之詞，過甚則違中道矣。由張義引申者，《口部》：『哆，張口也。』《衣部》：『袳，衣張也。』曰張口，曰衣張，皆非容止之正也。掩脅者，從旁持脅，則邪持也；古或以侈爲之，《吳語》：『將夾溝而侈我。』章昭注：『旁擊曰侈。』是也。又《辵部》：『逤，遷徙也。』徙逤不定，失其中也。《禾部》：『移，禾相倚移也。』以義言，謂相倚著邪而相柱也（《呂氏春秋·辨土篇》：『苗其熟也，欲相扶。』）；以聲言，倚移猶旖旎，欹側從風之貌。案《古今注》：『栘楊圓葉弱蒂，微風大搖，亦曰栘柳，亦曰蒲栘。』詳栘以善搖得名，然則移之於禾（《說文》：『移，一曰禾名。』）亦猶栘之於木矣。《女部》：『姼，美女也。』《廣韻》以爲輕薄貌，是容色之邪也。《車部》：『䡍，礙也。』車行遇傾斜則止也。《𠂤部》：『陊，落也。』蓋斜墮謂之陊，與阤聲義並近。《子虛賦》：『登降阤靡。』以阤爲邪也（李善注：『阤靡，邪靡也。』）《爾雅·釋宮》：『連謂之簃。』郭璞注：『堂樓閣邊小屋。』其字於《說文》爲『謻』，其義爲『別』，引周景王作謻臺。別屋、旁屋，皆非正屋也。以『多』本函邪義，故從多者，並從其義。『夛哇』與『中正』對文，準此可知，無煩改字。至後文言『邪哆』，《孟子》又言『邪侈』者，此由諸字聲義並通，隨宜作之，不須拘執也。今吳語狀物開張曰夛（側加切）開，事物糾錯不正曰夕夛（陟加切），衣之斜幅曰哆（敕雅切）幅（讀副）西（？）襟，於古音義，宛若密合。」〔註37〕汪氏此說精矣，今世知之者少，故不避繁複，具爲錄之。然汪說有所未盡，猶可補者。字又音轉作迆、迤、施、暆，方以智曰：「推原其始，丿即斜字，音移。賈《賦》『日斜』，又作『日施』、『日暆』，與《呂覽》『夕室』，俱音移。」〔註38〕「暆」即太陽西斜義的專字，「夕陽」的正字當作此字。

（2）人民淫爍不固

〔註37〕 汪東《法言疏證別錄》，《華國月刊》第 1 卷第 6 期，1924 年版，第 3〜4 頁。其中「西」字原文不清。

〔註38〕 方以智《通雅》卷 2，收入《方以智全書》第 1 冊，上海古籍出版社 1988 年版，第 133 頁。另參見蕭旭《賈子校補》，收入《群書校補（續）》，花木蘭文化出版社 2014 年版，第 652〜653 頁。

高誘注：淫邪銷爍，不一也。不固，不執正道。

按：高注非是。宋·郭雍《仲景傷寒補亡論》卷 7《厥陰經》：「此爲風痺淫爍，陰陽二經俱不足。」〔註39〕「淫爍」同。字亦作「淫濼」、「淫鑠」，《靈樞經·厥病》：「風痺淫濼，病不可已者，足如履冰，時如入湯中，股脛淫濼，煩心頭痛，時嘔時悗（悶）眩，已（以）汗出，久則目眩，悲以喜恐，短氣不樂，不出三年死也。」宋·張杲《醫說》卷 3 引《鷄峰普濟方》作「淫鑠」。日人丹波元簡廉夫曰：「淫懍，《甲乙》『淫濼』。馬云：『風痺者其邪氣淫泆消濼，病難得愈。』張云：『淫濼者浸淫日深之謂。』簡案：張注似是。」〔註40〕馬、張二氏皆未得。《素問·骨空論》：「淫濼脛痠，不能久立。」王冰注：「淫濼，謂似酸痛而無力也。」《黃帝內經太素》卷 11 省「脛痠」二字，楊上素注：「濼，羅各反。淫濼，膝胕痺痛無力也。」王冰、楊上素所解是病症，而非詞義。《鍼灸甲乙經》卷 7：「淫濼脛痠，熱病，汗不出，皆主之。」又卷 8：「寒熱懈懶，淫濼脛痠，四肢重痛，少氣難言，至陽主之。」高士宗曰：「淫，極也。濼，寒也。」〔註41〕《譯釋》注：「淫，浸漬。濼，古水名，此處泛指水濕之邪。」〔註42〕朱駿聲曰：「濼，叚借爲噀。」〔註43〕范登脈曰：「《太素》無『脛痠』二字。『脛痠』蓋『淫濼』之旁注而誤入正文者。濼當讀若醶，《廣雅》：『酸、醶，酢也。』王念孫《疏證》：『《玉篇》：「醶，酢也。」《廣韻》：「醶，酢味也。」《玉篇》：「噀，火沃切，伊尹曰：『酸而不噀。』」並聲近而義同。』淫者，當讀若沈。『淫濼』即酸沉。」〔註44〕諸說皆望文生訓。「脛痠」非衍文，《甲乙經》「淫濼

〔註39〕 郭雍《仲景傷寒補亡論》卷 7，《續修四庫》影道光刻本。

〔註40〕 丹波元簡廉夫《靈樞識》卷 4，曹炳章校，重訂曹氏醫學大成本，第 7～8 頁。所引張說，見明人張介賓（景岳）《類經》卷 18 注，收入景印文淵閣《四庫全書》第 776 冊，臺灣商務印書館 1986 年初版，第 351 頁。清人薛雪《醫經原旨》卷 6 說同張氏，收入《續修四庫全書》第 982 冊，上海古籍出版社 2002 年版，第 591 頁。所引馬說，見明人馬蒔《黃帝內經靈樞注證發微》卷 3，收入《續修四庫全書》第 980 冊，第 140 頁。

〔註41〕 高士宗《黃帝內經素問直解》，學苑出版社 2001 年版，第 388 頁。

〔註42〕 南京中醫學院編著《黃帝內經素問譯釋》，上海科學技術出版社 1991 年第 3 版，第 397～398 頁。

〔註43〕 朱駿聲《說文通訓定聲》，武漢市古籍書店 1983 年版，第 336 頁。

〔註44〕 范登脈《〈黃帝內經素問〉疑難字詞校補》，廣州中醫藥大學 2007 年博士學位論文，第 218 頁。

胻瘦」連文凡 4 見。「醶」訓酢，是指酸味、醋味，也指酸味之物，即醋，而不是酸痛義〔註45〕。《靈樞經‧終始》：「形體淫泆，乃消腦髓，津液不化，脫其五味，是謂失氣也。」「淫泆」當據《鍼灸甲乙經》卷5 作「淫濼」。作「淫泆」者，後人不達其誼而妄改。日人丹波元簡廉夫曰：「淫泆，道藏本、《甲乙》作『淫濼』。張云：『淫泆，蕩散也。』（『淫濼』詳於《素問識‧骨空論》）。」〔註46〕音轉又作「淫濯」〔註47〕，《文選‧七發》：「四支委隨，筋骨挺解，血脉淫濯，手足惰窳。」李善注：「淫濯，謂過度而且大也。《爾雅》曰：『淫，過也。』又曰：『濯，大也。』」呂延濟注：「淫濯，不通也。」郝懿行曰：「淫、濯俱訓大，本於《爾雅》也。」〔註48〕胡紹煐、蔣超伯說同〔註49〕。朱起鳳曰：「濯、濼疊韻，故互通。」〔註50〕朱說是，濯、濼二字皆爲藥部字，濼來母，濯定母，旁紐雙聲。李善望文生訓，呂延濟說無據。而郝、胡、蔣三氏又承李氏誤說，莫能是正。音轉又作「淫躍」，《肘後備急方》卷 1 注：「風尸者，淫躍四肢，不知痛之所在，每發昏恍，得風雪便作也。」《證類本草》卷 7、《本草綱目》卷 18 引同，《醫說》卷 4 引《本事方》、《類證普濟本事方》卷 7 作「淫濯」。《巢氏諸病源候總論》卷 2：「蠱風者，由體虛受風。其風在於皮膚，淫淫躍躍，若畫若刺，一身盡痛。」又卷23：「風尸者，在人四肢，循環經絡，其狀冷躍，去來沉沉默默，不知痛處，若衝風則發是也。」《普濟方》卷 238 作「淫躍」。「冷」當作「泠」，從「今」得聲，古音「今」〔註51〕，是「淫」之音轉。《巢氏諸病源候總論》卷 24：「注病之狀，或乍寒乍熱，或皮膚淫躍，或心腹脹刺痛，或支節沉重，變狀多端。」《備急千金要方》卷 6：「腰胯疼痛，四肢沉

〔註45〕另參見本書《本味篇》校補。

〔註46〕丹波元簡廉夫《靈樞識》卷 2，曹炳章校，重訂曹氏醫學大成本，第 23 頁。所引張說，見明人張介賓（景岳）《類經》卷 22 注，收入景印文淵閣《四庫全書》第 776 冊，第 449 頁。

〔註47〕古從樂從翟聲通，參見張儒、劉毓慶《漢字通用聲素研究》，山西古籍出版社 2002 年版，第 258 頁。

〔註48〕郝懿行《爾雅義疏》，上海古籍出版社 1983 年版，第 14 頁。

〔註49〕胡紹煐《文選箋證》卷 25，黃山書社 2007 年版，第 677 頁。蔣超伯《南漘楛語》卷 7《讀淮南子》，收入《續修四庫全書》第 1161 冊，上海古籍出版社 2002 年版，第 361 頁。

〔註50〕朱起鳳《辭通》卷 23，上海古籍出版社 1982 年版，第 2542 頁。

〔註51〕《山海經‧西山經》郭璞注：「泠，或音今。」

重淫躍，一身盡腫，乍來乍去。」字亦作「淫癰」，《玉篇》：「癰，病也。」胡吉宣引《素問・骨空論》及《文選・七發》爲證〔註52〕，是也。《廣韻》、《集韻》並云：「癰，淫癰，病也。」《篆隸萬象名義》：「癰，病，淫癰也。」「癰」是「癰」形譌，「病」當乙至「也」上〔註53〕。《龍龕手鑑》：「癰，癰癰，病也。」釋語上「癰」當作「淫」，各本誤同，惟朝鮮本作「癰，淫病也」，釋語又脫「癰」字。考《廣雅》：「淫，游也。」淫、流、游（遊），並一聲之轉也。《管子・明法》：「不淫意於法之外，不爲惠於法之內也。」尹注：「淫，遊也。」《韓子・有度》作「遊意」。《淮南子・說山篇》：「瓠巴鼓瑟，而淫魚出聽。」《荀子・勸學》作「流魚」，《記纂淵海》卷78引《荀子》、《後漢書・文苑列傳》李賢注引《韓詩外傳》並作「游魚出聽」。馬王堆漢簡《天下至道談》：「一曰虎流。」馬王堆漢簡《合陰陽》作「虎游」。皆其證也。《淮南子・覽冥篇》：「女媧氏積蘆灰以止淫水。」高誘註：「平地出水爲淫水。」「淫水」即「流水」。爍、濼、鑠、濯，並讀爲趠，俗作躍。《說文》：「趠，動也。讀若《春秋傳》曰『輔趠。』」《左傳・襄公二十四年》、《昭公五年》作「輔躒」。《集韻》：「趠，走也。」指躍動、走動。《玉篇》：「趠，動也，或作躍。」字或作躍，《大戴禮記・勸學》：「騏驥一躍，不能千里（步）。」〔註54〕《荀子・勸學》作「躍」。字亦作趯，《說文》：「趯，踊也。」《集韻》：「趯，走也。」本書「淫爍」，猶言流動、遊走，故與「不固」連文，其義相因也。諸醫書言「淫濼（爍、鑠、濯、躍）」者，指邪氣隨血氣遊行，此病名專字作「淫癰」。俞樾曰：「此句是言男女不能生育。」許維遹、陳奇猷皆從俞說。陳奇猷復曰：「『淫』是『孕』之假字也。『濼』、『落』通。淫爍不固猶言孕不堅固而脫落也。譚戒甫謂『淫爍』即『淫樂』，楊樹達謂『爍』爲『鑠』，均非。」宋慈裒亦謂當作「淫樂」，解爲「淫蕩而搖其精」〔註55〕。沈祖緜曰：「高注誤。因人民受天時之影響，得淫爍之疾也。爍，《說文》無，通『爚』，爇也。《左傳・昭公元年》：『醫和曰：陰淫塞（寒）

〔註52〕 胡吉宣《玉篇校釋》，上海古籍出版社1989年版，第2255頁。
〔註53〕 呂浩《篆隸萬象名義校釋》未能校正，學林出版社2007年版，第180頁。
〔註54〕 「里」當據《玉篇》「躍」字條所引校作「步」。
〔註55〕 宋慈裒《呂氏春秋補正（續）》，《華國月刊》第2期第12冊，1926年版，本文第11頁。

疾,陽淫熱疾。』推之則:淫,寒疾也,寒過則爲冷;爍,熱疾也,熱過則喘渴。不固,夭折是也。」〔註56〕譚戒甫曰:「『淫爍』當即『淫樂』。」楊樹達、王利器並讀「淫爍」爲「銷爍」。諸說皆誤。陳氏讀「淫」爲「孕」,聞一多云:「淫當爲孕。」〔註57〕此其所本,此說無有理據,尤所未聞。「淫爍」本是一詞,陳氏割裂之,倒句以求通,其說大誤。李若暉曰:「『爍』當爲『濼』之假。王冰注云云。字又作『濯』。李善說是也。」〔註58〕李君後又增補其說,雖已補列其異形多種,而失引郝懿行、聞一多、朱起鳳等人的說法,仍曰:「李善注乃說字義,王冰則說症狀,二者並無矛盾。依善注,『淫爍』爲並列複合詞。至於丁光迪主編《諸病源候論校注》釋爲『遊走往來,皮肉瞤動感』,實爲望文生義。」〔註59〕則仍昧於本義,丁光迪說近是。

(3) 禽獸胎消不殖

高誘注:銷爍不成,不得長殖也。

按:胎消,指禽獸的胎胞消失。《類聚》卷84引《相貝經》:「嚼貝使胎消,勿以示孕婦。」亦此義。宋慈襃謂「消」當作「膭」〔註60〕。譚戒甫謂「胎消,亦猶胎夭。消、夭古音同部相假」,王利器從其說。殊無必要改字或以通假說之。楊樹達讀「胎消」爲「冶銷」,亦非是,陳奇猷已駁之。

(4) 父子相忍,弟兄相誣

按:誣,輕侮也。

〔註56〕沈祖緜(祖緜)《讀呂臆斷》,《制言》第1期,1935年版,本文第6頁。
〔註57〕聞一多《璞堂雜業·呂氏春秋》,收入《聞一多全集》卷10,湖北人民出版社1994年版,第459頁。
〔註58〕李若暉《古語文零箋》,《人文論叢》2003年卷,第313~314頁;其說又見李若暉《〈呂氏春秋新校釋〉平議》,《華學》第6輯,2003年版,第176頁;又改題作《呂氏春秋詁義》,收入《語言文獻論衡》,巴蜀書社2005年版,第81~82頁。
〔註59〕李若暉《「淫爍」釋義》,《湖北大學學報》2006年第3期,第338~339頁;又改題作《「淫濯」釋義》,收入吳曉峰主編《〈文選〉學與楚文化——紀念李善逝世1317週年國際學術研討會》,武漢出版社2009年版,第510~512頁。會議2006年4月在黃岡師範學院召開。
〔註60〕宋慈襃《呂氏春秋補正(續)》,《華國月刊》第2期第12冊,1926年版,本文第11頁。

（5）其雲狀，有若犬、若馬、若白鵠、若眾車

按：若眾車，《御覽》卷 8 引作「車者」，又卷 877 引作「若眾軍」。「軍」
是「車」形譌。《御覽》卷 34 引《京房易占候》：「有雲大如車蓋十餘，
此陽火之氣，必暑，有暍者。」亦其證也。《類聚》卷 1 引《易通卦驗》：
「冬至，初陽，雲出箕如樹木之狀。立春，青陽，雲出房如積水。春
分，正陽，雲出軫如白鵠。穀雨，太陽，雲出張如車蓋。立夏，初陰，
雲出觜赤如珠。夏至，少陰，雲如水波。寒露，正陰，雲如冠纓。霜
降，太陰，雲出上如羊下如磻石。」《編珠》卷 1 引「車蓋」誤作「連
蓋」。

（6）其雲狀……有其狀若眾馬以鬭，其名曰滑馬

高誘注：《五行傳》為馬妖也。

按：陳奇猷謂注「為」讀「謂」，非是，當讀如字。滑馬，《古微書》卷 14、
《廣博物志》卷 13 引同，《御覽》卷 877 引作「渭」。「渭」蓋形近而
譌。沈祖緜曰：「『滑馬』未詳。高注以《五行傳》馬妖釋之，誤。此
言雲之狀若眾馬以鬭，非馬妖可知。《晉書·天文志》：『《河圖》云：
有天猾。』猾、滑古通。又流星章『有大滑』，『大』恐係『天』之譌。」
〔註61〕沈說是也，《說苑·敬慎》：「吾嘗見四月、十日並出，有與天滑。」
《靈臺秘苑》卷 15：「歲星之精流而為七……三曰天滑。」又「天滑主
招亂，若人主自恣，〔逆〕天暴物，則火（天）滑起。」《晉書·天文
志》引《河圖》：「歲星之精流為天棓、天槍、天猾、天衝、國皇、及
（反）登、蒼彗。」〔註62〕皆「大」當作「天」之確證。《唐開元占
經》卷 85 引《春秋緯》：「人主自恣，不備（循）古王，逆天暴物，
則天猾起，如眾馬鬭於邦，地躍（曜）璃日（日）反光。」〔註63〕此
說正與本書相同。言歲星之精流而為雲，其狀若眾馬相鬭，故名之曰
「滑馬」，亦名之曰「天滑（猾）」。此文「天衡（衝）」、「滑馬」、「彗
星」、「天棓」、「天欃」，即《河圖》之「天衝」、「天猾」、「蒼彗」、「天

〔註61〕 沈賑民（祖緜）《讀呂臆斷》，《制言》第 1 期，1935 年版，本文第 7 頁。
〔註62〕《隋書·天文志》「及」作「反」。
〔註63〕《唐開元占經》卷 9 引《春秋運斗樞》：「人主自恣，不循古，逆天暴物，禍
起則日蝕。」又卷 7 引《春秋呂氏》：「人主自恣，不修古王道，逆天暴物，
妖禍起。」「備」、「修」皆「循」形譌。《三國志·孫休傳》：「不循古道。」「躍」
當作「璃」，「曰」當作「日」，皆據《唐開元占經》卷 7 引《春秋呂氏》改。

棓」、「天槍」也，皆流星爲之。滑（猾）之言顅，《玉篇》、《集韻》並引《蒼頡》：「顅，相抵觸。」字又作堀，《說文》：「堀，突也。」如衆馬相鬪，故名之曰顅馬，言如抵突之馬。王利器曰：「本書《觀表》：『見馬之一徵也，而知節之高卑，足之滑易。』則滑馬謂其足滑易之馬也。」其說非是。

（7）其日……有不光，有不及景

舊校：及，一作「反」。

按：孫詒讓謂作「反」者非，譚戒甫謂作「反」者是，陳奇猷從譚說。譚說是也，但譚氏解爲「日光反照而有不反之景」，陳氏解爲「物體不能成影」，則皆誤。《唐開元占經》卷 7 引《春秋呂氏》：「地曜日璃日反光，地曜璃氣上刺反光，日景見南。又上光盛，無能見其輪體；及至反光，午上體見。光微沒時却忽時暫明，亦如燈將盡而光忽暫明熾。」又卷 85 引《春秋緯》：「地躍（曜）璃日（日）反光。」〔註64〕「反景」即「反光」，指光微沒時忽然暫明的現象。

（8）其日……有晝盲，有霄見

高誘注：盲，冥也。霄，夜。見，明。

按：畢沅曰：「霄當是宵之借。」朱駿聲說同〔註65〕。沈祖緜曰：「晝盲即晝晦。」〔註66〕陳奇猷曰：「『見』無明義。疑『見』爲『光』形近之訛，故高訓爲明也。『霄』即『雲霄』之霄。霄光，疑即今所謂極光。高、畢讀霄爲宵，亦非。」畢、朱、沈說皆是也，《文選·前緩聲歌》：「肅肅霄駕動。」亦讀霄爲宵〔註67〕。陳氏改「見」作「光」亦是，但附會爲極光，則失之遠矣。王利器謂「霄見」即古籍之「夜明」，亦是也。《淮南子·泰族篇》：「逆天暴物，則日月薄蝕，五星失行，四時干乖，晝冥宵光，山崩川涸，冬雷夏霜。」《文子·精誠》同〔註68〕，《意林》卷 1

〔註64〕《唐開元占經》卷 9 引《春秋運斗樞》：「人主自恣，不循古，逆天暴物，禍起則日蝕。」又卷 7 引《春秋呂氏》：「人主自恣，不修古王道，逆天暴物，妖禍起。」「備」、「修」皆「循」形誤。

〔註65〕朱駿聲《說文通訓定聲》，武漢市古籍書店 1983 年版，第 316 頁。

〔註66〕沈㿆民（祖緜）《讀呂臆斷》，《制言》第 1 期，1935 年版，本文第 9 頁。

〔註67〕參見胡紹煐《文選箋證》卷 23，黃山書社 2007 年版，第 601 頁。

〔註68〕《文子》據《道藏》徐靈府注本、杜道堅《纘義》本、朱弁注本，宋本「冥」誤作「明」，「涸」誤作「洏」。

引《文子》作「夜光」。《子華子‧神氣》:「日月薄食,虹蜺晝見,五緯相凌,四時相乘,水竭山崩,宵光晝冥,石言犬瘋,夏霜冬雷。」《漢書‧張敞傳》:「方其隆時,感動天地,侵迫陰陽,月胐日蝕,晝冥宵光。」顏師古曰:「冥,闇也。宵,夜也。」又稱作「宵明」,《淮南子‧覽冥篇》:「是謂坐馳陸沈晝冥宵明。」《唐開元占經》卷6引諸書「日夜出」的現象,即所謂「宵光」、「宵明」、「夜明」也。李若暉讀「見」爲「晛」,謂由本義「日見」、「日出」引申訓「明」〔註69〕,說殊牽強。

(9) 其氣……有若水之波,有若山之楫

高誘注:楫,林木也。

按:《御覽》卷877引「波」、「楫」並作「狀」,蓋臆改。俞樾改「楫」作「檝」,其說之誤,陳奇猷已駁之。朱駿聲申高注,讀楫爲箑〔註70〕,「箑」是扇義,明顯錯誤,不知朱氏何以有此說?于鬯引姚廣文說,改「楫」作「林」,注作「林,木也」,亦不可信。陳奇猷曰:「《漢書‧兒寬傳》顏注云:『張晏曰:「楫,聚也。」楫、輯、集三字並同。』有若山之楫猶言有如山之聚集。」「楫」訓聚是也,當指所聚之林木,故高注云然。《戰國秦四年瓦書》:「自桑𤲬之封以東北到于桑匽之封,一里廿輯。」李學勤曰:「𤲬疑讀爲淳。『一』訓爲皆。輯疑讀爲楫。《呂氏》高注云云。『楫』有樹木之義,蓋爲秦人語,後人多不能解。瓦書言自桑淳之封至桑匽之封,其間皆爲每里植樹二十處。」〔註71〕如李說正確,「輯」亦訓所聚之林木。

(10) 有鬼投其陴

高誘注:陴,腳也。音「楊子愛骭一毛」之骭。

按:陴,朱駿聲讀爲髀〔註72〕。李若暉指出陴讀爲髀,音「骭」是訓讀

〔註69〕李若暉《〈呂氏春秋校釋〉質疑》,《武漢大學學報》1999年第6期,第14頁;其說又見李若暉《〈呂氏春秋新校釋〉平議》,《華學》第6輯,2003年版,第175頁;又改題作《呂氏春秋詁義》,收入《語言文獻論衡》,巴蜀書社2005年版,第80頁。

〔註70〕朱駿聲《說文通訓定聲》,武漢市古籍書店1983年版,第106頁。

〔註71〕李學勤《戰國秦四年瓦書考釋》,收入《聯合書院三十周年紀念論文集》,聯合書院1984年出版,第74～75頁。

〔註72〕朱駿聲《說文通訓定聲》,武漢市古籍書店1983年版,第529頁。

〔註 73〕，而失引朱駿聲說。朱說是也，字亦作踔，《說文》：「髀，股也。踔，古文髀。」又「股，髀也。」髀（踔）、股二字互訓。「股」本指大腿，其詞義擴大引申，則指小腿、腳。《廣雅》：「股，脛也。」《淮南子‧地形篇》高誘注、《漢書‧高五王傳》顏師古注並云：「股，腳也。」《書‧君牙》孔疏：「股，足也。」然則「髀（踔）」當亦可指小腿、腳，與「股」的詞義擴大引申途徑一致。《史記‧酷吏傳》《集解》引徐廣曰：「股栗，髀腳戰搖也。」「股」訓髀腳，髀亦腳也。今臺灣客話尚稱腿為「腳髀」，贛語稱腿為「腳股子」〔註 74〕。字亦作峄，《廣韻》：「峄，山足。」「峄」指山足，當是「髀（踔）」的分別字。古語小腿稱「骬」，今方言稱「腳骬」〔註 75〕，《淮南子‧俶眞篇》：「雖以天下之大，易骬之一毛，無所概於志也。」高誘注：「骬，自膝以下，脛以上也。骬，讀閈牧之閈也。」〔註 76〕《孔叢子‧抗志》、《子思子外篇‧任賢》「骬」作「脛」。此文高誘「陴」音「骬」，蓋訓讀音，正可證明「陴」當訓腳。畢沅改「陴」作「幹」，陳奇猷改作「限」，以合其音。俞樾謂高注非，「陴」訓女牆。皆未得。

（11）國有游蚖西東

按：《唐開元占經》卷 120 引作「國有游蚖，蚖一西一東」。

（12）有豕生而彌

高誘注：彌，蹄不甲也。於《五行傳》為墨青黑之祥也。

按：朱駿聲申高注，讀彌為糜〔註 77〕，不切。吳承仕讀彌為兩，指蹄甲不

〔註 73〕 李若暉《〈呂氏春秋校釋〉質疑》，《武漢大學學報》1999 年第 6 期，第 74 頁；其說又見李若暉《〈呂氏春秋新校釋〉平議》，《華學》第 6 輯，2003 年版，第 176 頁；又改題作《呂氏春秋詁義》，收入《語言文獻論衡》，巴蜀書社 2005 年版，第 82 頁。

〔註 74〕 參見許寶華、宮田一郎《漢語方言大詞典》，中華書局 1999 年版，第 5653、5659 頁。

〔註 75〕 許寶華、宮田一郎《漢語方言大詞典》記載吳語稱腳跟為「腳幹」，中原官話、西南官話、徽語、湘語、贛語、客語稱小腿為「腳杆」，當作此字「骬」，中華書局 1999 年版，第 5646、5649 頁。趙家棟博士告知江淮官話亦有此說法。劉又辛已經指出「四川方言稱小腿為『腳骬』，即是此字」，劉又辛《說「骹」》，收入《文字訓詁論集》，中華書局 1993 年版，第 301 頁。

〔註 76〕 「閈牧」從景宋本，道藏本誤作「閈收」。

〔註 77〕 朱駿聲《說文通訓定聲》，武漢市古籍書店 1983 年版，第 615 頁。

分明，許維遹、王利器皆從其說。陳奇猷讀彌爲婗、呢，指嬰兒語聲。
張富祥曰：「『彌』當作『弭』，借爲『䴠』字。指小豬生下來卻變成了
小鹿。」〔註78〕竊謂彌訓連合，《廣雅》：「彌，合也。」《文選·登樓
賦》張銑注：「彌，連也。」此文指豕蹄之甲連在一起，不分叉，故高
注云「彌，蹄不甲也」。

（13）雞卵多假

按：畢沅改「假」作「㲊」，曰：「《說文》：『㲊，卵不孚也。』《淮南子·
原道訓》、《法言·先知篇》俱有『㲊』字。」陳奇猷曰：「畢校得其
義矣。此『假』當本是『叚』字，形誤爲『叚』，後人又寫作『假』。
《管子·五行》：『羽卵者不叚。』借叚爲㲊，此與《管子》正同。《淮
南子·原道訓》云：『鳥卵不㲊。』高注：『卵不成鳥曰㲊。』」畢、
陳說皆是也，段玉裁、毛際盛、朱珔、杜文瀾亦校作「㲊」〔註79〕。
顧炎武謂「假」與下文「處」、「狗」協韻〔註80〕，則失考矣，江有誥
《先秦韻讀》卷下即不認爲此篇是韻文。王利器曰：「畢校是，《和名
類聚鈔》卷7引作『㲊』。」《倭名類聚鈔》有10卷本、20卷本二種，
王氏所見爲10卷本，余所見爲20卷本多種，在卷18，引《呂氏》並
作「雞卵多㲊」，有注：「音叚，和名須毛里。」又引野王曰：「㲊者，
卵不孵也。」〔註81〕所引野王語，蓋出原本《玉篇》，今本《玉篇》：
「㲊，大亂切，不成子曰㲊。」各本皆同〔註82〕，據音「大亂切」，
字當從「叚」作「㲊」，「㲊」是俗字。《廣韻》：「㲊，徒玩反，卵壞。」
〔註83〕字亦作殰，《慧琳音義》卷63：「㲊壞：上團亂反。《呂氏春秋》

〔註78〕張富祥《呂氏春秋》校釋札記（一）》，《古籍整理研究學刊》2008年第4期，
第29頁。
〔註79〕段玉裁《說文解字注》，毛際盛《說文解字述誼》，朱珔《說文假借義證》「㲊」
字條，並收入丁福保《說文解字詁林》，中華書局1988年版，第13133、17973
頁。杜文瀾《古謠諺》卷87，收入《續修四庫全書》第1601冊，上海古籍出
版社2002年版，第691頁。
〔註80〕顧炎武《唐韻正》卷9，收入《叢書集成三編》第27冊，新文豐出版公司1997
年印行，第549頁。
〔註81〕那波道圓校訂《新刻倭名類聚鈔》（元和年間活字本）、早稻田大學藏《倭名
類聚鈔》（多種）皆如此。
〔註82〕《玉篇》影澤存堂本、元至正二十六年南山書院刊本、元延祐二年圓沙書院
刻本、早稻田大學藏和刻本皆作俗字「㲊」。
〔註83〕《廣韻》據澤存堂本、古逸叢書覆宋重修本、符山堂藏板本、林尹校訂本，

云：『雞卵經時即㲊也。』《考聲》云：『㲊，卵壞也。』《說文》云：『㲊，卵不孚也。』從卵段聲。律文從歹作殈，非也。」所引《呂氏春秋》，別無所見，當即此文之意引，是慧琳所見，正作「㲊」字。慧琳以別體字「殈」爲誤字。敦煌寫卷 S.617《俗務要名林》：「殈，卵壞也，徒亂反。」《集韻》：「㲊，《說文》：『卵不孚也。』或作殈。」〔註84〕「㲊（殈）」之言斷也，指鳥卵坼裂、破裂，不能孚成小鳥。《禮記·樂記》：「卵生者不殈。」鄭玄注：「殈，裂也，今齊人語有殈者。」《釋文》：「卵坼不成曰殈，猶裂也。」《史記·樂書》《正義》：「卵坼不成子曰殈。」《廣韻》：「殈，鳥卵破也。」《集韻》：「殈，鳥卵坼也。」「㲊（殈）」與「殈」同義，皆坼裂之義〔註85〕，此其確證。張舜徽曰：「㲊之言斷也，謂其內截裂不能成鳥也。」〔註86〕《管子·五行》：「羽卵者不段。」尹注：「段，謂離散不成。」四部叢刊影宋本、劉績《補注》本作「叚」，俗字〔註87〕。四部叢刊影宋本《法言·先知》：「雌之不才，其卵㲊矣；君之不才，其民野矣。」李軌注：「㲊，敗。」

四部叢刊巾箱本、黑水城殘卷作「㲊」，覆元泰定本、龍谷大學藏至正南山書院刊本作「㲊」，蔣斧印本《唐韻殘卷》亦作「㲊」，敦煌寫卷 S.6176《箋注本切韻》作「㲊」，據各本音「徒玩反」（《唐韻殘卷》音「徒翫反」，同。），字當從「段」作「㲊」。在敦煌寫卷中，「段」俗字亦作「叚」、「叚」等形（參見黃征《敦煌俗字典》，上海教育出版社 2005 年版，第 93 頁。），故「㲊」、「㲊」、「㲊」皆是「㲊」俗字，所從「段」或「叚」是「段」俗寫，而與「假」的本字「叚」是同形異字。巾箱本補配《鉅宋廣韻》「段」作「叚」，從「段」得聲的字，「㲊」作「㲊」，「椴」作「椵」，「鍛」作「鍜」，「腶」作「腵」，「碬」作「碬」，皆作俗字形，斷不可誤以爲從「叚（叚借之叚）」得聲。宋人王觀國《學林》卷 2 已指出「叚、段二字偏旁不同，然其形易於相亂」。

〔註84〕《集韻》據南宋初明州刻本、寧波明州述古堂影宋鈔本、金州軍刻本、四部備要本、四庫本，潭州宋刻本上作「㲊」，「殈」作俗字「殈」，日本天保九年重刊顧廣圻補刻本、錢恂藏揚州使院本、曹氏棟亭本皆作俗字「㲊」、「殈」。

〔註85〕「殈」之言搣，《廣雅》：「搣，裂也。」王念孫曰：「殈與搣通。」陳鱣謂「殈」是「𤔔」剝文，殊爲無據。王念孫《廣雅疏證》，收入徐復主編《廣雅詁林》，江蘇古籍出版社 1992 年版，第 125 頁。陳鱣《簡莊疏記》卷 10，收入《續修四庫全書》第 1157 冊，上海古籍出版社 2002 年版，第 238 頁。

〔註86〕張舜徽《說文解字約注》，華中師範大學出版社 2009 年版，第 3325 頁。

〔註87〕洪頤煊曰：「段讀作㲊，《說文》：『㲊，卵不孚也。』《淮南子·原道訓》高注云云。」冒鶴亭曰：「顧千里曰：『段當作叚，叚即㲊字。』廣生按：洪頤煊說同。」洪頤煊《管子義證》卷 5，收入《續修四庫全書》970 冊，上海古籍出版社 2002 年版，第 541 頁。冒鶴亭（廣生）《管子顧氏學》，《制言》第 62 期，1940 年版，本文第 6 頁。

司馬光曰：「𣤱，音段。」吳祕曰：「𣤱，謂壞而不化。」《音義》：「𣤱，徒玩反，卵壞。」〔註88〕《御覽》卷928引正文作「叚」，注作「叚，敗也」。「𣤱」即「𣤱」，司馬光音段，《音義》音徒玩反，可證。「叚」亦「段」俗字。《增韻》卷4「𣤱」字條引《揚子》正作「𣤱」。《太玄・難》：「次四：卵破石𣤱。測曰：卵破之𣤱，小人難也。」范望注：「𣤱，徒玩反。」據注音，是「𣤱」字無疑。𣤱亦破也，此用以言石破，取其引申義。《淮南子・原道篇》：「鳥卵不𣤱。」《文子・道原》「𣤱」作「敗」。《道藏》本《淮南子・天文篇》：「胎夭卵𣤱，鳥蟲多傷。」景宋本、明刻本作「𣤱」。《董子・治亂五行》：「土干木，胎夭卵𣤱，鳥蟲多傷。」冒廣生校明抄本、武英殿聚珍版作「𣤱」，別本誤分作「段卵」二字。《神異經》：「南方蚊翼下有蜚蟲焉，目明者見之。每生九卵，復未常（嘗）有𣤱，復成九子，蜚而俱去，蚊遂不知。」《太平廣記》卷479、《說郛》卷66引作「𣤱」，《廣記》有注：「𣤱，徒亂反。」據注音，是「𣤱」字無疑。四庫本《博物志》卷4引《神農本草》：「雞卵可作琥珀。其法取伏卵𣤱黃白渾雜者煮，及尚軟，隨意刻作物件，以苦酒漬數宿，既堅，內着粉中，佳者乃亂真矣。」紛欣閣叢書本、四部備要本作「伏卵段」，士禮居叢書本、古今逸史本、百子全書本作「伏卵段」。錢熙祚校云：「𣤱，原誤爲『卵段』二字，據《御覽》卷918改。」〔註89〕「伏卵」是一詞，錢校未確。《御覽》卷808引作「取雞卵殷黃白渾雜者」，又卷918引作「取茯苓雞殷卵黃白渾雜者」，雖各有脫誤臆改，而此字皆作「殷」。《法苑珠林》卷43引作「卵穀」。「殷」是「殷」俗字。穀亦卵，蓋臆改，非其舊。《禽經》：「覆卵則鸛入水。」張華注：「鸛，水鳥也。伏卵時，數入水，冷則不𣤱。」「覆卵」即「伏卵」，「𣤱」亦「𣤱」字俗字，《御覽》卷925引臆改作「不孕」。《北史・蕭寶夤傳》引謠言：「鸞生十子九子殷，一子不殷關中亂。」《御覽》卷916引作「𣤱」，《通鑑》卷151作「𣤱」，胡三省註：「𣤱，徒玩翻，卵壞也。周秦以前，以亂爲治。」「殷」是「殷」俗字，「𣤱」、「𣤱」是「𣤱」俗字，胡三省註音可證。王玉堂曰：「驗諸湘語，卵不孕稱爲音如古瓦切之寡。其本字是『𣤱』。《法

〔註88〕 汪榮寶《法言義疏》正文及注徑改作「𣤱」，而不作說明，中華書局1987年版，第303頁。

〔註89〕 錢熙祚校語見《博物志》指海本第10集，在卷7，守山閣刻本，本卷第7頁。

言・先知篇》『蝦』、『野』押韻。」〔註90〕王說不可信從,「蝦」是「蝦」俗字無疑,不從「叚（叚借之叚）」得聲。湘語古瓦切之字,或另有來源,或俗音譌誤〔註91〕。《法言》也不必用韻語。《北史》所引謠言,必是「蝦（殷）」字,與「亂」字協韻。

(14) 故子華子曰:「夫亂世之民,長短頡䜑,百疾,民多疾癘,道多褓繈,盲禿傴尪,萬怪皆生。」

　　高誘注:長短者,無節度也。頡,猶大。䜑,迎（逆）也。百疾,變詐也。既無節度,大迎（逆）爲變詐之疾也。

按:段玉裁、王筠、桂馥、朱駿聲、錢繹、陳鱣皆取高注「䜑」訓逆〔註92〕。方以智曰:「『頡䜑』當是『頡㤦』。《說文》:『㤦,逆也。』《字考》曰:『戾也。』以義推之,當是『頡㤦』,言臭臭（音結),愕逆之狀也。」〔註93〕亦據高說推演。皆非是。畢沅曰:「《莊子・徐無鬼》向秀注:『頡滑,錯亂也。』此『頡䜑』疑同。」宋慈裒從畢說,解爲「長短比較,苦難料理」〔註94〕。朱起鳳曰:「頡音繈。䜑,同『迀』。頡䜑,謂錯亂也。䜑、滑一聲之轉。」〔註95〕馬敘倫曰:「《莊子》之『頡滑』爲『詰詘』之假借,此『頡䜑』當別考。」孫蜀丞曰:「疑有脫誤。《子華子・神氣篇》襲此文『百疾』下有『俱作』二字,於義爲長。」譚戒甫曰:「孫說是。畢引《莊子》爲訓,似不甚然。疑頡借爲結。高注

〔註90〕王玉堂《據湘語釋古語（二則）》,《古漢語研究》1990年第4期,第82～84頁。又收入《敝帚叢——王玉堂語言文字學研究與書畫集》,湖南師範大學出版社2012年版,第91～94頁。

〔註91〕清・增輯《柞蠶雜志》:「蛾生子之次日,其子由微黃變而淺黑,三四日後即出蠶,其不變淺黑者,即蝦矣,俗名寡蛋。」光緒浙江書局刻本。今西南等地方言中有「寡蛋」、「寡雞蛋」的說法,其來源待考。

〔註92〕段玉裁《說文解字注》,王筠《說文解字句讀》,桂馥《說文解字義證》,朱駿聲《說文通訓定聲》,並收入丁福保《說文解字詁林》,中華書局1988年版,第14256～14257頁。錢繹《方言箋疏》卷13,上海古籍出版社1984年版,第782頁。陳鱣《簡莊疏記》卷10,收入《續修四庫全書》第1157冊,上海古籍出版社2002年版,第239頁。

〔註93〕方以智《通雅》卷18,收入《方以智全書》第1冊,上海古籍出版社1988年版,第641頁。

〔註94〕宋慈裒《呂氏春秋補正（續）》,《華國月刊》第2期第12冊,1926年版,本文第13頁。

〔註95〕朱起鳳《辭通》卷17,上海古籍出版社1982年版,第1796頁。

『大』字，或即『交』字之誤。頡齘猶言交午……猶言縱橫也。」沈祖緜曰：「高注非也。《說文》：『頡，直項也。』與『大』義違。《說文》『齘』左右互易，『屰也』。頡齘，不正貌。」蔣維喬等曰：「孫說近是。《路史・禪通紀》注引『百疾』下正有『俱起』二字。宋氏慈袌以『百疾』爲衍文，失之。」陳奇猷曰：「孫先生說是。《說文》『齘，逆也』，非此義。疑此文當作『長短頡頡，百疾俱作』。《說文》：『頡，直項也。』《集韻》：『頡，大頭也。』齘訓逆，非謂不正之貌，沈說非。」王利器謂「齘」是「頡」形譌。王煥鑣曰：「疑『奚吾』爲『枝梧』、『抵梧』、『頡齘』、『當忤』、『觸齚』、『氐惆』之假借，亦與『勃谿』相近。《呂氏》云云，畢說較高爲稍勝。實則『頡齘』猶『奚吾』也。長短頡齘者，謂計較長短而互相牴牾。」〔註96〕考《子華子・神氣》：「長短頡齚，百疾俱作，時方疾癘，道有縅負，盲禿狂僂，萬怪以生。」《愛日齋叢抄》卷5引本書及《子華子》俱作「頡齚」。《路史》卷6：「長短頡頡，百疾俱起，盲禿狂僂，萬怪偕來。」又卷9羅苹注引《子華子》：「亂世之人，長短頡頡，百疾俱起，民多疾癘，道多裸縅，盲禿僂尫，萬怪皆生之謂也。」孫氏「百疾」下補「俱作」二字是也，或補「俱起」亦可，同義。「百疾」謂各種疾病，故下云「民多疾癘」，高注「變詐」，非是。「齚（齚、齘）」當據《路史》二引作「頡」，《玉篇》：「頡，大頭也。」字亦作䪳，《廣韻》：「䪳，顡䪳，大頭。」又「䫀，瓜蔓苗頭。」《集韻》：「䪳，大頭也。」又「䫀，瓜蔓。」「䫀」是「䪳」的後出分別字。「頡」訓直項，猶言強項，頸項強直，與「頡」義不相屬。竊謂「頡」當作「頡」，形近而譌。《說文》：「頡，短面也。」《玉篇》、蔣斧印本《唐韻殘卷》並云：「頡，短面貌也。」敦煌寫卷 P.2011 王仁昫《刊謬補缺切韻》：「頡，短貌。」又「頡，小頭。」《廣韻》：「頡，小頭貌。」《集韻》：「頡，小頭貌，一曰短面。」「短面」與「小頭」，其義相因。字亦作頋、䶩，《集韻》：「頋，《說文》：『短面也。』或作䶩。」《玉篇》：「䶩，面小。」「頡頡」指小頭、大頭。又疑「頡」讀爲奊，指頭傾不正；「齚」讀爲齖，指牙齒不齊。「狂僂」是「僂尫」誤倒。

《孟秋紀》卷第七校補

《孟秋紀》校補

（1）立秋之日，天子親率三公九卿諸侯大夫以迎秋於西郊，還，乃賞
　　軍率武人於朝

　按：《禮記・月令》「乃」作「反」，二「率」作「帥」。《御覽》卷 24 引《月
　　令》「反」作「乃」。「反」是「乃」形誤，《淮南子・時則篇》亦作「乃」。

（2）還厲兵，簡練桀儁

　按：還厲兵，畢沅據《月令》改作「選士厲兵」，又云：「《淮南》作『選卒』。」
　　蔣維喬、趙海金舉《音律篇》「選士厲兵」，王利器舉《尚書太傳》「選
　　士厲兵」，以證其說。《靈臺秘苑》卷 9 作「選士勵兵，簡敠俊傑」，亦
　　其證。厲，讀爲勵。《白帖》卷 3 引《月令》亦作「勵」。「敠」則「練」
　　音誤。

（3）禁止姦，慎罪邪

　按：《禮記・月令》同，《淮南子・時則篇》作「禁姦塞邪」，義同。陳奇猷
　　拘於句法，改「禁止姦」作「禁姦私」，謂「止」是「私」音近之誤，
　　非是。

（4）決獄訟，必正平

　按：《禮記・月令》「正」作「端」，鄭玄注：「端，猶正也。」

（5）修宮室，坿墻垣，補城郭

　　　高誘注：坿讀如符。坿，猶培也。

按：畢沅曰：「《月令》『坿』作『坏』。」范耕研曰：「《月令釋文》：『坏，
　　步回反。』與『坿』雙聲，非有異讀。」楊樹達曰：「坿，當讀如培。」
　　陳奇猷、王利器並曰：「坿、坏、培同音通假。」明抄本《齊民要術·
　　種穀》、《大唐開元禮》卷 101、103、《御覽》卷 24、187 引《月令》
　　作「坏」。《黃氏日抄》卷 16《讀禮記》：「坏，土塊，以土塊增塞其穴。」
　　《說文》：「坿，益也。」「坿」正字，「坏」、「坯」、「培」皆借字。字
　　亦借「阫」、「俖」、「附」為之〔註1〕。《漢書·食貨志》：「苗生葉以上，
　　稍耨隴草，因隤其土以附苗根。」《釋名》：「鏽，溝也，既割去壟上
　　草，又辟其土以壅苗根，使壟下為溝受水潦也。」「附」亦讀為坿，
　　與「壅」同義。字亦作「陪」，敦煌寫卷 S.95：「坏屋、陪墻（牆）、
　　起土、治病。」又「修造宮室、培墻（牆）、市買吉。」「陪」、「培」、
　　「坏」同出，並是一字異寫。

《蕩兵》校補

（1）兵之所自來者上矣，與始有民俱

按：下句《御覽》卷 271 引作「古始有民」，誤。《亢倉子·兵道》作「原兵
　　之所起，與始有人俱」。

（2）蚩尤非作兵也，利其械矣

按：《御覽》卷 77 引脫「非」字，「械」誤作「杖」〔註2〕。王利器指出《慧
　　琳音義》卷 6 引「械」上有「器」字。《永樂大典》卷 8275 引「械」誤
　　作「害」。

（3）未有蚩尤之時，民固剝林木以戰矣

按：下句《亢倉子·兵道》作「人實揭材木以鬭矣」（王利器已及），「材」
　　是「林」形誤。剝，《御覽》卷 77、271、《路史》卷 5、《黃氏日抄》卷

〔註1〕 參見蕭旭《淮南子校補》，花木蘭文化出版社 2014 年版，第 113～114 頁。
〔註2〕 蔣維喬等《呂氏春秋彙校補遺》已指出「杖」誤，《制言》第 33 期，1937 年
　　　　版，本文第 5 頁。

56、《路史》卷 13 羅苹注、《永樂大典》卷 8275 引同，《事物紀原》卷 9 引作「削」。《玉篇》、《廣韻》並云：「剗，削也。」又疑「剗」是「剡」字形譌，亦與「削」同義。《易・繫辭下》：「弦木爲弧，剡木爲矢。」《史記・平原君傳》：「或剡木爲矛矢。」《太白陰經・器械》：「上古包犧氏之時，〔弦木爲弓〕，剡木爲兵（矢）。」〔註3〕

（4）家無怒笞，則豎子嬰兒之有過也立見

按：沈祖緜曰：「合下文觀之，『嬰兒』二字衍。『嬰兒』豈能有過？」王利器舉《顏氏家訓・治家》「笞怒廢於家，則豎子之過立見」以證其說。陳奇猷曰：「豎子，僮僕之稱。嬰兒猶今言兒童。沈誤嬰兒爲乳兒，失之。」陳氏釋「嬰兒」爲兒童，是也；但釋「豎子」爲僮僕則非此文之誼。「豎子」即「孺子」，本義是「童子」、「小子」，用爲「僮僕」之義乃是引申〔註4〕。「嬰兒」、「豎子」同義連文，沈、王二氏謂「嬰兒」衍文，非是，《治要》卷 39、《御覽》卷 271、《永樂大典》卷 8275 引皆有「嬰兒」二字。《顏氏家訓》則省文耳。

（5）察兵之微

按：「微」當作「徵」，形近而誤。《亢倉子・兵道》作「察兵之兆」，宋・陳景元《道德眞經藏室纂微篇》卷 5 亦作「〔察〕兵之兆」。徵亦兆也。

（6）傲言，兵也；援推，兵也

舊校：援推，一作「挂剌」。

按：畢沅曰：「援推，義當與『推挽』同。或援之使來，或推之使去。」陳奇猷從其說。王利器曰：「《亢倉子・兵道》作『推捘』，宋刊本有舊音：『捘，子寸反。』何注：『捘亦推也，謂相推盪也。』」捘，推擠也。此文「援」是「捘」形譌。宋・陳景元《道德眞經藏室纂微篇》卷 5「捘」作「梭」，俗譌字。亦足證也。作「挂剌」者，蓋後人妄改。

（7）連反，兵也

舊校：連，一作「速」。

〔註3〕脫誤據《御覽》卷 339 引校正。
〔註4〕參見蕭旭《詈語「豎」語源考》，收入《群書校補（續）》，花木蘭文化出版社 2014 年版，第 2085～2089 頁。

按：連，讀爲鄰〔註5〕。言鄰國反叛，是兵之徵也。舊說紛紜，皆所不取。

（8）侈鬭，兵也

按：侈鬭，《亢倉子・兵道》同。畢沅曰：「侈鬭，猶鬭侈也。」王念孫曰：「『侈』疑『佣』之譌。」孫鳴鏘曰：「侈鬭即群鬭。侈猶恣也。」許維遹曰：「段玉裁云：『蓋朋黨字正作佣。』據此，佣鬭與孫說群鬭義略近。」陳奇猷、王利器皆從王念孫、許維遹說。竊謂「侈」當作「趍」或「跢」，同「趨」。

（9）兵誠義，以誅暴君而振苦民

舊校：苦民，一作「弱民」。

按：陳奇猷曰：「『苦』、『弱』二字形聲均不近，無緣致譌。」王利器曰：「『苦』者『若』之誤，『若』者『弱』之假，故曰一作『弱民』。《管子・禁藏》：『賜鰥寡，振孤獨，貸無種，與無賦，所以勸弱民。』」楊明照引本書《貴因》、《壹行》「苦民」例，謂「苦」形譌作「若」，寫者又音誤作「弱」。楊說是也。苦民，《治要》卷39引同，《書鈔》卷113二引亦同，《道藏》本《亢倉子・兵道》作「苦人」，唐・何粲注宋刊本作「若人」。

《振亂》校補

（1）黔首之苦，不可以加矣

高誘注：民人之苦毒，不可復增加。

按：陳奇猷曰：「《廣雅》：『毒，痛也。』實則毒即痛之假字。」陳氏引《廣雅》是也，「毒」亦苦也，痛也。但陳氏謂「毒即痛之假字」則非是。「苦毒」即「荼毒」〔註6〕。

（2）世有賢主秀士，宜察此論也，則其兵爲義矣

〔註5〕 參見蕭旭《〈方言〉「軨」字疏證》，收入《群書校補（續）》，花木蘭文化出版社2014年版，第1829～1838頁。

〔註6〕 參見王念孫《廣雅疏證》，收入徐復主編《廣雅詁林》，江蘇古籍出版社1992年版，第128頁。又參見朱起鳳《辭通》卷21，上海古籍出版社1982年版，第2282頁。

按：《亢倉子·政道》：「世有賢主秀士，肯察此論，人怨者非不接人也，神怒者非不事神也。」宜，猶肯也，願也。《論衡·案書》：「至於論，不務全疑，兩傳並紀，不宜明處，孰與剖破渾沌，解決亂絲，言無不可知，文無不可曉哉？」又《薄葬》：「故其立語，不肯明處。」《吳越春秋·闔閭內傳》：「寡人非此二姬，食不甘味，宜勿斬之！」《史記·孫子傳》作「願勿斬也」。許維遹曰：「宜猶如也。」陳奇猷曰：「宜當訓爲且。」徐仁甫曰：「宜，猶且也，且猶將也。」皆未得。

《禁塞》校補

（1）以說則承從多群

舊校：從，一作「徒」。

按：孫鳴鏘曰：「《安死篇》：『聚群多之徒。』此『承』或『聚』字之誤，『多』、『群』二字亦誤倒。」范耕研曰：「多群，謂議和者當多聯與國也。」宋慈襄校作「徒眾朋群」〔註7〕，許維遹校作「聚徒成群」，陳奇猷校作「聚徒朋群」，沈祖緜校作「聚徒多群」〔註8〕。李若暉曰：「『從』當從舊校作『徒』。『承徒』即『烝徒』之假，又作『蒸徒』。烝，眾也。」〔註9〕沈校是也，「聚徒多群」即「聚群多之徒」之誼。「多群」同義連用，倒言則作「群多」，猶言眾也。

（2）自今單唇乾肺，費神傷魂

高誘注：單，盡。乾，晞。費，損。神，人之神也。魂，人之陽精也。

按：朱駿聲謂「單」借爲「殫」〔註10〕，申高注。日人森立之亦從高說，曰：「《說文》：『殫，極盡也。』《呂氏·禁塞》：『單唇乾肺。』同書《順民篇》亦載此文，而『單唇』作『焦唇』，則知『單唇』與『乾肺』相對言，其爲殫盡之義自明耳。」〔註11〕俞樾曰：「『單』字高注

〔註7〕 宋慈襄《呂氏春秋補正》，《華國月刊》第3期第2冊，本文第2頁。
〔註8〕 沈賑民（祖緜）《讀呂臆斷》，《制言》第1期，1935年版，本文第18頁。
〔註9〕 李若暉《呂氏春秋詁義》，收入《語言文獻論衡》，巴蜀書社2005年版，第87～88頁。
〔註10〕 朱駿聲《說文通訓定聲》，武漢市古籍書店1983年版，第741頁。
〔註11〕 森立之《傷寒論與考注附金匱要略考注殘卷》（下冊），學苑出版社2001年版，

訓盡,然唇無可盡之理,殆非也。單當讀爲燀,灼也,與『乾』字同義。《順民篇》:『焦唇乾肺。』此言燀,猶彼言焦。」沈祖緜說同俞氏。陳奇猷謂俞、沈說非,引諸書「唇亡齒寒」、「唇竭齒寒」,謂「唇亡與唇盡同義,則古人自有『單唇』之語,不煩改字」。陳說非是,「唇亡」、「唇竭」即「反唇」、「缺唇」,俗稱豁嘴、兔唇,與本文無涉。考本書《介立》:「焦唇乾嗌。」《禮記・問喪》:「傷腎乾肝焦肺。」《淮南子・主術篇》:「焦脣沸肝。」又《修務篇》:「焦心怖肝。」沸,讀爲咈,乾物也。怖,讀爲脯,曝也。「沸肝」、「怖肝」即乾肝也。《韓詩外傳》卷 2:「乾喉焦唇。」《靈樞經・刺節眞邪》:「舌焦唇槁,腊(腌)乾嗌燥。」《家語・屈節解》:「日夜焦唇乾舌。」諸文義皆相比,則「單」爲「焦」、「乾」義無疑,俞、沈說是也。

(3) 壯佼老幼胎膜之死者,大實平原,廣堙深谿大谷,赴巨水,積灰,填溝洫險阻,犯流矢,蹈白刃,加之以凍餓飢寒之患

按:「大實平原,廣堙深谿大谷」用以描寫「壯佼老幼胎膜之死者」。「廣堙深谿大谷」與「大實平原」對舉,「廣堙」亦「大實」也,言壯佼老幼胎膜之死尸到處填滿了平原與谿谷。「赴巨水積灰,填溝洫險阻,犯流矢,蹈白刃」與「加之以凍餓飢寒之患」是另外二層意思,指兵戰與飢寒之死亡(參見王利器說)。「赴巨水積灰」作一句讀,與「填溝洫險阻」亦對舉,「巨水」讀爲「渠水」,「積灰」當作「積炭」,皆守城之具。王利器曰:「『炭』原作『灰』,今改。」《墨子・旗幟》:「凡守城之法,石有積,樵薪有積,菅茅有積,萑葦有積,水有積,炭有積,沙有積。」又《備城門》:「寇闉池來,爲作水甬,深四尺,堅慕(幂)貍之,十尺一,覆以月(瓦)而待令。以木大圍長二尺四分而早(中)鑿之,置炭火其中而合慕(幂)之,而以藉車投之。」又《備梯》:「縣火,四尺一鉤樴。五步一竈,門有爐炭,令適(敵)人盡入,燀火燒門,縣火次之。」又《備蛾傅》:「縣火,四尺一椅(樴),五步一竈,竈門有爐炭,令敵人盡人(入),車(熏)火燒門,縣火次之。」(《備梯》、《備蛾傅》二例王利器已略舉,茲補引上下文,以明其誼。)皆其證也。高亨乙「赴」於「險阻」上,改「灰」作「尸」。

第 549 頁。

陳奇猷改「廣」爲「盧（蘆）」，乙於「灰」字上，引《淮南子・覽冥篇》「積蘆灰」以說之。皆未得。

《懷寵》校補

（1）暴虐姦詐之與義理反也

按：暴，《亢倉子・兵道》作「傲」。

（2）不虐五穀，不掘墳墓

按：《淮南子・兵略篇》作「毋扣墳墓，毋蓻五穀」，《文子・上義》作「無掘墳墓，無敗五穀」，《亢倉子・兵道》作「不踐果稼，不穴丘墓」。一本「扣」作「抉」，日本古鈔本及《御覽》卷 271 引作「掘」。「扣」是「拍」之誤，「拍」、「掘」聲近義通〔註12〕。穴謂掘穴也。王利器曰：「『虐』疑涉上文『暴虐』而誤。」

（3）不燒積聚，不焚室屋

按：燒，《淮南子・兵略篇》、《文子・上義》作「焚」，《亢倉子・兵道》作「殘」。

（4）不取六畜

按：取，《淮南子・兵略篇》作「收」，《文子・上義》作「聚」。「聚」是「取」形譌。

（5）得民虜奉而題歸之

高誘注：奉，送也。

按：奉，恭奉、敬候。《亢倉子・兵道》「奉」作「㢝」，無「題」字。「㢝」乃古文「厚」字，謂厚待之，與「奉」義近。題，讀爲抵，亦歸也。陳昌齊、文廷式、孫鳴鏘謂「題」字衍〔註13〕，許維遹舉《亢倉子》以證其說。章太炎謂「題」借爲適，又謂「題」有「第次」義。譚戒甫謂「題」

〔註12〕 參見蕭旭《淮南子校補》徵引諸說，花木蘭文化出版社 2014 年版，第 446～447 頁。

〔註13〕 文廷式《純常子枝語》卷 15，收入《續修四庫全書》第 1165 冊，上海古籍出版社 2002 年版，第 212 頁。

借爲提,「奉提」連文。陳奇猷謂「奉」訓持,「題」訓審諦其名。王利
器曰:「題借爲提,《詩‧小弁》毛傳:『提提,群飛貌。』此言得民虜
奉送而成群歸之也。《亢倉子》以『厚』易『題』也。」諸說皆未得。

（6）以彰好惡,信與民期,以奪敵資

> 高誘注:以信與民期,不違之也。資,用也。敵以暴虐用其民,故以信
> 義奪其民也。

按:《亢倉子‧兵道》作「但與人期,以敓敵資,以章好惡,以示逆順」。「但」
是「信」形謬,「敓」是「搶奪」、「彊取」義本字。疑今本「以彰好惡」
下脫「以示逆順」四字,又誤倒於上。

（7）若此而猶有憂恨冒疾遂過不聽者,雖行武焉亦可矣

按:王引之曰:「『憂』當爲『复』,與『愎』同,或通作『復』,又通作『覆』、
『蝮』。『恨』與『很』同。」〔註14〕許維遹、彭鐸舉《亢倉子》作「愎
狠」以證其說。文廷式、陳奇猷、王利器並曰:「『冒疾』即『媢嫉』。」
〔註15〕諸說皆是也。《亢倉子‧兵道》作「若此而猶有愎狠凌宕不㧕
者」,何粲注:「愎狠,猶惡戾也。宕,流宕也。」「㧕」同「聽」。《乾
坤鑿度》卷下:「和蕩爲美,凌蕩爲惡。」「凌宕」即「凌蕩」。《逸周
書‧諡法解》:「愎很遂禍曰刺。」孔晁注:「去諫曰愎,反是曰很。」
蘇洵《諡法》卷3作「愎狠遂過曰厲」。「很」、「狠」並同「很」。

（8）恣睢自用也

按:恣睢,阜陽雙古堆漢簡《呂氏春秋》作「次睢」〔註16〕。敦煌寫卷 P.2011
王仁昫《刊謬補缺切韻》:「睢,許鼻反,恣睢,暴戾皃。又許葵反。」
《莊子‧大宗師》《釋文》:「恣睢:睢,郭、李云許維反,徐許鼻反,
李、王皆云:『恣睢,自得貌。』」《漢書‧五行志》、《王莽傳》顏師
古注並云:「恣睢:睢音呼季反。」「睢」字《廣韻》許維切、許規切、

〔註14〕 王念孫《呂氏春秋校本》說同,轉引自張錦少《王念孫〈呂氏春秋〉校本研
究》,《漢學研究》第 28 卷第 3 期,2010 年出版,第 313 頁。
〔註15〕 文廷式《純常子枝語》卷 15,收入《續修四庫全書》第 1165 冊,上海古籍出
版社 2002 年版,第 212 頁。
〔註16〕 參見胡平生《阜陽雙古堆漢簡〈呂氏春秋〉》,《古文字與古代史》第 4 輯,台
灣中研院歷史語言研究所 2015 年 2 月出版,第 518 頁。

許葵切、香季切、息遺切，《集韻》呼維切、翾規切、香萃切，脂、
微韻相轉。「恣睢」專字作「姿姀」，「姀」、「睢」同從「隹」得聲。《說
文》：「姀，姿姀，姿也。」錢大昕曰：「『姿姀』即『姿睢』之異文，
『姿』與『恣』通，釋『姿姀』爲恣義也。」〔註17〕段玉裁曰：「恣，
各本作姿，今正。按《心部》：『恣者，縱也。』諸書多謂暴戾曰恣睢。
睢讀香季切，亦平聲。睢者，仰目也。未見縱恣之意。蓋本作『姿姀』，
或用『恣睢』爲之也。《集韻》、《類篇》皆云：『姿姀，自縱兒。』此
許義也。」〔註18〕黃侃曰：「『恣睢』有專字，作『姿姀』。」〔註19〕
三氏說是。胡鳴玉謂「恣睢」以「睢」爲正字，「睢」爲誤字〔註20〕。
黃侃曰：「恣同奞、姀。」又曰：「姿同恣、姀、奞。」〔註21〕黃氏之
語，疑整理者誤錄，原文似當作「『恣』同『姿姀（奞）』之『姿』」，
黃氏碩學，不當有此等低級錯誤。字亦作「姿廮」，《廣韻》：「廮，姿
廮。」附帶討論一下「次且」，「次且」俗字又作「趑趄」、「跜跙」、「趙
趄」、「趑趄」、「𧿪趣」、「𧾸且」、「趙趣」、「䙪觀」等形。《說文》：「趑，
趑趄，行不進也。」又「趄，趑趄也。」《廣雅》：「趑雎，難行也。」
舊音：「雎，七魚〔反〕。」曹憲音七魚反，則字當從「且」得聲作「雎」
〔註22〕。音變又作「蔞且」，《詩‧有客》：「有蔞有且，敦琢其旅。」
毛傳：「蔞且，敬愼貌。」鄭箋：「其來威儀蔞蔞且且，盡心力於其事。」
「趑趄」訓行不進，引申指威儀貌、敬愼貌。音變又作「郪胥」、「緀
疋」，《易‧夬》：「其行次且。」又《易‧姤》同。馬王堆帛書皆作「郪
胥」，上博楚簡（三）皆作「緀疋」。《集韻》：「趑，或作次、跜、趑、
趣。」「趣」字當從「雎」得聲，同「趄」。《集韻》既誤從「雎」聲，
又誤以「趣」同「趑」，各本皆誤，後出的字書、韻書皆承其誤，莫

〔註17〕錢大昕《潛研堂文集》卷11《答問八》，收入《嘉定錢大昕全集（九）》，江蘇
　　　古籍出版社1997年版，第172頁。

〔註18〕段玉裁《說文解字注》，上海古籍出版社1981年版，第624頁。

〔註19〕黃侃《說文解字斠詮箋識》，收入《說文箋識》，中華書局2006年版，第364頁。

〔註20〕胡鳴玉《訂譌雜錄》卷4，商務印書館中華民國25年版，第39頁。

〔註21〕黃侃《說文同文》，收入《說文箋識》，中華書局2006年版，第73、89頁。

〔註22〕明正德皇甫錄世業堂刻本、古今逸史本作「**雎**」，當認作「雎」字；益雅堂叢
　　　書本、《叢書集成初編》影小學彙函本、文淵閣四庫本《廣雅》皆誤作「睢」，
　　　清嘉慶刻本、《畿輔叢書》本《廣雅疏證》亦作「雎」不誤，《廣雅詁林》本
　　　誤作「睢」，江蘇古籍出版社1992年版，第492頁。

能是正〔註23〕。方以智曰：「次且，一作『趑趄』、『趄趄』、『达趏』、『趹跙』、『恣睢』。」〔註24〕吳玉搢曰：「次且、趹跙、恣睢、趑趄、达趏，趑趄也。」〔註25〕鄧廷楨曰：「次且，行兒也，雙聲也。亦爲『越且』、『趑趄』、『趹跙』，其於視也爲『覜覷』，聲之轉則爲『姕且』，又轉則爲『姿娃』，亦爲『恣睢』。」〔註26〕三氏以「姿娃」、「恣睢」同「次且」等形，非是，亟當辨正。柳建鈺誤信方以智、吳玉搢之說，指出：「『趏』或當作『趄』，從走睢聲，爲『趄』異體。『恣睢』以音求之，字當作『恣睢』。」〔註27〕柳君前說是也，後說則失考矣。「睢」從「且」得聲，「睢」從「隹」得聲，判然二字。《史記·伯夷傳》：「暴戾恣睢。」《索隱》：「鄒誕生恣音資，睢音千餘反。劉氏恣音如字，睢音休季反。」水澤利忠《校補》：「睢，井、毛、殿『睢』。」〔註28〕錢大昕曰：「按『睢』、『睢』二字形聲皆別，從劉音，字當從目；從鄒音，字當從且。小司馬兼存二音，而不辯（辨）正，何也？《李斯傳》：『有天下而不恣睢。』《索隱》止有呼季反一音。」〔註29〕據以上考證，劉氏睢音休季反是也，錢氏引《李斯傳》，則亦以作「睢」爲是。張文虎曰：「《考異》：『從鄒音，則當從且。』」〔註30〕水澤利忠引張說，皆未得正字。《史記·禮書》：「暴慢恣睢。」水澤利忠《校補》：「睢，景、井『睢』。《札記》：『宋本訛睢，毛同。』」〔註31〕此則得之。「蝍蛆」又名「步屈」、「百足」，又稱作「即且」、「蝍且」、「蝍蛆」，又音轉作「蠀蛆」、「蜥蛆」（蛆古音麤）、「蝍蟜」，其語源是「越

〔註23〕《類篇》、朝鮮本《龍龕手鑑》、《五音集韻》、《六書統》、《重訂直音篇》、《精刻海若湯先生校訂音釋五侯鯖字海》、《新校經史海篇直音》、《篇海類編》、《改併五音類聚四聲篇海》、《重刊詳校篇海》、《古俗字略》、《古今韻會舉要》、《字彙補》、《字學呼名能書》誤作「趏」。

〔註24〕方以智《通雅》卷6，收入《方以智全書》第1冊，上海古籍出版社1988年版，第252頁。

〔註25〕吳玉搢《別雅》卷1，益雅堂叢書本。

〔註26〕鄧廷楨《雙硯齋筆記》卷3，光緒丙申本。

〔註27〕柳建鈺《〈類篇〉新收字考辨與研究》，遼寧大學出版社2011年版，第153頁。

〔註28〕水澤利忠《史記會注考證校補》，廣文書局1972年版，第2326頁。

〔註29〕錢大昕《二十二史考異》卷5，收入《叢書集成新編》第105冊，新文豐出版公司1985年印行，第264頁。

〔註30〕張文虎《校刊史記集解索隱正義札記》卷5，中華書局1977年版，第490頁。

〔註31〕水澤利忠《史記會注考證校補》，廣文書局1972年版，第1196頁。

趄」。其物有百足，行則一屈一伸，故名爲「蝍蛆」，狀其難行也。《爾雅》：「蠖，蚇蠖。」郭璞注：「今蝍蝛。」《方言》卷 11：「蠾蝛謂之蚇蠖。」郭璞注：「即、蹴二音。蠖，烏郭反。又呼步屈。」《廣雅》：「尺蠖，蠾蝛也。」王念孫曰：「蠾蝛者，赾趄之轉聲。《說文》云：『赾趄，行不進也。』《廣韻》『蝛』作『蜦』，音縮，云：『蝍蜦，尺蠖也。』則蝍蜦之名，正以退縮爲義矣。」〔註32〕王氏所說聲轉皆是，而謂取退縮爲義，則未切。「蝍蜦」亦「赾趄」聲轉也。《玉篇》：「蝛，子六切，蝍蝛，尺蠖也，步屈也。」《莊子・齊物論》：「蝍且甘帶。」《廣韻》卷 4「帶」字條、《御覽》卷 946、《事類賦注》卷 30、《埤雅》卷 10、《爾雅翼》卷 26 引作「蝍蛆」，《六書故》卷 20 引作「即且」，《廣弘明集》卷 28 作「螂蛆」，形之譌也。《淮南子・說林篇》：「諸騰蛇遊霧，而殆於蝍蛆。」《爾雅翼》卷 25、26、《六書故》卷 20 引作「即且」。高誘注：「蝍蛆，蟋蟀。」《御覽》卷 949 引注同，又卷 946 引注作：「蝍蛆，蓋吳公也。」與高誘說不同，當是許愼注。《史記・龜策傳》：「騰蛇之神而殆於即且。」《爾雅》郭璞注：「蝍蛆，似蝗而大腹，長角，能食蛇腦。」《爾雅翼》卷 26：「說者乃曰：『山東人呼蜘蛛爲即且，亦能制蛇。』郭璞以爲『即且似蝗，大腹，長角，能食蛇腦』，許叔重又以『即且爲蟋蟀，上蛇，蛇不能動』，皆非也。」所引說者之說，見《證類本草》卷 22、《本草綱目》卷 42 引唐人蘇恭《唐本草》注。王念孫曰：「蔡邕《短人賦》云：『蟄地蝗兮蘆蝍蛆，視短人兮形若斯。』蝗與蝍並稱，明爲二物相類，且似蝗大腹，體甚局促，故以況短人之狀。若蜈蚣似蚰蜒而長大，不得謂之爲短。是蔡邕《賦》蝍蛆，正與郭注相合。但蜈蚣同名蝍蛆，食蛇之技相等，則未知《爾雅》所云當爲確指何物也。」〔註33〕今以同源詞確定，其物特性一屈一伸，當指「蜈蚣」，而「蟋蟀」、「蜘蛛」，則無由命名爲「蝍蛆」也。王念孫引蔡邕《短人賦》以判定，此非確論也。《玄應音義》卷 18 引《纂文》：「吳人以步屈名桑蠋，音古合反，一名蝍蝛，蝛音子六反。」桑蟲亦名「蝍蝛」者，其行亦一屈一伸，與「蜈蚣」特性

〔註32〕 王念孫《廣雅疏證》，收入《廣雅詁林》，江蘇古籍出版社 1992 年版，第 942 頁。
〔註33〕 王念孫《廣雅疏證》，收入《廣雅詁林》，江蘇古籍出版社 1992 年版，第 946 頁。宋刊本《古文苑》卷 7《短人賦》作「即且」。

相同，故亦得以「蝍蛆」名之，古人固不嫌異物同名也。《正字通》：「蛆，舊註音擲。蝍蛆，蟲名。一說蝍蛆俗誤爲蝍蜀，因聲近而誤。」《唐本草》注以「蜘蛛」爲「即且」，當是「蝍蜀」音訛，此一誤而再誤，已不合其語義矣。清人李元《蠕範》卷3：「尺蠖，步屈也，蠾（蝍）蛆也，蝍蠩也，蝍蜀也，尺蠖也，度蟲也，形小色青，多足，行則屈腰，使首尾相就，食桑葉，繭絲不任用，食黃則黃，食蒼則蒼。」〔註34〕李氏謂「使首尾相就」，則亦望文生義。

（9）謷醜先王

按：陳奇猷、王利器並曰：「醜，恥也。」謷，讀爲嫯。《說文》：「嫯，侮易（傷）也。」

（10）上不順天，下不惠民

高誘注：順，承。惠，愛。

按：《墨子・天志上》：「子墨子言曰：『其事上尊天，中事鬼神，下愛人。』」

（11）故克其國不及其民

高誘注：克，勝。及，罪。

按：及，《淮南子・兵略篇》、《文子・上義》同，《亢倉子》作「屠」，《御覽》卷271引杜恕《〔體〕論》作「傷」。

（12）曲加其祀禮

按：陳奇猷曰：「『曲』字無義，當係『典』形近之誤。謂典其祀，加其禮也。」陳說非是，「祀」字當是「禮」誤衍。《亢倉子》作「曲加其禮」，何粲注：「曲加其禮聘，以求賢也。」王利器曰：「『曲』讀如《荀子》『曲得其宜』之曲，《禮記・禮器篇》鄭注：『曲猶事也。』」李若暉曰：「『曲』有遍、無不的意思。」〔註35〕李說是，本書《情欲》：「九竅寥寥，曲失其宜。」文廷式謂曲訓並〔註36〕。王引《荀子》亦此誼。

〔註34〕李元《蠕範》卷3，同治刻本。「蠾」當是「蝍」誤刻。

〔註35〕李若暉《〈呂氏春秋校釋〉質疑》，《武漢大學學報》1999年第6期，第74頁；其說又見李若暉《〈呂氏春秋新校釋〉平議》，《華學》第6輯，2003年版，第175頁；又收入《語言文獻論衡》，巴蜀書社2005年版，第79～80頁。

〔註36〕文廷式《純常子枝語》卷15，收入《續修四庫全書》第1165冊，上海古籍出版社2002年版，第211頁。

《仲秋紀》卷第八校補

《仲秋紀》校補

（1）巡行犧牲

按：巡，《禮記・月令》作「循」。

（2）無或枉橈

高誘注：凌弱爲枉，違彊爲橈。

按：橈，《禮記・月令》同，宋邦乂本、四庫本作「撓」，《淮南子・時則篇》亦作「撓」。陳奇猷謂注「弱」借爲「虐」，非是，二字無通借之例，且「弱」、「彊」相對爲文，亦無改字之理。「凌弱」同「陵弱」。

（3）視全具

按：具，《禮記・月令》同，《淮南子・時則篇》作「粹」，高誘注：「粹，毛色純也。粹讀『禍祟（祟）』之祟（祟）。」

（4）瞻肥瘠

按：瘠，《禮記・月令》同，《淮南子・時則篇》作「臞」。

（5）蟄蟲俯戶

高誘注：將蟄之蟲，俯近其所蟄之戶。

按：于鬯曰：「『俯』本當作『坿』。《月令》作『坏戶』，鄭注云：『坏，益

也。』《淮南》作『培戶』，培亦有益義。」譚戒甫、徐仁甫並指出「俯」借爲「垺」。《大唐開元禮》卷 101、103 引《月令》作「坯」。楊樹達、陳奇猷亦指出高訓俯爲俯近，非。沈祖民謂「『俯』疑『附』之譌也，或古字可通假。」〔註1〕其後說是。于省吾校《淮南》，讀培、俯爲附，從高氏「俯近」之說〔註2〕，非是。

（6）入貨賄

按：入，《淮南子・時則篇》同，《禮記・月令》作「納」。《廣雅》：「納，入也。」本字爲「內」，《說文》：「內，入也。」

《論（諭）威》校補

（1）舉凶器，行凶德，猶不得已也

　　高誘注：已，止也。

按：舉，《御覽》卷 271 引作「興」，誤。陳奇猷謂高注非，未是。

（2）故古之至兵，才民未合，而威已諭矣，敵已服矣

按：才民，松皋圓、范耕研、譚戒甫、蔣維喬、楊樹達、趙海金、王利器謂當據《御覽》卷 271、339 引作「士民」，是也。《記纂淵海》卷 181 引亦作「士民」，脫「敵」字〔註3〕。孫鳴鏘讀「才」爲「裁（纔）」，于省吾、陳直讀「才」爲「在」，陳奇猷解爲「俊才」，皆誤。

（3）豈必用枹鼓干戈哉

按：枹鼓，《御覽》卷 339 引同，是也；《御覽》卷 271 引作「旌鼓」，《記纂淵海》卷 181 引作「旌旗」，皆誤。

（4）則知所兔起鳧舉死殍之地矣

〔註1〕 沈祖民《讀呂紀隨筆》，《中華文史論叢》第 2 輯，1962 年版，第 214 頁。

〔註2〕 于省吾《淮南子新證》，收入《雙劍誃諸子新證》，上海書店 1999 年版，第 404～405 頁。

〔註3〕 《記纂淵海》據《北京圖書館古籍珍本叢刊》本，第 71 冊，書目文獻出版社 1998 年版，第 763 頁，下同。四庫本在卷 80，「至」誤作「治」，「敵」誤作「氣」。

　　高誘注：起，走，舉，飛也。兔走鳶趍，喻急疾也。殙音悶，謂絕氣之悶。

按：畢沅曰：「注『謂』字非衍即誤。」王念孫改注作「殙，讀絕氣之悶」。吳承仕曰：「注文應作『殙讀絕氣之悶』，『音悶』二字誤衍，『謂』為『讀』之形譌。」黃侃曰：「當作『殙音悶，謂絕氣也』。若作『絕氣之悶』，不成辭語。」〔註4〕高亨讀殙為歾，陳奇猷改注作「殙讀悶絕氣之悶」。《集韻》：「殙，莫困切，氣絕也。」「莫困切」正與「悶」同音，而訓為氣絕，與高說同。高注「謂絕氣之悶」，是說殙讀悶，即是導致氣絕的這種悶也。

（5）雖有江河之險則凌之，雖有大山之塞則陷之

　　高誘注：凌，越也。陷，壞也。

按：《書鈔》卷117、《御覽》卷293引「凌」作「陵」，「大」作「太」，「則陷之」作「遂踰之」。《御覽》卷271引「則陷之」作「則蹈之」，《記纂淵海》卷181引「大」作「太」，餘皆同今本。「陷」當作「蹈」，蹈亦踰也，越也。高注訓壞，非是。

（6）敵人之悼懼憚恐，單蕩精神盡矣，咸若狂魄

　　高誘注：咸，皆。魄飛蕩若狂人。

按：憚亦恐懼義。《廣雅》：「怛、憚，驚也。」《玄應音義》卷3引《通俗文》：「旁驚曰憚。」「憚」同「怛」。「單蕩」二字當屬上讀，猶言搖蕩、動蕩。單，讀為彈，字或作但，猶言動搖也。《周禮·考工記》：「凡兵句兵欲無彈。」鄭玄注：「故書彈或作但。鄭司農云：『但讀為彈丸之彈，彈謂掉也。』」「掉」即「尾大不掉」之掉，搖也。字亦作僤，《說文》：「僤，疾也。《周禮》曰：『兵句兵欲無僤。』」謂疾動。《集韻》：「僤，動也。」趙海金曰：「蕩與盪通。『單蕩』為旁紐雙聲，謂動搖也。」趙氏得其義，而未得「單」字之本字。陳奇猷謂「單蕩」即「坦蕩」，非其誼也。狂魄，章太炎有說〔註5〕，陳奇猷失引。

〔註4〕黃侃《經籍舊音辨證箋識》，附於吳承仕《經籍舊音辨證》，中華書局2008年版，第351、408頁。
〔註5〕章太炎《膏蘭室札記》卷3，收入《章太炎全集（1）》，上海人民出版社1982年版，第225頁。

《簡選》校補

（1）世有言曰：「驅市人而戰之，可以勝人之厚祿教卒。」

按：《意林》卷2、《書鈔》卷113引《慎子》：「市人可驅而戰。」此本書所本。

（2）鋤櫌白梃，可以勝人之長銚利兵

高誘注：櫌，椎。梃，杖也。長銚，長矛也。

按：櫌，宋邦乂本、四庫本作「耰」。《御覽》卷297引作「鉏耰白挺」，《後村詩話》卷6引作「鉏耰勾（白）挺」。櫌、耰，正、俗字。「挺」同「梃」。高注櫌訓椎者，是一種摩田器〔註6〕。

（3）今有利劍於此，以刺則不中，以擊則不及，與惡劍無擇，為是鬬因用惡劍則不可

按：《淮南子·修務篇》：「夫怯夫操利劍，擊則不能斷，刺則不能入，及至勇武攘捲一撝，則摺脅傷幹，為此棄干將鏌邪而以手戰，則悖矣。」即本此文。

（4）王子慶忌、陳年猶欲劍之利也

高誘注：慶忌，吳王僚之子也。陳年，齊人。皆勇捷有力也。

按：梁履繩謂「陳年」即《吳越春秋》之「陳音」，云：「古年、音聲相近。」王利器謂「梁說可存」，並補舉音近的例證。文廷式、吳承仕、蔣維喬皆駁梁說，謂其聲不近，其器不同，其籍有別〔註7〕，可信。陳奇猷謂「陳年」即「陳完」音轉。張富祥曰：「疑『陳年』為『陳無宇』之誤。」〔註8〕「年」、「完」古音不近，且此「陳年」與「王子慶忌」並列，當是一勇士。而陳完聞太子有難，即奔齊，非其倫矣。《御覽》卷297引此正文及注並作「陳午」，當是。考《史記·田敬仲完世家》：

〔註6〕 詳考參見蕭旭《賈子校補》，收入《群書校補（續）》，花木蘭文化出版社2014年版，第556～557頁。

〔註7〕 文廷式《純常子枝語》卷8，收入《續修四庫全書》第1165冊，上海古籍出版社2002年版，第112頁。

〔註8〕 張富祥《呂氏春秋》校釋札記（一）》，《古籍整理研究學刊》2008年第4期，第30頁。

「齊侯太公和立二年，和卒，子桓公午立。」《索隱》引《竹書紀年》：
「齊康公五年，田侯午生。二十二年，田侯剡立。後十年，齊田午弒
其君及孺子喜而爲公。」又引《春秋後傳》：「田午弒田侯及其孺子喜
而兼齊，是爲桓侯。」「陳午」當即「田午」，「陳」、「田」二字聲相近
也。高注云「陳午，齊人」，正與《紀年》合。此「陳午」弒君弒臣，
故言「欲劍之利」也。古人多以「午」爲名，睡虎地秦簡《日書甲種》：
「盜者：子，鼠也。盜者兌（銳）口，希（稀）須（鬚），善弄，手黑
色，面有黑子焉，疵在耳，臧（藏）於垣內中糞蔡下。多〔名〕鼠、
鼶、孔、午、郖。」謂此類盜多以「午」及「鼠、鼶、孔、郖」取名
也。《說苑・尊賢》有「賈午子」〔註9〕。《漢書・東方朔傳》、《晉書・
裴頠傳》、《苟晞傳》、《元經》卷2皆有人名「陳午」者。《左傳・襄公
三年》祁奚之子名「祁午」，《晉書・賈充傳》賈充之女名「賈午」，《史
記・張耳陳餘傳》有「趙午」，《後漢書・吳漢傳》有「高午」，後趙石
虎建武五年《元氏縣界封刻石》有「王午」，《晉書・慕容儁載記》有
幽州刺史「王午」，又《石季龍載記下》有寧西將軍「王午」〔註10〕，
又《周訪傳》有「李午」。敦煌寫卷 P.2415+P.2869 有人名「鄧仵子」。
秦印中有「丁午」、「張午」、「焦午」、「和午」、「曹午」、「莊午」等人
名，劉釗指出古人常以干支字來取人名〔註11〕。我還想提出另一個可
能的解釋：古音「午」、「吾」、「牙」相通，取「午」爲名，即古代人
名「伯牙」、「狄牙」（一作「易牙」）、「鮑叔牙」、「東郭牙」、「秦牙」、
「董梧」、「肩吾」、「方吾子」、「徐吾」、「李吾」之比，「午（吾、牙）」
猶言「伢兒」、「娃兒」，與《史記》、《漢書》中「葛嬰」、「竇嬰」以「嬰」
爲名字，其義一也〔註12〕。故「午（仵）」下可加「子」字作複語「午
（仵）子」。

〔註9〕 宋咸淳元年鎮江府學刻元明遞修本、元大德七年雲謙刻本、明鈔本作「賈于
子」，形之譌也；《文選・琴賦》、《秋胡詩》李善注二引並作「貫子」，《類聚》
卷45、《御覽》卷203、577、《事類賦注》卷11引同，蓋未得其誼而妄刪。
〔註10〕三個「王午」，毛遠明認爲「或爲同一個人」，殊無依據。毛遠明《漢魏六朝
碑刻校注》，線裝書局2009年版，第3冊，第86頁。
〔註11〕參見劉釗《關於秦印姓名的初步考察》，收入《書馨集——出土文獻與古文字
論集》，上海古籍出版社2013年版，第248～250頁。
〔註12〕參見蕭旭《「嬰兒」語源考》，收入《群書校補（續）》，花木蘭文化出版社2014
年版，第2082～2083頁。「秦牙」見本書《觀表》、《淮南子・齊俗篇》。

（5）晉文公造五兩之士五乘，銳卒千人，先以接敵

　　高誘注：兩，讀爲良，古音同，良猶能也，善也。兩，技也，五技之人。

按：五兩之士，指有五種技能之人。俞樾謂「兩」當作「而」，「而」借爲「能」。馮振、范耕研謂「技兩」即今「伎倆」字，「伎」與「技」通〔註13〕。譚戒甫謂「伎能」音轉爲「伎兩（倆）」，引《集韻》「伎倆，巧也」。金其源亦引《集韻》，謂「五兩即五技，亦即五兵」。趙海金曰：「『造』字於義不安，當作『選』。此言選士，非言造車。」趙氏又讀兩爲能，與譚戒甫說同。王利器亦疑「造」當作「選」。于省吾謂「五兩」即「伍兩」，引《周禮》「五人爲伍，五伍爲兩」。陳奇猷曰：「五與午、忤、啎通，逆也。五兩之士，即以技巧迎敵之士。」諸說「技兩」即「伎倆」，是「伎能」音轉可取，「兩」音轉亦作「良」，古音同，良亦能也、善也。孟蓬生曰：「《左傳·昭公十八年》：『吾身泯焉，弗良及也。』孔穎達疏引服虔云：『弗良及者，量力而動不敢越限也，不能及也。良，能也。』《春秋繁露·精華》：『功未良成而志已滿矣。』……『良』訓『能』，實即『能』字之借。『良』之於『能』，猶『竜』之於『能』也。」〔註14〕「忤、啎」訓逆，是違背義，決不可轉爲迎接義，陳說殊不合訓詁之法。造，讀爲聚〔註15〕。馬王堆漢墓帛書《五行》：「〔君子雜泰成，雜也〕者，猶造之也，猶具之也。」《說苑·指武》：「管仲隰朋以卒徒造於門。」《商子·徠民》：「足以造作夫百萬。」亦其例〔註16〕。

（6）吳闔廬選多力者五百人，利趾者三千人，以爲前陳

　　高誘注：趾，足也。

按：趾，《御覽》卷305引作「止」，正字。范耕研曰：「利趾，善走者。」

〔註13〕馮振《呂氏春秋高注訂補（續）》，《學術世界》第1卷第8期，1935年版，第34頁。

〔註14〕孟蓬生《「竜」字音釋》，收入《歷史語言學研究》第7輯，商務印書館2014年版，第211頁。

〔註15〕參見楊樹達《積微居小學述林·〈詩〉「造舟爲梁」解》，收入《積微居小學述林》，中華書局1983年版，第228～229頁。

〔註16〕參見蕭旭《馬王堆漢墓帛書〈五行〉校補》、《說苑校補》，並收入《群書校補》，廣陵書社2011年版，第43、536頁；蕭旭《商子校補》，收入《群書校補（續）》，花木蘭文化出版社2014年版，第313頁。

陳奇猷曰：「『利趾』當即『利跂』。《荀子・非十二子》：『纍騂利跂。』楊倞註：『利與離同。離跂，違俗自絜之貌，謂離於物而跂足也。《莊子》曰：「楊墨乃始離跂，自以爲得。」』則『利跂』蓋突出於眾之意。《莊子・在宥》：『而儒墨乃始離跂攘臂乎桎梏之間。』正是說儒墨突出於眾。在士卒之中突出於眾者，必是魁梧奇偉者，武藝超群者，善攀登者，善奔走者等等。」范說是，陳氏臆說耳。陳氏未得《荀》《莊》「利跂」、「離跂」之誼，妄以「突出於眾」解之，又申說此文爲「魁梧奇偉」云云，眞是失之毫釐，謬以千里。「離跂」疊韻連語，乃自許自高之貌。《淮南子・俶眞篇》：「於是萬民乃始懨觟離跂。」「離跂」亦此義。

（7）選練角材，欲其精也；統率士民，欲其教也

高誘注：角，猶量也。精，猶銳利。教，習也。

按：統，《御覽》卷 297 引作「將」，當據校正。「將率」同「將帥」。陳奇猷曰：「《漢書・賈誼傳》顏注：『角，校也。』《釋名》：『校，號也，將帥號令之所在也。』則角材者指將帥言也，與下『士民』相對爲文。高訓角爲量，校、量同義。」陳說「校、量同義」是也，至引《釋名》，牽混二義爲一，因謂「角材者指將帥言」，則大誤。「角」字亦作「觳」，指角抵。《史記・李斯傳》：「方作觳抵優俳之觀。」《集解》引應劭曰：「戰國之時，稍增講武之禮，以爲戲樂，用相誇示，而秦更名曰角抵。角者，角材也。抵者，相抵觸也。」又引文穎曰：「秦名此樂爲角抵，兩兩相當，角力，角伎藝射御，故曰角抵也。」裴駰案曰：「觳抵即角抵也。」選練角材，欲其精者，謂選拔訓練其伎藝射御，欲其精良；將率士民欲其教者，謂將士欲其聽令。

《決勝》校補

（1）巧拙之所以相過

高誘注：過，絕也。

按：過，踰也，猶言超過、越過、勝過。言巧之所以勝過拙也。高注訓「絕」者，絕亦超過義。陳奇猷曰：「《墨子・經說下》：『過，件也。』《說文》：『件，分也。』猶言巧拙之所以相分別也。《說文》：『絕，

斷絲也。』爲兩者相分之義。」陳氏引《墨子》「過，件也」，又轉訓爲分別，殊不足信。今本《墨子》字誤，當作「遇仵也」，不當分讀，「遇仵」猶言逢忤、牟牾，亦猶言逆牾也〔註17〕，不是以「件」解釋「過」字。

（2）隱則勝闡矣，微則勝顯矣

高誘注：闡，布也。

按：闡者隱之反，微者顯之反。《易・繫辭下》：「夫《易》，彰往而察來，而微顯闡幽。」韓康伯注：「闡，明也。」惠棟曰：「《倉頡篇》曰：『闡，開也。幽，隱也。』幽者闡之反，《呂氏春秋》曰『隱則勝闡』是也。」

〔註18〕

《愛士》校補

（1）昔者秦繆公乘馬而車為敗

按：陳奇猷曰：「當作『昔者秦繆公駕而車敗』，《淮南子・氾論訓》：『秦穆公出遊而車敗。』衍一『爲』字，殊不成文。」徐仁甫曰：「『乘馬』當作『乘駟』，即『駕駟』。」乘馬而車爲敗，《御覽》卷281引同，又卷477、499引作「乘馬車敗」，《類聚》卷93、《御覽》卷896引作「車敗」〔註19〕，《御覽》卷479引作「敗」。

（2）繆公歎曰：「食駿馬之肉而不還飲酒，余恐其傷女也。」

按：畢沅曰：「《選》注、《御覽》卷479、896俱作『笑曰』。」孫蜀丞曰：「作『笑』是也。《類聚》卷32、93、《御覽》卷281、477並作『笑』。」《類聚》見卷33，而非卷32，孫氏誤記卷號。《御覽》卷499引亦作「笑」。女，《文選・求自試表》李善注、《類聚》卷33、《御覽》卷281、479、499引作「汝」，《類聚》卷93、《御覽》卷896、《古今事文類聚》後集卷38、《古今合璧事類備要》別集卷81引作「性」，《御

〔註17〕 參見孫詒讓《墨子閒詁》，中華書局2001年版，第383頁。
〔註18〕 惠棟《周易述》，收入《皇清經解》卷346，上海書店1988年版，第2冊，第671頁。
〔註19〕 《類聚》據宋刊本，四庫本誤作「東敗」。

覽》卷 477 引作「生」，《淮南子‧氾論篇》作「汝等」。

（3）晉惠公之右路石奮投而擊繆公之甲，中之者已六札矣

高誘注：甲，鎧也。陷之六札。

按：王念孫曰：「『投』當爲『枝』，字之誤也。今經傳通作『殳』。」畢沅
引孫志祖曰：「中之者已六札矣，《御覽》作『其甲之扮者已六札矣』，
注：『扮者，配隤也。文有所失也。』《說文繫傳》『扮』字亦引之。此
文疑已爲後人竄改。」又引盧文弨曰：「案『扮者，配隤也』語不可曉，
疑或是『扮音顚隤也』。下『有所失也』是《說文》語，高未必引《說
文》，殆後人所益，又脫去『說』字耳。」陳奇猷曰：「此文當從《御
覽》，下當有注：『扮者，墜隤也。』今本『甲』壞誤爲『中』，又脫去
『其』、『扮』二字。《御覽》引注『配隤』者，乃以『墜』、『配』音近
而誤耳。《說文》：『隤，下墜也。』」徐仁甫曰：「『中之』當作『甲扮』。」
尋《御覽》卷 281 引此文作「晉惠公之右路右（石）奮役（投）而擊
繆公，其甲之扮者已六札矣」，注作：「扮者，配隤也。文有所失也。」
《說文繫傳》引作「秦穆公之甲扮者七（六）札」。孫志祖所引有失
誤，畢沅、盧文弨、陳奇猷、王利器皆未覆檢。陳氏謂「墜、配音近
而誤」，無有依據；又引《說文》「隤，下墜」以說之〔註20〕，失之愈
遠。王念孫說是，《御覽》作「役」，亦「枝」之誤。盧文弨說亦是，
本書《音初》高誘注：「扮，墜，音曰顚隤之隤。」今本《呂氏》當
校作「……擊繆公之甲，中之〔扮〕者已六札矣」，脫一「扮」字耳。
《韓詩外傳》卷 10 作「……圍繆公而擊之，甲已墮者六矣」，「扮」
義同「墮」。《左傳‧成公十六年》：「潘尪之黨與養由基蹲甲而射之，
徹七札焉。」《太玄‧玄攔》：「比札爲甲。」札是鎧甲上的葉片，蓋
一甲七札。此文言路石擊繆公之甲，擊中了，已脫落六札，惟一札未
陷，未脫落耳。〔註21〕故高注云「陷之六札」也。

（4）趙簡子有兩白騾而甚愛之

按：王念孫曰：「《治要》『騾』作『贏』，是也。」陳奇猷曰：「王說是。《類

〔註20〕《說文》原文作「下隊」。
〔註21〕參見惠棟《春秋左傳補註》卷 3，收入景印文淵閣《四庫全書》第 181 冊，臺
灣商務印書館 1986 年初版，第 163 頁。又王利器說略同。

聚》卷 33、《御覽》卷 49 引作『驘』。『贏』本字，『驘』異文，『騾』後起字。」尋《類聚》卷 33、《御覽》卷 479 引作「驘」，陳氏引既誤記卷號，又誤認字形。《御覽》卷 901、《黃氏日抄》卷 56、《記纂淵海》卷 98、《資治通鑑外紀》卷 8 引仍作「騾」，《冊府元龜》卷 732 誤作「驪」。

（5）陽城胥渠處廣門之官，夜款門而謁曰

高誘注：陽城，姓。胥渠，名。處，猶病也。

按：畢沅曰：「注以處訓病，未見所出。」陳昌齊曰：「『處』當爲『疾』。蓋『處』與『疾』形近，又下文有『陽城胥渠處無幾何』句，遂訛。」孫蜀丞、王叔岷、趙海金皆從陳說，王利器舉《冊府元龜》卷 732 正作「疾」以證之，《冊府》注在「疾」下，云：「疾，猶病。」王念孫曰：「《治要》無『處』字，注亦無『處猶病』三字；『官』作『宦』。」洪頤煊曰：「『處』當作『劇』，上脫一『病』字，注當作『劇，病甚也』。」譚戒甫曰：「洪說云云。按高不曰『病也』，而曰『猶病也』，即已讀處爲劇。『處』上不必加『病』，注亦不可改也。」梁玉繩曰：「處無訓病之義。處猶居也，當連下『廣門之官』作一句。」俞樾曰：「高注殊誤，當以『陽城胥渠處廣門之官』爲句，『官』、『館』古同字。言陽城胥渠居於廣門之館也。」楊樹達謂梁、俞說是。徐時棟曰：「處，居也。高注『病』字直是『居』字之譌。」〔註 22〕李寶洤曰：「處猶言處於家耳。」劉師培曰：「高訓爲病，則高本『處』作『疷』。」〔註 23〕陳奇猷曰：「梁、俞以『處』字連『廣門之官』（『官』當作『閭』）爲讀，是也。此文當作『陽城胥渠有疾，處廣門之閭』，而注語本係在『疾』下。」按高誘注在「處」下，則「廣門之官」屬下句，即指夜款門之人。「官」讀如字，各書引皆同，惟《治要》引作「宦」，是形譌（范耕研謂作「宦」字勝，非是）；俞樾、陳奇猷說非是。「處」字《類聚》卷 33、《御覽》卷 479、《記纂淵海》卷 98 引同〔註 24〕，《御覽》卷 901

〔註22〕 徐時棟《煙嶼樓讀書志》卷 15，收入《續修四庫全書》第 1162 冊，上海古籍出版社 2002 年版，第 584 頁。

〔註23〕 劉師培《呂氏春秋斠補自序》，《國粹學報》第 5 卷第 11 期，1909 年版，第 5 頁。

〔註24〕 《御覽》據景宋本，四庫本作「劇」。

引作「豦」〔註25〕。「豦」又「處」之形誤。朱駿聲申高注，謂「處」借爲瘋、鼠〔註26〕，是也〔註27〕。「瘋（鼠）」訓病指鼠瘻病，驫肝或能治之。《淮南子・說山篇》：「狸頭愈鼠，雞頭已瘻。」郝懿行曰：「鼠即今之鼠創病，高誘注以爲鼠齧人創，非矣。」〔註28〕《山海經・中山經》：「脫扈之山有草名曰植楮，可以已瘋。」郭璞注：「瘋，病也。《淮南子》曰『狸頭已瘋』也。」《御覽》卷 742 引作「已鼠」，又引郭注作「鼠，瘻也」。

（6）謁者入通

按：《御覽》卷 901、《記纂淵海》卷 98 引同，《治要》卷 39 引作「謁者通」，《類聚》卷 33、《御覽》卷 479 引作「請入通」，《冊府元龜》卷 732 作「謁者入」。「請」是「謁」形誤。

（7）董安于御於側，慍曰：「譆！胥渠也，期吾君驟，請即刑焉。」

按：王利器曰：「期吾君驟，《冊府元龜》作『欺吾君』，義勝。」《資治通鑑外紀》卷 8 同今本，《御覽》卷 901 引作「欺君」，《天中記》卷 55 引作「欺吾君」。疑本作「欺吾君」，「欺」形誤作「期」，因加「驟」字以求通。

（8）敵皆以走爲利，則刃無與接

按：無與接，《亢倉子・兵道》作「無所與接矣」。無所，猶言無須。「與」是介詞，趙海金謂「與、用一聲之轉」，王利器說同，非是。

〔註25〕《御覽》據景宋本，四庫本作「處」。
〔註26〕朱駿聲《說文通訓定聲》，武漢市古籍書店 1983 年版，第 432 頁。
〔註27〕另參見聞一多《詩經通義乙》，收入《聞一多全集》卷 4，湖北人民出版社 1994 年版，第 47～48 頁。
〔註28〕郝懿行《爾雅義疏》，上海古籍出版社 1982 年版，第 153 頁。

《季秋紀》卷第九校補

《季秋紀》校補

（1）寒氣總至

按：《禮記・月令》同，鄭玄注：「總，猶猥，卒。」《淮南子・時則篇》「寒氣總至」二見，高誘注曰：「寒氣猥至。」又曰：「凝聚而至也。」本書《仲春紀》同，高注亦曰「寒氣猥至」。「猥」乃「多」義，高注用兩漢常見的「猥多」義訓總。鄭注「猥卒也」，與高氏一說「凝聚」，並非是〔註1〕。陳奇猷讀總爲眾，是也。《月令》：「焱風暴雨總至。」朱子《儀禮集傳通解》卷26作「揔至」，校云：「《呂》揔作數，《淮》揔作總。」羅庶丹曰：「《月令》鄭注：『總，猶猥卒。』此『揔至』義亦與彼同。《呂紀》原作『數』者，數讀爲促，有急速之意，與『總』義同。『數』不訓屢，『總』亦不訓皆也。」〔註2〕其說非是。

（2）命主祠祭禽於四方

高誘注：主祠，掌祠之官也。祭始設禽獸者於四方，報其功也。不知其神所在，故博求於四方。

按：陳奇猷曰：「注『者』字誤，未詳所當作。」「者」字不誤，《淮南子・時則篇》高誘注：「命，教也。主祠，典祀之官。祭禽，四方祀，始設

〔註1〕 參見蕭旭《淮南子校補》，花木蘭文化出版社2014年版，第109頁。
〔註2〕 羅庶丹《朱子所見〈呂紀〉異文考釋》，《湖大期刊》1931年第5期，第8頁。

-135-

禽獸者於四方，報其功。不知其神所在，故博求之於四方也。」亦作「者」
字。

（3）民多鼽窒

高誘注：火金相干，故民鼽窒，鼻不通也。鼽讀曰「仇怨」之仇。

按：鼽窒，《淮南子‧時則篇》同，高誘注「通」下有「利」字；《禮記‧月
令》作「鼽嚏」。

嚏，讀爲窒，「嚏」或作「踬」，「魕」或作「跮」，「轋」或作「輊」，皆
其比。陳奇猷曰：「『鼽窒』亦見《盡數》，謂鼻窒塞不通利。若作『鼽
嚏』，《蒼頡》曰：『嚏，噴鼻也。』似非此文之旨。注『鼻不通也』上
當更有『鼽窒』二字。」陳氏既未達通借，補字亦誤。《淮南子》高注
亦不重「鼽窒」二字。段玉裁解爲「謂鼻塞而妨嚏」〔註3〕，王利器謂
「嚏」與此義別，所失亦同。

《順民》校補

（1）昔者湯克夏而正天下，天大旱，五年不收

高誘注：正，治也。

按：王念孫曰：「正，君也。」《類聚》卷 100 引「正」作「止」，「收」作「雨」
〔註4〕，皆誤。

（2）無以一人之不敏，使上帝鬼神傷民之命

高誘注：不敏，不材。

按：「不敏」音轉則爲「不佞」。《漢書‧文帝紀》：「寡人不佞，不足以稱宗
廟。」《史記》亦作「不敏」。《說苑‧奉使》：「不佞而迷惑入於天子之
朝。」《晏子春秋‧雜篇下》作「不敏」。

（3）（湯）於是剪其髮，酈其手，以身爲犧牲，用祈福於上帝

按：畢沅曰：「李善注引此亦作『酈』，音酈。《精通篇》：『刃若新酈研。』
注：『酈，砥也。』竊意酈若作歷音，則似當從厤得聲。善又注《辨

〔註3〕 段玉裁《說文解字注》，上海古籍出版社 1981 年版，第 56 頁。
〔註4〕 《類聚》據宋紹興本，四庫本「正」又誤作「王」。

命論》引此竟作『磨』字，恐是『歷』字之誤。孫侍御主《辨命論》
注作『磨』，與『刃若新磨』較合，但不讀酈耳。《蜀志・郤正傳》注
引作『攦其手』，《論衡》又作『麗其手』。」俞樾曰：「畢說是也。《呂
氏》原文本作『歷』，『歷』者『櫪』之假字，《說文》：『櫪，櫪撕，
椑指也。』《韻會》引《繫傳》曰：『謂以木柙十指而縛之也。』亦通
作『歷』。至《精通篇》『酈研』，其字宜是『磨』字之誤，畢氏混而
一之，非是。」馬敘倫曰：「『酈』當作『鄜』，『鄜』蓋『酈』之別體，
借爲『櫪』字。《莊子・胠篋篇》：『攦工倕之指。』故孫詒讓謂『攦』
即『櫪』字，謂此文『酈』當作『歷』，『歷』即借爲『櫪』也。」陳
直曰：「磨與歷字通。」趙海金從俞說，陳奇猷、王利器並從俞、馬
之說。王利器且云：「《類聚》卷 12 引曹植《湯禱桑林贊》：『翦髮離
爪，自以爲牲。』『離』即借『攦』字。」「櫪」是椑指之刑具，決非
此文之誼，俞、馬說誤。此文「剪其髮，酈其手」六字，《三國志・
郤正傳》裴松之注引作「剪其髮，攦其爪」，《類聚》卷 17 引作「剪
髮」，又卷 100 引作「翦其髮，割其爪」，《御覽》373 引作「剪其髮」，
又卷 529 引作「剪其髮，麗其手」，《文選・與廣川長岑文瑜書》李善
注引作「翦其髮，酈其手」，李善云：「劙音酈。」〔註 5〕《文選・辯
命論》李善注引作「翦其髮，磨其手」，《論衡・感虛》作「剪其髮，
麗其手」，《搜神記》卷 8 作「翦其爪髮」，《白帖》卷 82 作「剪爪髮」。
畢沅、馬敘倫謂此文「酈」當作「鄜」，《選》注「磨」當作「歷」，
皆是也，「歷」同「礪」，「鄜」同「酈」，皆從「歷」得聲，故諸書引
作「攦」、「麗」、「離」，一聲之轉也。胡克家曰：「『磨』當作『𪩘』，
各本皆訛。《與廣川長岑文瑜書》引作『酈』，云『酈音酈』，可證。
考《呂氏春秋》亦作『酈』，『酈』、『𪩘』同字。」〔註 6〕《選》注各
本皆作「酈」〔註 7〕，胡氏誤記。其字本當作劙、剺、鑗，《玉篇》：「劙，
剝也。剺，同上。」《說文》：「劙，剝也，劃也。」又「鑗，一曰剝
也。」《玉篇》：「劙，剝也。剺，同上。」字亦作劙，《集韻》：「劙，

〔註 5〕《山谷內集》卷 6 任淵注引李善注作「劘」，《山谷外集》卷 4 史容注引李善
注作「劙」，皆誤。
〔註 6〕胡克家《文選考異》卷 9，嘉慶鄱陽胡氏刊本。
〔註 7〕四部叢刊影宋刊《六臣注文選》本、重刻宋淳熙本、重刊天聖明道本、慶長
十二年活字印本、朝鮮木活字印本、嘉靖元年金臺汪諒刊本、四庫本皆作「酈」。

割也。」字或作梨、剺、𧽪、劙、劆、剺、剠〔註8〕，亦割也。《類聚》卷 12 引《帝王世紀》：「湯自伐桀後，大旱七年……（湯）遂齋戒，剪髮斷爪，以己爲牲，禱於桑林之社。」《文選·與廣川長岑文瑜書》：「割髮宜及膚，剪爪宜侵肌。」「剪爪」、「斷爪」是其誼也。此文「手」指爪而言，「酈（酈）其手」謂割其手爪，猶俗言剪去指甲也。吳玉搢曰：「『酈』同『磨』。」〔註9〕劉鋼謂「酈」與從麗之字義通，「攞」訓折〔註10〕（攞訓折，當同「捩」），亦皆非是。

（4）文王處歧事紂，冤侮雅遜，朝夕必時

高誘注：雅，正。遜，順也。紂雖冤枉文王而侮慢之，文王正順諸侯之禮，不失其時。

按：遜，《御覽》卷 84 引作「孫」，並讀爲愻。《說文》：「愻，順也。」

（5）上貢必適

高誘注：貢，職貢也。

按：俞樾謂本作「貢士必適」，陳奇猷、王利器從其說。《路史》卷 42 引同今本，《御覽》卷 84 引作「止貢」〔註11〕，然則宋代已誤矣。

（6）祭祀必敬

按：敬，《路史》卷 42 引作「嚴」。

（7）越王苦會稽之恥，欲深得民心，以致必死於吳

按：蔣維喬等曰：「《御覽》卷 281 作『必致死於吳』。」陳奇猷謂此文不誤，是也，《書鈔》卷 115、《御覽》卷 475 引同今本，《文選·非有先生論》李善注引作「越王欲致必死於吳」，雖有省文，亦足證今本不誤。

（8）身不安枕席，口不厚甘味

〔註8〕參見蕭旭《〈莊子〉拾詁》，收入《群書校補（續）》，花木蘭文化出版社 2014 年版，第 1958 頁。

〔註9〕吳玉搢《別雅》卷 2，收入景印文淵閣《四庫全書》第 222 冊，臺灣商務印書館 1986 年初版，第 653 頁。

〔註10〕劉鋼《釋「酈」》，《江蘇廣播電視大學學報》1994 年第 1 期。

〔註11〕《御覽》據景宋本，四庫本又誤作「正」。

按：不厚甘味，畢沅據《文選・非有先生論》李善注乙作「不甘厚味」，是
也，《越絕書・內傳陳成恒》作「孤身不安牀席，口不甘厚味」，《吳越
春秋・夫差內傳》作「孤身不安重席，口不嘗厚味」。

（9）目不視靡曼，耳不聽鐘鼓

高誘注：靡曼，好色。

按：靡曼，《越絕書・內傳陳成恒》作「好色」，《吳越春秋・夫差內傳》作
「美色」。《玉篇》「曼」字條引作「目不視靡曼之色」，「之色」二字當
是誤記《非有先生論》而致衍。

（10）內親群臣，下養百姓，以來其心

高誘注：欲得其歡心。

按：來，別本作「求」。陳奇猷曰：「『來』、『求』義均可通，二形亦相近，
未知孰是《呂氏》原文。」「求」是其原文。「其」代指越王自身。以求
其心，猶言欲遲報吳之志。《越絕書・內傳陳成恒》：「上事羣臣，下養
百姓，願一與吳交天下之兵於中原之野，與吳王整襟交臂，而奮吳越之
士，繼蹟（踵）連死，士民流離，肝腦塗地，此孤之大願也。」〔註12〕
是其誼也。

（11）時出行路，從車載食，以視孤寡老弱之潰病

高誘注：潰亦病也。《公羊傳》曰：「大潰者，大病也。」

按：「潰」同「瘣」，言瘦瘠、瘦病，已詳《貴公篇》校補。

（12）困窮顏色愁悴不贍者，必身自食之

按：愁悴，俞樾謂即「憔悴」，馬敘倫謂即《說文》「顦顇」〔註13〕，皆是
也。《賈子・官人》：「憔悴有憂色。」《治要》卷40、《御覽》卷203
引作「愁悴」。《淮南子・說林篇》：「有榮華者，必有憔悴。」《文子・
上德》作「愁悴」。字亦作「蕉萃」、「顀悴」〔註14〕。趙海金曰：「『愁

〔註12〕 「蹟」是「踵」形譌，《家語・屈節解》、《史記・仲尼弟子傳》作「接踵而死」，
《吳越春秋・夫差內傳》作「繼踵連死」。

〔註13〕 《說文》作「顦顇」，馬氏誤記作「醮顇」。

〔註14〕 參見蕭旭《賈子校補》，收入《群書校補（續）》，花木蘭文化出版社 2014 年
版，第 703～704 頁。

悴』謂憂愁也，此依其本義爲訓，文意其（甚）安，則不必如俞說讀愁爲憔也。」趙氏昧於古音，其說非是。

（13）願一與吳徼天下之衷

高誘注：徼，求。衷，善。

按：畢沅謂「下」字衍，是也。衷，指中心。天之衷，謂天心、天意。《左傳・僖公二十八年》：「以誘天衷。」又《定公四年》：「以獎天衷。」字亦作「中」，《國語・吳語》：「越王勾踐曰：『吾欲與之徼天之衷。』」《吳越春秋・勾踐伐吳外傳》作「中」。《越絕書・越絕外傳計倪》：「師衆同心，得天之中。」

（14）孤雖知要領不屬，首足異處，四枝布裂

按：枝，《文選・永明九年策秀才文》李善注引作「支」，同。首，讀爲手。裂，讀爲列，陳列。《越絕書・內傳陳成恒》、《吳越春秋・夫差內傳》作「手足異處，四支布陳」。《韓子・說疑》：「雖身死家破，要領不屬，手足異處，不難爲也。」亦作「手」字。「布列」是秦漢人成語，《釋名》：「椽，傳也，相傳次而布列也。」又「布，布也，布列衆縷爲經，以緯橫成之也。」又「譜，布也，布列見其事也。」倒言則作「列布」，《漢書・景十三王傳》：「雲烝列布。」又《王褒傳》：「明明在朝，穆穆列布。」

（15）爲天下戮

按：《越絕書・內傳陳成恒》、《吳越春秋・夫差內傳》作「爲鄉邑笑」。《廣雅》：「戮，辱也。」字亦作僇，猶言羞辱、恥笑。本書《當染篇》：「爲天下僇。」高誘注：「僇，辱也。」

（16）孤之志必將出焉

高誘注：將必死以出伐吳也。

按：高注非是。出，猶言生也。《說文》：「志，意也。」《越絕書・內傳陳成恒》、《吳越春秋・夫差內傳》作「孤之意出焉」。言孤之心意已經確定了，即指上文的「孤將棄國家，釋群臣，服劍臂刃，變容貌，易名姓，執箕箒而臣事之，以與吳王爭一旦之死」。范耕研曰：「言將必出於刺吳之一途。」陳奇猷曰：「出猶成也。猶言余殺吳王之志願必將成也。」

王利器曰：「出死，謂出身致死。」皆非是。

（17）於是異日果與吳戰於五湖，吳師大敗，遂大圍王宮，城門不守，禽夫差，戮吳相

按：陳奇猷據《國語・吳語》「越師遂入吳國，圍王宮」，謂此文「大圍」之「大」因上而衍，是也。「城門不守」當在「吳師大敗」下。城門不守，故越軍入吳，乃得圍王宮也。《史記・仲尼弟子傳》：「（吳）與越戰於五湖，三戰不勝，城門不守，越遂圍王宮，殺夫差而戮其相。」《越絕書・內傳陳成恒》：「吳王聞之，去晉從越，越王迎之，戰於五湖，三戰不勝，城門不守，遂圍王宮，殺夫差而僇其相。」此皆其明證。《墨子・非攻中》：「越王句踐視吳上下不相得，收其眾以復其讎，入北郭，徙大內，圍王宮，而吳國以亡。」「入北郭」即指其北邊城門不守，亦在「圍王宮」之上。《吳越春秋・夫差內傳》：「吳國困不戰，士卒分散，城門不守，遂屠吳。」「遂屠吳」指圍王宮、禽夫差、戮吳相而言，亦在「城門不守」之下。此皆其旁證。《文選・漢高祖功臣頌》呂延濟注：「禽，殺也。」本字蓋作戥，《說文》：「戥，殺也。」

（18）殘吳二年而霸

按：馬王堆帛書《戰國縱橫書》：「句淺（踐）棲會稽，其後殘吳霸天下。」「殘吳」同此。《史記・仲尼弟子傳》：「破吳三年，東向而霸。」《越絕書・內傳陳成恒》：「伐吳三年，東鄉而霸。」皆作「三年」。

（19）和子曰：「先君有遺令曰：『無攻越，越猛虎也。』」莊子曰：「雖猛虎也，而今已死矣。」

高誘注：猛虎，言越王武勇多力，不可伐也。

按：陳奇猷曰：「謂越國強卒勇有如猛虎也，非指越王言。高說非。」高說是，猛虎指越王言，此時已死，故莊子曰「雖猛虎也，而今已死矣」。如指國強卒勇有如猛虎，得言「已死」乎？

（20）和子曰以告鴟子

按：當點作：「和子曰：『以告鴟子。』」「以告鴟子」是和子對莊子的建議。陶鴻慶謂「曰」是「因」之誤。孫蜀丞謂「曰」字衍，陳奇猷從孫說，

又謂「曰」是「以（已）」謁衍。劉如瑛讀「曰」爲「爰」，訓於是、乃。皆非是。

《知士》校補

（1）今有千里之馬於此，非得良工，猶若弗取。良工之與馬也，相得則然後成，譬之若枹之與鼓

高誘注：枹待鼓，鼓待枹，乃發聲也。良馬亦然。

按：許維遹謂《類聚》卷 21 引「良工之與」下有「千里」二字，陳奇猷據補。蔣維喬等據《御覽》卷 896 引刪「則」字。《類聚》未引此文，《御覽》卷 896、《事類賦注》卷 21 引有「千里」二字，無「則」，當據刪、補。《永樂大典》卷 13453 引已誤同今本。二「得」字，讀爲待〔註15〕。言千里馬待良工而成其千里馬，良工待千里馬而成其良工。二者相待而成，故云「譬之若枹之與鼓」，高注云「枹待鼓，鼓待枹」，得之。陳奇猷謂「譬之若枹之與鼓」是注文之誤入正文者，非是，蓋未解二「得」字故也，《御覽》卷 896 引亦作正文。《淮南子·主術篇》：「夫民之好善樂正，不得禁誅而自中法度者，萬無一也。」又「孝於父母，弟於兄嫂，信於朋友，不得上令而可得爲也。」《鹽鐵論·刑德》：「轡銜者，御之具也，得良工而調；法勢者，治之具也，得賢人而化。」又《大論》：「湯武非得伯夷之民以治，桀紂非得蹠蹻之民以亂也。」諸「得」字亦讀爲待。《鬻子·禹政篇》：「禹之治天下也，以五聲聽，門懸鐘鼓鐸磬，而置鞀，以得四海之士。」《治要》卷 31、《書鈔》卷 9、121 引作「待」，《淮南子·氾論篇》亦作「待」，《初學記》卷 9 引《說苑》同。《家語·六本》：「處常得終，當何憂哉？」王肅注：「得，宜爲待。」《列子·天瑞》同，《慎子外篇》、《說苑·雜言》、《高士傳》卷上、晉·陸雲《榮啓期贊》，《文選·琴賦》李善注、《類聚》卷 44、《御覽》卷 468 引《列子》，《文選·登石門最高頂》李善注引《新序》，皆作「待」字。《意林》卷 5 引梁·楊泉《物理論》：「必得崑山之玉而後寶，則荊璞無夜光之美；必須南國之珠而後珍，則隋侯無明月之稱。」敦煌寫卷 S.1380《應機抄》

〔註15〕參見裴學海《古書虛字集釋》，中華書局 1954 年版，第 448 頁。蕭旭《古書虛詞旁釋》有補充，廣陵書社 2007 年版，第 194〜195 頁。

「得」作「待」。「相得」下「則」是承接連詞，猶口語「就」也。楊樹達疑「則」衍文，徐仁甫謂「則猶者」，皆非。

（2）夫士亦有千里，高節死義，此士之千里也。能使士待千里者，其惟賢者也

按：陶鴻慶、松皋圓、吳闓生、楊昭儁等謂「待」當作「得」，范耕研謂當據《御覽》卷 896 引改「待」作「行」。范說是，《事類賦注》卷 21 引亦作「行」。謂惟賢者能使士行其高節死義也。《永樂大典》卷 13453 引已誤作「待」。

（3）靜郭君大怒曰：「剗而類，揆吾家，苟可以傔劑貌辨者，吾無辭為也。」

> 高誘注：剗，滅。而，汝也。傔，足也。揆度吾家，誠可以足劑貌辨者，吾不辭也。

按：《正字通》「歉」字條云：「傔，與『慊』同。」顧炎武曰：「嗛、慊，皆厭足之意。《呂氏》『慊』字誤從人。」〔註16〕王念孫曰：「『剗』與『殘』同。『揆』與『睽』同。《後漢書‧馬融傳》注曰：『睽，離也。』言雖殘害汝類，離析吾家，苟可以快劑貌辨者，吾不辭也。《齊策》作『剗而類，破吾家』，破與睽離義亦相近。高以揆為度，則與上句不類矣。」鄭珍曰：「『傔』本『慊』之俗別字。」〔註17〕馬敘倫曰：「傔，古書多借為『愻』字，今通作『愜』，快也。高訓足者，蓋以為『賺』字。」陳奇猷曰：「剗假為戩。『傔』當係『慊』之別體，快也，愜也。高訓為足，與愜義近。高說不誤，王說非也。『剗而類』乃咀罵語，自為一義，與『揆吾家』不相為類。《權勳》『不戰，必剗若類，掘若壟』，『剗若類』與此『剗而類』同，亦謂剗滅汝類也。」（a）《權勳》「剗若類」與「掘若壟」平列，此文「剗而類」與「揆吾家」亦平列，陳氏謂「剗而類」自為一義，非是。《後漢書‧馬融傳》「睽」訓離，是乖離、違背義，而非離析、破離義，「睽」、「乖」一聲之轉，王說亦非也。高誘剗訓滅，不誤。《小爾雅》亦云：「剗，滅也。」莫栻、胡承珙、朱駿聲、葛其仁

〔註16〕顧炎武《日知錄》卷 27，陳垣校注，安徽大學出版社 2007 年版，第 1510 頁。
〔註17〕鄭珍《說文新附考》卷 3，光緒五年姚氏刻咫進齋叢書本。

皆從高說〔註18〕。《策》鮑彪注:「《集韻》:『剗,翦也。』以翦草爲喻。」《正字通》:「剗,音產,削也。」「剗」同「鏟」,俗作「剷」,與「殘」亦同源。本書《觀世》:「以兵相剗,不得休息。」高誘注:「剗,滅。」《謹聽》「剗」作「殘」。《廣雅》:「剗,削也。」《玄應音義》卷4、16並引《蒼頡篇》:「鏟,削平也。」《御覽》卷764引《釋名》:「鏟,平削也。」(b)揆,讀爲刲,字亦作剠〔註19〕,音轉又作刿。《說文》:「刲,刺也。」又「屠,刿也。」《廣雅》:「刲、刿,屠也。」王念孫曰:「刲、刿一聲之轉。」〔註20〕《玉篇》:「刲,割也。」《廣韻》:「刲,割刺,又作剠。」《楚辭·天問》:「而交吞揆之。」孫詒讓曰:「揆亦滅也。《呂氏春秋·知士篇》云:『剗而類,揆吾家。』《戰國策·齊策》作『剗而類,破吾家』。此云『交吞揆之』,即謂泯與國人交結,破滅羿之家也。」〔註21〕馬其昶、姜亮夫從孫說〔註22〕,是也。劉永濟曰:「按孫說是已,惟揆無破滅義,揆乃撥之誤字。撥,除也。其本字爲𨂂,《說文》:『𨂂,以足蹋夷草也。』吞以口言,𨂂以足言,即并吞蹋滅義也。」〔註23〕劉氏未得其字。姜亮夫又謂「揆與破爲雙聲,古有相通者」,舉《呂氏》、《戰國策》以證〔註24〕。于省吾引王念孫說,謂《天問》「揆」亦讀爲瞵,訓離〔註25〕。王利器曰:「揆無破義,當是『撥』字之誤。撥、破雙聲,義得通假。」皆非是。(c)「傔」即「慊」俗譌字,古寫本「亻」、

〔註18〕 莫栻《小爾雅廣注》,胡承珙《小爾雅義證》卷1,朱駿聲《小爾雅約注》,葛其仁《小爾雅疏證》卷1,並收入《續修四庫全書》第189冊,上海古籍出版社2002年版,第297、420、527、547頁。

〔註19〕 《老子》第39章:「不窺牖,見天道。」馬王堆帛書甲本「窺」作「規」,乙本作「𥈲」。《說文》:「𤾩,讀若癸。」《莊子·徐無鬼》:「奎蹄曲隈。」《釋文》:「奎,本亦作瞵。」皆其相通之證。

〔註20〕 王念孫《廣雅疏證》,收入徐復主編《廣雅詁林》,江蘇古籍出版社1992年版,第194頁。

〔註21〕 孫詒讓《札迻》卷12,中華書局1989年版,第399頁。

〔註22〕 馬其昶《屈賦微》卷上,收入《叢書集成續編》第24冊,新文豐出版公司1988年印行,第605頁。姜亮夫《楚辭通故(四)》,收入《姜亮夫全集》卷4,雲南人民出版社2002年版,第635頁。

〔註23〕 劉永濟《天問通箋》,《學衡》第77期,1932年版,第7頁;又載國立武漢大學《文哲季刊》第3卷第2期,1933年版,第301～302頁。

〔註24〕 姜亮夫《重訂屈原賦校注》,收入《姜亮夫全集》卷6,雲南人民出版社2002年版,第257頁。

〔註25〕 于省吾《澤螺居楚辭新證》,中華書局1982年版,第266頁。

「忄」二旁易譌，《戰國策・齊策一》「慊」是正字，顧炎武說是也。《策》高誘注：「慊，猶善也。」義亦相會。《永樂大典》卷 13453 引已誤作「傔」。

（4）靜郭君之交，大不善於宣王

高誘注：交，接也。

按：高誘交訓接者，猶今言交往。陳奇猷謂「交」訓友誼，非是。

（5）太子之不仁，過頋涿視，若是者倍反

高誘注：頋涿，不仁之人也。過，猶甚也。太子不仁，甚於頋涿，視如此者倍反，不循道理也。

按：方以智曰：「頋，音冊。按《說文》有『聲』，即『瞶』字。又有『顡』字，癡不聰明也，五怪切。『頋〔涿〕』其『聲顡』二字之訛乎？」又「顮音外，漢北平侯顮，此即《說文》『聲』，與《呂覽》『頋涿』可以互推。」〔註26〕《正字通》卷 11「顡」字條取方氏上說。畢沅曰：「字書無『頋』字，注訓『頋涿』為不仁之人，不知何據？《國策》作『過頤豕視』，劉辰翁曰：『過頤即俗所謂耳後見腮。豕視，即相法所謂下邪偷視。』」王紹蘭曰：「『頋涿』乃『蔽顡』之譌，『蔽顡』即『蒯瞶』。」繆楷曰：「《韓非子・喻老篇》：『倒杖而策銳貫頤。』《列子・說符篇》、《淮南子・道應訓》『頤』並作『頤』。《呂覽・知士篇》『太子之不仁，過頋涿視。』《國策》『過頋』作『過頤』，『涿視』作『豕視』。『頤』與『頋』皆『頤』之別體字。」〔註27〕朱起鳳曰：「字書無『頋』字，即『頤』字之譌。『過頤』即今俗所謂『腦後見腮』者是也。」〔註28〕譚戒甫曰：「《齊策》作『太子相不仁，過頤豕視』，按此『之』字疑『相』之誤。過當讀為咼，《說文》：『咼，口戾不正也。』『頤』有寫作『顊』者，因誤為『頋』。咼頋者，頤顊斜戾不正也。又《說文》：『涿，流下滴也。』則『涿視』亦謂目光如流而斜下視之耳。『倍反』

〔註26〕 方以智《通雅》卷 19、20，中國書店 1990 年影印康熙浮山此藏軒刻本，第 239、261 頁。「涿」字據文義補。

〔註27〕 繆楷《經餘隨筆》卷 1，江陰陶社 1934 年出版；收入《叢書集成續編》第 25 冊，新文豐出版公司 1988 年出版，第 33 頁；又收入繆幸龍《江陰東興繆氏家集》，上海古籍出版社 2014 年版，第 1369 頁。

〔註28〕 朱起鳳《辭通》卷 2，上海古籍出版社 1982 年版，第 161 頁。

《齊策》作『信反』，《御覽》引作『背反』，倍與背通，知『信』字誤也。」《御覽》卷 368 引作「若是法背父」，譚氏失檢。許維遹曰：「據《齊策》當作『太子之相不仁，過頤豕視』。」陳奇猷曰：「『之』下當補『相』字，『顄』當即『頤』之別體，冊、臣古音同隸之部，古從冊聲臣聲一也。過顄豕視，如劉辰翁所釋。高以『顄豕』為人名，又以『視』字屬下讀，非是。王氏附會為蒯瞶，尤謬。」鮑彪注：「過謂豐頤過人。豕多反視。」許校、朱校是也，「涿」是「豕」之誤，吳師道《補正》引此文正作「過頤豕視」。《永樂大典》卷 13453 引已誤同今本。以「頤」形誤作「䝬」〔註 29〕，「䝬」從「責」得聲，與「冊」疊韻音轉〔註 30〕，因又改作「顄」字〔註 31〕。譚戒甫謂是形誤，非是。譚氏引《說文》，殊誤。「涿」是水滴，名詞，不得有斜下之義。「頤」是「臣」篆文，「臣」古音隸錫部，與「冊」聲不能相轉，陳說非是。（a）譚氏校為「過頤」，讀為「咼頤」是也，正字作「喎」，《說文》：「喎，不正也。」俗字作「歪」。過頤猶俗言歪下巴。高注解為「不仁之人」，是指此相貌之人不仁，並不是指為人名，陳奇猷未得其誼。《漢書·王莽傳》：「莽為人侈口蹙顄，露眼赤精，大聲而嘶。」顏師古曰：「侈，大也。蹙，短也。顄，頤也。」「短頤」者亦不仁人之相貌，是其比也。劉辰翁所謂「耳後見腮」者，宋人俗語。《五燈會元》卷 17：「腦後見腮，莫與往來。」《宏智禪師廣錄》卷 2：「腦後見腮兮人難觸犯，眉底著眼兮渠得便宜。」此相是很戾之人。（b）「豕視」者，其目朦朧而視遠，主很戾少恩、貪淫多欲、心術不

〔註 29〕 宋華強謂《齊策》「『頤』應是『䝬』字之誤」，而未加解釋，又以「頤豕」連文，則皆誤。宋華強《新蔡葛陵楚簡初探》，武漢大學出版社 2010 年版，第 172 頁。

〔註 30〕 《釋名》：「冊，䝬也，勅使整䝬，不犯之也。」《御覽》卷 606 引下「䝬」誤作「頤」。《易·繫辭上》：「聖人有以見天下之賾。」《釋文》：「賾，九家作冊，京作嘖。」

〔註 31〕 《改併五音類聚四聲篇海》卷 13 引《川篇》、《新校經史海篇直音》卷 9 並云：「顄，音冊。」明·楊慎《古音叢目·古音附錄》：「顄，音刪。考之字書無此字，字從頁，未詳。」皆是望形注音，然可證字必從「冊」。此「顄」是另外一字，疑是「顛」改易聲符的異體字，《玉篇》：「顛，頭不正也。」《新修玉海》卷 4 引《川篇》：「顄，音遍。」「遍」又「冊」形誤。楊寶忠曰：「《川篇》當是音遍，『顄』音遍，當是『顛』字俗誤。」楊氏改其字，未得。楊寶忠《疑難字續考》，中華書局 2011 年版，第 332 頁。

正。考《周禮・庖人》:「豕盲眡而交睫腥。」杜子春曰:「盲眡,當為望視。」《禮記・內則》:「豕望視而交睫腥。」鄭注:「望視,視遠也。腥當為星,聲之誤也。星,肉中如米者。」孔疏:「望視,謂豕視望揚。」《孔叢子・執節》:「其為人也,長目而豕視者,必體方而心員。」《白帖》卷 31:「豕視淫。」注引張憬藏曰:「夫人目脩緩,法曰豕視,淫。」《新唐書・方技傳》:「(張)憬藏曰:『夫人目修緩,法曰豕視,淫。』」金・張行簡《人倫大統賦》卷上:「豕視心圓而無定。」元・薛延年注:「豕為豬也,豬眼朦朧,黑白不明,主心術不正,則心貪而多欲。」也稱作「豬視」,唐・張鷟《朝野僉載》卷 1:「夫人目長而慢視,准相書,豬視者淫。」《說郛》卷 32 引張鷟《耳目記》同。(c) 譚戒甫謂《齊策》「信」是「倍」誤,王利器說同,亦是也,其說並本於王引之〔註 32〕。

(6) 靜郭君泫而曰:「不可,吾弗忍為也。」

舊校:泫,一作「泣」。

按:《永樂大典》卷 13453 引舊校「泣」誤作「汢」。《戰國策・齊策一》「泫」作「泣」。許維遹疑「泫」是「泣」形誤,陳奇猷疑「泫」是「憐」或「愍」同音假字。陳說殊為無據。此作「泫而」不誤,馮振曰:「泫而猶泫然也。」〔註 33〕彭鐸說同,王利器從彭說。泫然,流淚貌。《御覽》卷 368 引《策》已誤作「泣」。

(7) 且靜郭君聽辨而為之也,必無今日之患也

按:楊樹達曰:「『且』與『藉』音近。藉猶假也。」陳奇猷曰:「且猶若也。」王引之已指出《戰國策・齊策一》「且」作「若」〔註 34〕。

(8) 能自知人,故〔人〕非之弗為阻

高誘注:阻,止。

按:阻,《戰國策・齊策一》作「沮」,注同。

〔註 32〕 王引之說見《讀書雜志》卷 1,中國書店 1985 年版,第 74 頁。

〔註 33〕 馮振《呂氏春秋高注訂補(續)》,《學術世界》第 1 卷第 8 期,1935 年版,第 35 頁。

〔註 34〕 王引之《經傳釋詞》,嶽麓書社 1984 年版,第 176 頁。

《審己》校補

（1）水出於山而走於海，水非惡山而欲海也，高下使之然也；稼生於野而藏於倉，稼非有欲也，人皆以之也

　　高誘注：走，歸。以，用也。

　按：《意林》卷 2 引上句，「走」作「歸」，「然」上無「之」。王念孫謂「使」與「以」爲韻，「然」字衍；陳奇猷謂此篇不用韻，高、王說皆非，「皆」字衍，「以」猶使。高注是，陳氏謂此篇不用韻亦是，然二氏刪字皆誤。本書《決勝》：「善用兵者，諸邊之內，莫不與鬥，雖廝輿白徒，方數百里，皆來會戰，勢使之然也。」「使之然也」是秦漢人成語。王利器已指出《淮南子・繆稱》、《詮言》、《泰族》三篇及《說苑・談叢》皆本此文。

（2）聖人不察存亡賢不肖，而察其所以也

　按：《列子・說符》作「故聖人不察存亡，而察其所以然」，此文「所以」下脫「然」字。

（3）齊攻魯，求岑鼎，魯君載他鼎以往，齊侯弗信而反之

　按：岑鼎，《新序・節士》、《劉子・履信》同，《左傳・昭公三年》、《晏子春秋・內篇問下》、《韓子・說林下》作「讒鼎」，《左傳正義》引服虔曰：「疾讒之鼎，《明堂位》所云『崇鼎』是也。一云：讒，地名，禹鑄九鼎於甘讒之地，故曰讒鼎。」杜預注：「讒，鼎名也。」王應麟、畢沅、嚴可均、馬敘倫謂「岑」、「讒」、「崇」音近，皆是也。《左傳正義》已經指出服虔二說「二者並無案據，其名不可審知，故杜直云鼎名而已」，其得名之由，余曾考爲「豹踦」、「窮奇」音變，「窮奇」是貪食之獸，故製鼎作銘文以戒貪。後音衍爲雙音節詞，則爲「饞獫」或「獫饞」、「嚵獫」、「饞倰（饕）」等〔註35〕。陳奇猷謂「岑」、「讒」、「崇」皆有「高」義，未得其實。他鼎，猶言別的鼎，指假的岑鼎，上面亦有銘文以亂眞。馬敘倫、彭鐸謂「他」是「僞」誤，陳奇猷謂「他」是「假」借字，均不可信。《玉海》卷 88 引亦作「他鼎」。《劉

〔註35〕參見蕭旭《「窮奇」名義考》，收入《群書校補（續）》，花木蘭文化出版社 2014 年版，第 2201 頁。

子・履信》云「昔齊攻魯，求其岑鼎，魯侯僞獻他鼎，而請盟焉，齊侯不信」，正本此文（楊明照已及），尤「他」字不誤之確證。

（4）柳下季以為是，請因受之

按：此文「請因」當據《新序・節士》乙作「因請」，《劉子・履信》作「則請」。裴學海曰：「因，猶則也。」〔註36〕是也。謝德三謂裴說未允，解為「由、依」〔註37〕，非是。

（5）齊湣王亡居於衛，晝日步足

按：足，孫鳴鐦、石光瑛疑當從《新序・雜事五》作「走」〔註38〕。陳奇猷曰：「『步足』謂散步，『足』不定是誤字，諒是古人恒言。」王利器曰：「《後漢書・李固傳》：『槃旋偃仰，從容冶步。』此『步足』義蓋與之相比。若走則失冶步之態矣，孫說非是。」孫、石說是也，「步走」是秦漢人成語，猶言步行。《史記・項羽本紀》：「四人持劍盾步走，從酈山下，道芷陽間行。」

（6）齊湣王曰：「吾所以亡者，果何故哉？」

高誘注：果，亦竟也。竟為何等故亡哉？

按：《新序・雜事五》作「吾所以亡者，其何哉」。《韓詩外傳》卷6載郭君事與此同，作「吾所以亡者，誠何哉」；《賈子・先醒》載虢君事與此同，作「吾之亡者，誠何也」。其、誠，亦果也，竟也〔註39〕。

（7）臣以王為已知矣，王故尚未之知邪

按：《新序・雜事五》同。王引之曰：「故，猶乃也。」范耕研曰：「故與胡同。」裴學海、謝德三皆從王說〔註40〕。陳奇猷謂二說均通。楊樹達謂「故」與口語「原來」同義，石光瑛謂「故」與「固」同，趙仲邑謂故

〔註36〕裴學海《古書虛字集釋》，中華書局1954年版，第325頁。蕭旭《古書虛詞旁釋》有補充，廣陵書社2007年版，第27～28頁。
〔註37〕謝德三《呂氏春秋虛詞用法詮釋》，文史哲出版社1977年版，第112頁。
〔註38〕石光瑛《新序校釋》，中華書局2001年版，第729頁。
〔註39〕參見蕭旭《古書虛詞旁釋》，廣陵書社2007年版，第175頁。
〔註40〕裴學海《古書虛字集釋》，中華書局1954年版，第325頁。謝德三《呂氏春秋虛詞用法詮釋》，文史哲出版社1977年版，第229頁。

訓今〔註41〕。「故」訓「今」與「已」字對舉，趙說義長。

（8）此亦不知其所以也

按：此與上文「所以亡者」相應，「所以」下脫「亡」字，下文「亦不知所以亡也」，正有「亡」字。徐仁甫謂「也」當作「亡」，非是。

《精通》校補

（1）慈石召鐵，或引之也

按：《玉篇殘卷》「礠」字條引作「礠石拓（招）鐵」（王利器引誤作「礠石拓針」），《意林》卷2引作「磁石召針，皆相引」，《慧琳音義》卷31、51引作「礠石能召鐵」，《御覽》卷988引作「磁石召鐵，或引之也」，《黃氏日抄》卷56引作「磁石召鐵，或引之也」。胡吉宣引《玉篇殘卷》引作「礠石拓鐵」，云：「召即拓之殘譌。」〔註42〕胡氏誤認字形，又過信他書，其說僨矣。「鐵」是「鐵」古字，「礠」、「磁」是「慈」俗別字。《鬼谷子·反應》：「其察言也不失，若磁石之取鍼。」《淮南子·覽冥篇》：「磁石之引鐵。」《御覽》卷942引作「礠石」。又「若以磁石之能連鐵也，而求其引瓦則難矣。」又《說山篇》：「慈石能引鐵。」《董子·郊語》：「慈石取鐵。」《御覽》卷813引作「蒸石」，「蒸」當是「慈」形誤。《漢書·藝文志》引《醫經》：「至齊之德，猶慈石取鐵，以物相使。」漢·牟融《理惑論》：「不知物類各自有性，猶磁石取鐵，不能移毫毛矣。」《論衡·亂龍》：「頓牟掇芥，礠石引針。」又「劉子駿掌雩祭，典土龍事，桓君山亦難以頓牟、礠石不能真是，何能掇針取芥？子駿窮，無以應。」黃暉曰：「針，疑當作『鐵』，『針』作『鍼』，形近而誤。」〔註43〕「針（鍼）」指鐵針，不是誤字，古陰陽家以磁石引針定向指南。《御覽》卷515引《魏略》虞翻《與客書》：「琥珀不取腐芥，磁石不受曲針。」又卷384引作「礠石」，又卷808、830引《吳書》作

〔註41〕楊樹達《詞詮》，中華書局1954年版，第98頁。石光瑛《新序校釋》，中華書局2001年版，第730頁。趙仲邑《新序詳注》，中華書局1997年版，第165頁。
〔註42〕胡吉宣《〈玉篇〉引書考異》，收入《語言文字研究專輯》（上），《中華文史論叢增刊》，上海古籍出版社1982年版，第125頁。
〔註43〕黃暉《論衡校釋》，中華書局1990年版，第695頁。

「慈石」。《化書》卷 2：「琥珀不能呼腐芥，丹砂不能入焦金，磁石不能取𣀍鐵。」陸佃《埤雅》卷 15：「芥，似菘而有毛，其子如粟。《傳》曰『磁石引鍼，琥珀拾芥』，即此是也。或曰草謂之芥，琥珀所脅謂草爾，故《類從》以爲琥珀脅草也。」〔註 44〕又引《本草經》亦云「磁石引鍼，琥珀拾芥」，《證類本草》卷 2、《路史》卷 38 亦同。唐・法寶《俱舍論疏》卷 27：「如琥珀拾芥，礠石引鐵，作用各別。」《本草綱目》卷 37 李時珍曰：「琥珀拾芥，乃草芥，即禾草也，雷氏言拾芥子，誤矣。」陸佃、李時珍言草芥，與虞翻言「腐芥」合（《御覽》卷 384 引作「腐草」）。《御覽》卷 807 引《春秋考異郵》：「承石取鐵，瑇瑁吸**褚**。」注：「類相致也。**褚**，芥也。**褚**，音若。」《路史》卷 6：「承石取鐵，毒冒噙蠚。」《古微書》卷 23 引「蠚」作「喏」。「承」當是「蒸」之誤，此誤之又誤者也，或謂「承」取承應爲義，非是。「蠚」同「蓋」，指蟲毒；「**褚**」字書所無，「**褚**」、「喏」當是「蠚」誤書。古醫書多記載瑇瑁（玳瑁）有解百毒的功用，故云「瑇瑁吸蠚」，《御覽》舊注云「**褚**，芥也」，是誤混「瑇瑁」與「琥珀」爲一物矣。《古微書》卷 10：「承石取鐵，玳瑁吸喏。」注：「自目至也。喏，養也，音若。」其說當本於《御覽》，而譌誤不通〔註 45〕。尹灣漢墓遺冊 M2、M6 並有「頓牟簪一」的記載，馬王堆漢簡 M3：「象劍、毒冐具一。」「毒冐」即「瑇瑁」。《慧琳音義》卷 31 引《異物志》：「瑇瑁，一名突牟。」劉嶽雲《格物中法》卷 1：「頓牟即琥珀。琥珀惟以手心摩熱拾芥爲眞（《名醫別錄》〔註 46〕）。琥珀拾芥，由於含電氣故也。瑇瑁即頓牟之轉音，非今人所謂瑇瑁也。」〔註 47〕張澍《涼州異物志》：「頓牟，琥珀之異名也。」〔註 48〕朱謀㙔《駢雅》卷 5：「頓牟，琥珀也。」屬荃《事物異名錄》卷 25、《格致鏡原》卷 33 引《庶物異名疏》同〔註 49〕。馬宗霍曰：「『頓牟』蓋『瑇瑁』

〔註 44〕《遂初堂書目》有「《感應類從志》」，《說郛》卷 109 說是吳僧贊寧撰，《七國考》卷 1、《本草綱目》卷 1 說是晉張華撰；又《通志》卷 65・「《感應類從譜》一卷，狐剛子撰。」《宋史・藝文志》同。未知《類從》是何書省稱。
〔註 45〕據《俗書刊誤》卷 2、《宋元以來俗字譜》，「養」字明代俗作「𡕽」，「芥」形誤作「𡕽」，又改作「養」。
〔註 46〕陶隱居《名醫別錄》見《證類本草》卷 12、《本草綱目》卷 37 引。
〔註 47〕劉嶽雲《格物中法》卷 1，清同治劉氏家刻本。
〔註 48〕張澍《涼州異物志》，清二酉堂叢書本。
〔註 49〕朱謀㙔《駢雅》卷 5，陳元龍《格致鏡原》卷 33，並文淵閣四庫全書本。屬

也，雙聲字。『突牟』即『頓牟』也。『琥珀』與『瑇瑁』要爲二物，當並存以俟考。」〔註50〕余謂「頓牟」、「瑇瑁」、「突牟」皆一聲之轉，其功用是「吸蘁」；「琥珀」另是一物，其功用是「拾芥」。王充謂頓牟掇芥，未可據也。

（2）樹相近而靡，或軵之也

按：（a）《六書故》卷19：「靡，與摩通。莊周曰：『相靡以信。』又曰：『喜則交頸相靡。』《呂氏春秋》曰：『樹相近而靡。』別作䃺。」顧炎武從其說〔註51〕，是也，猶今言摩擦。趙海金亦謂「靡與摩通」。王利器引《說文》訓「披靡」，非是。（b）方以智曰：「發軵，推車也。《說文》：『反推車，令有所付。』《馮奉世傳》：『再三發軵。』注引《淮南子》：『內郡軵車而餉。』〔註52〕音而隴反。《集韻》作『輀』、『軱』。今按《淮南·覽冥訓》：『廝徒馬圉軵車奉饟。』〔註53〕注：『軵，音拊，猶拊推也。』《呂氏春秋》云云。附、拊皆從付聲，而軵獨音冗，以會意取耶？」〔註54〕惠士奇曰：「『軵』、『拊』通。」〔註55〕畢沅曰：「《淮南·氾論訓》：『相戲以刃者，太祖軵其肘。』音讀茸，注：『擠也。』」楊樹達亦引《說文》，謂「軵」此但作推義用。諸說亦是也，字本作㧿，《說文》：「㧿，推擣也。」「軵（輀、軱）」是推車義的專字，名詞。字或作挝、抺、㩆、挞，《廣雅》：「挝，推也。」敦煌寫卷S.5431《開蒙要訓》：「推抺拽挞。」P.3906、S.6204《碎金》：「手推㩆：推聳。」《集韻》：「㩆，推也。」又「挞，推也。」樹相近而摩擦者，有物推

荃《事物異名錄》卷25，清乾隆刻本。

〔註50〕馬宗霍《論衡校讀箋識》，中華書局2010年版，第216～217頁。

〔註51〕顧炎武《唐韻正》卷8，收入《叢書集成三編》第27冊，新文豐出版公司1997年印行，第531頁。

〔註52〕如淳注引作「軵」，《增韻》卷3、《班馬字類》卷3、《玉海》卷182、《通志》卷102、《冊府元龜》卷988、《六書故》卷27引同；景宋本《淮南子·人間篇》作「輀」，《樂府詩集》卷75引亦作「輀」。今本《人間篇》爲許愼注，蓋許本作「輀」，高本作「軵」也。或「輀」當作「軱」，即「軵」，形之誤也。

〔註53〕《漢書·嚴助傳》：「輀車奉饟者不在其中。」顏師古注：「輀，引也。饟，亦餉字。」亦作「輀」。

〔註54〕方以智《通雅》卷26，收入《方以智全書》第1冊，上海古籍出版社1988年版，第843頁。

〔註55〕惠士奇《易說》卷6，收入景印文淵閣《四庫全書》第47冊，臺灣商務印書館1986年初版，第753頁。

措之也。此推力，或正推，或反推，或側推，固無不可。陳奇猷謂「『靪』當用反推之義，訓擠訓推，皆不切」，非是。

（3）月望則蚌蛤實，群陰盈；月晦則蚌蛤虛，群陰虧

按：蔣維喬等曰：「《類聚》卷1『虧』作『挈』，《御覽》卷4作『廢』，又卷942作『湫』。按《淮南子·天文篇》：『月死而蠃蛖膲。』《御覽》卷941引作『月死而螺蚌瘶』。膲、瘶聲義俱通。《御覽》又引《淮南》許注云：『瘶，減蹴也。』挈、湫蓋與瘶聲通，與『虧』義通。」虧，《類聚》卷97引作「缺」，陳本《書鈔》卷150、《記纂淵海》卷3、《古今合璧事類備要》前集卷10引作「廢」，《記纂淵海》卷2、《古今事文類聚》前集卷2引作「挈」。蔣說是也，「蹴」亦聲通，其本字當是「挈」，又作「犫」〔註56〕，字亦作「瘷」、「魕」等形。「缺」、「廢」亦與「挈」義通。蚌，《書鈔》卷150引作「蜯」。「蜯」同「蚌」，字亦作蛖，音轉又作鱱、蠬、礱、蚄、方、蚄、蟥、玭〔註57〕。

（4）養由基射先，中石，矢乃飲羽，誠乎先也

按：畢沅改「先」作「兊」，謂即「兕」異體。蔣維喬等謂《文選·七發》李善注作「兕」，又引《路史》、《論衡·儒增》作「兕」以證之；王利器引《文選集注》殘本李善注引作「兊」。《能改齋漫錄》卷14引亦作「兕」，《黃氏日抄》卷56引作「光」，則形之譌也。張本等「先」作「虎」，亦有據，形亦相近。《韓詩外傳》卷6：「昔者楚熊渠子夜行，〔見〕寢石以為伏虎，彎弓而射之，沒金飲羽，下視，知其為石。」〔註58〕《新序·雜事四》、《論衡·儒增》略同。《西京雜記》卷5：「（李廣）見臥虎，射之沒矢飲羽，進而視之，乃石也。」

（5）周有申喜者，亡其母，聞乞人歌於門下而悲之，動於顏色，謂聞者內乞人之歌者，自覺而問焉，曰：「何故而乞？」與之語，蓋其母也

按：自覺，《御覽》卷488、571引作「自見」。松皋圓曰：「『覺』字蓋『與

〔註56〕參見蕭旭《古國名「渠搜」名義考》，收入《群書校補（續）》，花木蘭文化出版社2014年版，第2159～2162頁。

〔註57〕參見蕭旭《韓非子校補》，花木蘭文化出版社2015年版，第275～276頁。

〔註58〕「見」字據《類聚》卷74、《初學記》卷5、《御覽》卷51、744引補。

見』二字誤合。與見猶相見也。」許維遹曰：「『見』字是。」陳奇猷從
許說。王利器曰：「自見謂親自與見。」諸說並誤，作「自覺」是，言
申喜自有感應，與「動於顏色」相應，正篇名「精通」之旨。《論衡‧
感虛》：「世稱申喜夜聞其母歌，心動，開關，問歌者爲誰？果其母。蓋
聞母聲，聲音相感，心悲意動，開關而問，蓋其實也。」

（6）故父母之於子也，子之於父母也，一體而兩分，同氣而異息

按：下句，《御覽》卷 952 引同，《文選‧求自試表》李善注引作「一體而分
形，同氣血而異息」，又《宋孝武宣貴妃誄》李善注引作「一體而分形，
同血氣而異息」，《御覽》卷 571 引作「一體而分得，同血氣與而異息」，
皆臆改。王叔岷謂當從《選》注作「一體而分形」，未得。《白虎通義‧
諫諍》：「父子一體而分，無相離之法。」又「父子一體而分，榮恥相及。」
《後漢書‧陳忠傳》：「夫父母於子，同氣異息，一體而分。」皆本此文
（王利器已及）。

（7）雖異處而相通，隱志相及，痛疾相救，憂思相感

按：雖異處而相通，《御覽》卷 571 引脫誤作「離處而通」，「離」即「雖」
形誤。王叔岷謂《御覽》引「異」作「離」，非是。楊樹達讀隱爲意，
是也。

《孟冬紀》卷第十校補

《孟冬紀》校補

（1）其蟲介，其音羽

　　高誘注：介，甲也，象冬閉固，皮漫胡也。

　按：《淮南子・時則篇》高誘注同。《說文繫傳》：「胡，牛頷下垂皮也，言
　　宛曲也。又人言漫胡者，謂漫裹其宛曲，無稜利也。又謂北狄爲胡，
　　亦然也。」惠棟曰：「漫亦作䮔，見《周禮》注。」畢沅曰：「注『漫』
　　與『曼』、『䯻』音義同。皮漫胡，謂皮長而下垂，亦似閉固之象。」
　　盧文弨曰：「《周禮・天官》：『鼈人掌取互物。』鄭司農云：『互物，謂
　　有甲䮔胡，龜鼈之屬。』『䮔』與『漫』音義同。《廣雅》：『䮔，當也。』
　　蓋如器之有當。《莊子・說劍篇》：『曼胡之纓。』」陳奇猷曰：「『漫胡』
　　亦作『鏝胡』，《方言》卷9：『凡戟而無刃，東齊秦晉之閒謂其大者曰
　　鏝胡。』」諸說皆是也，《周禮》之「互物」，丁晏曰：「《釋名》：『胡，
　　互也，在咽下垂，能斂互物也。』鄭以互物爲䮔胡，取聲相近也。」
　　孫詒讓取丁、盧之說〔註1〕。尋惠士奇曰：「司農云：『互物，謂有甲
　　䮔胡。』胡猶互也（見《釋名》），䮔猶曼也，互物之甲歙張開闔，其
　　狀曼曼然，故曰䮔胡。脩盧圓螭其類皆然。《月令》：『其蟲介。』高誘
　　注云云。䮔、曼、漫音同義亦通。」〔註2〕畢、丁、盧說皆本於惠氏，

〔註1〕孫詒讓《周禮正義》卷8，中華書局1987年版，第304頁。
〔註2〕惠士奇《禮說》卷1，收入《叢書集成三編》第24冊，新文豐出版公司1997
　　　年版，第265頁。

孫氏失考。方苞曰：「互謂有甲相交互也。」〔註3〕方氏望文生義。《周禮・考工記》：「倨句外博。」鄭玄注：「博，廣也。倨之外，胡之裏也。句之外，胡之表也。廣其本以除四病而便用也，俗謂之曼胡，似此。」此「曼胡」即《方言》之「鏝胡」，賈公彥疏引《方言》亦作「曼胡」。段玉裁曰：「云曼胡者，取義於曲處如顲領之肥大也。」〔註4〕段說非是。字亦作「縵胡」，《文選・雜詩》：「捨我衡門衣，更被縵胡纓。」李善注引《莊子》作「縵胡」，《後漢書・輿服志》李賢注、《御覽》卷344引同。《文選・魏都賦》：「三屬之甲，縵胡之纓。」劉淵林註引《莊子》作「縵胡」，六臣本注引《莊子》作「漫胡」，《書鈔》卷122引同。胡克家曰：「『縵』當作『漫』。袁本、茶陵本載注中字作『漫』。此並改作『縵』，非。其五臣銑注中字作『縵』，然則乃各本亂之而失著校語。今《莊子》作『曼』。《釋文》引司馬彪云：『曼胡之纓，謂麤纓無文理也。』漫、曼同字，可借爲證。」〔註5〕胡氏謂「縵當作漫」，非是，《玉海》卷151引作「縵胡」。胡紹煐曰：「縵、曼字同。曼，無也，言無文飾也。《方言》：『凡戟而無刃，東齊秦晉之間其大者曰鏝胡。』縵胡猶鏝胡。纓無文謂之縵胡，猶戟無刃謂之鏝胡。縵胡之轉爲模餬，今俗語謂無文理曰模餬是也。」〔註6〕胡紹煐謂「曼，無也」亦非是，餘說皆是也。字亦作「漫沍」，《釋名》：「餅，并也，溲麵使合并也。胡餅，作之大漫沍也，亦言以胡麻著上也。」《御覽》卷860引作「漫汗」，非是。劉氏上說是，「胡麻」說非是。畢沅曰：「《說文》無漫字，此當作『萬胡』。案鄭注《周禮・鼈人》云：『互物，謂有甲萬胡，龜鼈之屬。』則『萬胡』乃外甲兩面周圍蒙合之狀，胡餅之形似之，故取名也。」〔註7〕朱起鳳曰：「萬胡，猶俗言模糊，無棱角之義。漫、縵與萬字同。胡、互（沍）聲之轉。」〔註8〕黃侃曰：「漫沍、萬胡，聲轉爲『麻胡』。」〔註9〕字亦作「曼餬」，《法言・孝至》：「詘詘北夷，

〔註3〕 方苞《周官集注》卷1，收入景印文淵閣《四庫全書》第101冊，臺灣商務印書館1986年初版，第36頁。

〔註4〕 段玉裁《說文解字注》，上海古籍出版社1981年版，第629頁。

〔註5〕 胡克家《文選考異》卷1，嘉慶鄱陽胡氏刊本。

〔註6〕 胡紹煐《文選箋證》卷7，黃山書社2007年版，第200頁。

〔註7〕 畢沅、王先謙《釋名疏證補》，中華書局2008年版，第135頁。

〔註8〕 朱起鳳《辭通》卷4，上海古籍出版社1982年版，第328頁。

〔註9〕 黃侃《讀集韻證俗語》，《制言》第24期，1936年版，本文第25頁。

被我純續，帶我金犀，珍膳寧餬，不亦享乎？」李軌注：「寧餬，餬其口也。」汪榮寶曰：「寧餬，《御覽》卷 849 引作『曼餬』。案『寧餬』於義難通，當依《御覽》作『曼』。曼，澤也，美也。餬，饘也，食也。然則『曼餬』謂精美之食也。『曼』、『寧』形近而誤。俞云：『享乃厚字之誤。』《御覽》引正作『厚』。」〔註 10〕章太炎曰：「寧與醍舌音同類，亦可云雙聲，然醍醐本戎狄之物，中國不應以此享之，彼亦未必以爲珍膳也。今謂『寧餬』當依《御覽》引作『曼餬』。『曼餬』乃形況之辭，據《釋名》『胡餅，作之大漫沍也』，《天官・鼈人》注『互物，謂有甲萬胡。龜鼈之屬』，『漫沍』、『萬胡』皆平徧圓滿之謂。《莊子・說劍篇》：『曼胡之纓。』司馬云：『曼胡，麤纓無文理也。』此則以曼爲縵，亦取平徧之義。此珍膳曼餬，則取徧滿之義。凡是數者，悉當於音求之，若求之字形，則窒矣。」〔註 11〕字亦作「漫湖」，《御覽》卷 943 引劉欣期《交州記》：「蚼（蚼）蠐似璕珺（瑂），龜頭鼈身蝦尾，色班似錦文，大如笠，四足漫湖，無指。」《廣韻》「鼊」字條作「漫胡」，《證類本草》卷 20、《爾雅翼》卷 30、31 作「縵胡」。《文選・吳都賦》：「黿鼊鯖鰐。」劉淵林注：「黿鼊，龜屬也，其形如笠，四足縵胡，無指，其甲有黑珠，文采如璕珺，可以飾物。」但植之曰：「俗謂安走曰趣走，又謂狀態不明曰縵胡，讀縵如模，今人白話文誤作『馬虎』，重言形況語則書作『馬馬虎虎』。《吳都賦》：『黿鼊蜻鰐，龜屬也，其形如笠，四足縵胡無趾。』今言『模胡』，當作『縵胡』。」又「今謂人作事不辨是非曰『糊塗』，又曰『漫沍』，均古語也。『漫沍』今人作『馬虎』，非是。」〔註 12〕但氏引「黿」誤作「鼊」，「鯖」誤作「蜻」，「龜屬也」云云是「黿鼊」注文，語頗含混，但其解說則是也。

（2）天地不通，閉而成冬

高誘注：天地閉，冰霜凜烈成冬也。

按：凜烈，即「凜列」音轉。「凜」爲「凜」（與從广之「瘭」異字）省形，

〔註 10〕汪榮寶《法言義疏》，中華書局 1987 年版，第 552 頁。
〔註 11〕章太炎說轉引自湯炳正《〈法言〉汪注補正》，《制言》第 4 期，1935 年版，本文第 5 頁。
〔註 12〕但植之《質言解》，《制言》第 44 期，1936 年版，本文第 12、33 頁。

烈（冽）讀爲凓，《說文》：「凓，寒也。凓，寒也，從仌廩聲。」〔註13〕

《節喪》校補

（1）知生也者，不以害生，養生之謂也；知死也者，不以害死，安死
之謂也

按：畢沅曰：「《續漢書・禮儀志下》注引此『不以物害生』、『不以物害死』
兩句，皆有『物』字。」《御覽》卷 555 引無二「物」字，又引「安死」
作「葬死」；宋・羅璧《識遺》卷 2 引二「害」上分別有「物」、「財」
二字。

（2）葬淺則狐狸拘之

高誘注：拘讀曰掘。

按：葬，《後漢書・禮儀志下》劉昭注、《御覽》卷 555 引作「藏」。拘，劉
昭注、《治要》卷 39 引作「掘」，《御覽》卷 555 引作「迫」。「拘」形
譌作「拍」，又誤作「迫」。趙海金據朱駿聲說，謂揖亦作拘，與掘音
之轉；王利器指出字本作「揖」，皆是也。字亦作汩、堀、欦、厥、撅、
闕〔註14〕。本書《安死篇》：「不可不拘。」又「故宋未亡而東冢拘，
齊未亡而莊公冢拘。」劉昭注、《治要》卷 39 引作「掘」。又「是無不
拘之墓也。」又「是故大墓無不拘也。」劉昭注、《治要》、《御覽》卷
558 引二「拘」亦作「掘」，《三國志・文帝紀》文帝詔：「亦無不掘之
墓也。」

（3）而忘姦邪盜賊寇亂之難

按：《治要》卷 39 引同，《後漢書・禮儀志下》劉昭注引作「然而忘姦寇之
變」。

（4）侈靡者以為榮，儉節者以為陋

按：儉節，陳奇猷本誤倒作「節儉」。陋，讀爲詬、詢，《說文》：「詬，謑

〔註13〕參見蕭旭《「流利」考》，收入《群書校補（續）》，花木蘭文化出版社 2014 年
版，第 2442～2443 頁。
〔註14〕參見蕭旭《淮南子校補》，花木蘭文化出版社 2014 年版，第 18 頁。

詬，恥也。詢，詬或從句。」《玉篇》：「詬，恥辱也。」《淮南子・氾論篇》：「忍詢而輕辱。」詢亦辱也。《治要》卷 39 引「陋」作「辱」，以同義改之也。

（5）民之於利也，犯流矢，蹈白刃，涉血盩肝以求之；野人之無聞者，忍親戚兄弟知交以求利

高誘注：盩，古抽字。

按：《後漢書・禮儀志下》劉昭注引作「民之於利也，犯白刃，涉危難以求之，忍親戚欺知交以求之」。聞一多曰：「『盩肝』疑當作『盩骭』。」〔註 15〕聞說非是，《說苑・善說》：「必逢大敵，下車免劍，涉血履肝者，固吾事也。」亦作「肝」字。本書《期賢》：「扶傷輿死，履腸涉血。」〔註 16〕《淮南子・兵略篇》：「涉血屬（履）腸，輿死扶傷。」涉，讀為蹀，字或作喋，履也〔註 17〕。盩（抽），讀為蹈，亦履也。《詩・清人》：「左旋右抽。」《說文》「搯」字條引作「搯」。《爾雅》：「柚，條。」《詩・終南》毛傳：「條，榴。」「柚」與「條」、「榴」音皆相轉。「涉血盩肝」即「涉血履肝」也。

（6）含珠鱗施

高誘注：含珠，口實也。

按：此下《書鈔》卷 92、《初學記》卷 14、《御覽》卷 549 引並有「今葬皆用之」五字，又《書鈔》引「珠」上有「和」字，注「口實」作「口寶」，並誤。

（7）鍾鼎壺濫

高誘注：以冰置水漿於其中為濫，取其冷也。

按：梁履繩曰：「壺濫，劉本作壺鑑，注同。案《集韻》：『鑑，胡暫切，《周禮》：「春始治鑑。」或從水，亦作鑑、鑒。』故《左傳・襄九年》《正義》引《周禮》作『鑑』。」盧文弨曰：「案《墨子・節葬篇》：『壺濫戈劍。』凡兩見，蓋亦器名，注似臆說。《愼勢篇》作『壺鑑』。」馬

〔註 15〕聞一多《璞堂雜業・呂氏春秋》，收入《聞一多全集》卷 10，湖北人民出版社 1994 年版，第 459 頁。

〔註 16〕《新序・雜事五》「輿」作「舉」。

〔註 17〕參見蕭旭《淮南子校補》，花木蘭文化出版社 2014 年版，第 456 頁。

敘倫曰:「蓋濫爲鑑之借字,《說文》:『鑑,大盆也。』……則亦壺類也。疑借爲醓,《說文》:『醓,泛齊行酒也。』」王念孫曰:「高誘注云云,失之。」〔註18〕楊樹達曰:「高注說誤。濫讀爲鑑,大盆也。其器則爲浴器。」馮振說同楊氏〔註19〕。陳奇猷曰:「濫、鑑皆爲監之孳乳字。古者以盆盛水以視己形謂之監,故或增水作『濫』,盆以金爲者作『鑑』,以陶埴爲者作『罌』或『覽』,以之盛酒漿則作『醓』。梁、盧說是,高注臆說。馬氏指爲壺類,非。」王利器引《周禮・天官・凌人》:「春始治鑑。」鄭玄注:「鑑,如甀,大口,以盛冰,置食物於中,以禦溫氣。」〔註20〕《釋文》:「鑑,胡暫反,本或作監(宋本作「濫」),音同。」賈公彥疏:「注釋曰鑑如甀者,漢時名爲甀,即今之甕是也,故云如甀大口以盛冰。」《玉燭寶典》卷6引干寶注:「鑑,金器,盛飲食物以置冰室,使不汝(茹)餲也。」〔註21〕王利器指出「與高注相輔相成也」,至確,陳直亦指出「濫」是「用冰冷藏之器」。盧、王、楊、陳奇猷皆失考,而遽謂高注臆說,厚誣古人矣。王利器說實本孫詒讓,鄭玄、高誘謂以鑑(濫)盛冰,干寶謂以鑑盛食物而置於冰室,二說小異,孫詒讓曰:「據下云冰鑑,則干義非也。」〔註22〕高誘注是說明器的作用,「濫」爲動詞,《呂氏》此文用爲名詞則指盛冰之器。《管子・禁藏》:「夫冬日之不濫,非愛冰也;夏日之不煬,非愛火也。」尹注:「濫,謂泛冰於水以求寒,所謂濫漿。」亦借濫爲鑑,與此可以互證。朱駿聲謂高誘注、尹注皆失之〔註23〕,憒矣。沈祖民曰:「濫爲浸淫意。」〔註24〕其說非是。《意林》卷1、《御覽》卷22、395、《記纂淵海》卷57引作「冬日之不鹽,非愛水也」,蓋未得其誼而妄改,孫星衍校但出異文,而無判斷;許維遹謂「濫」

〔註18〕王念孫《廣雅疏證》,收入徐復主編《廣雅詁林》,江蘇古籍出版社1992年版,第550頁。

〔註19〕馮振《呂氏春秋高注訂補(續)》,《學術世界》第1卷第8期,1935年版,第36頁。

〔註20〕《玉燭寶典》卷6引「甀」譌省作「瓡」,「冰」譌作「水」。

〔註21〕孫詒讓、王利器引「汝」逕作「茹」。孫詒讓《周禮正義》,中華書局1987年版,第374頁。

〔註22〕孫詒讓《周禮正義》,中華書局1987年版,第374頁。

〔註23〕朱駿聲《說文通訓定聲》,武漢市古籍書店1983年版,第134頁。

〔註24〕沈祖民《讀管子臆斷》卷上,《制言》第60期,1940年版,本文第22頁。

訓浴，改「冰」作「水」〔註25〕，皆失之。馬王堆帛書《明君》：「先
王之養口口鍾鼎壺泔。」整理者注：「甘、監古音相近，故泔可借為
鑑。《呂氏》云云，以濫為鑑，與此相似。」〔註26〕

（8）僂翣以督之

高誘注：僂，蓋也。翣，棺飾也。畫黼黻之狀如扇翣於僂邊，天子八，
諸侯六，大夫四也。

按：僂翣，畢沅謂同「蔞翣」，譚戒甫謂同「翣柳」，其說與程瑤田說同
〔註27〕。陳奇猷曰：「『督』字無義，疑『瞀』字形近之誤。《說文》：
『瞀，目翳也。』目翳者，目障蔽也。」陳氏改字殊為無據。彭鐸曰：
「督讀為裻。《說文》：『裻，一曰背縫。』督之，飾之如縫也。」彭
說亦非，以僂翣飾之如背縫，不知是何等語。督，讀為翿，字亦作纛、
翢，《爾雅》：「翢，纛也。纛，翳也。」鄭樵注：「翢即翿字。纛，舞
者所持羽也，今謂羽葆幢。舞者執纛，所以白蔽翳。」《說文》：「翿，
翳也，所以舞也。」本是羽舞所執的旌旗，又稱作「羽葆幢」，葬禮
亦用之。《周禮·地官·鄉師》：「及葬，執纛，以與匠師御匶而治役。」
鄭玄注：「《雜記》曰：『匠人執翿以御柩。』鄭司農云：『翿，羽葆幢
也。』《爾雅》曰：『纛，翳也。』以指麾輓柩之役，正其行列進退。」
段玉裁曰：「纛從縣毒聲，《說文》作翳，從羽殸聲，俗作翿。毄聲、
毒聲同在古音弟三尤幽屋沃燭部也，《雜記》作翿，《爾雅》作纛。」
〔註28〕《說文》：「薻，水蒯苑。從艸、從水，毒聲。讀若督。」又「襡，
衣躬縫。從衣、毒聲。讀若督。」〔註29〕「襡」即「裻」正字。又「壔
（壪），保也，高土也，從土壽聲。讀若毒。」此亦督、翿、纛相通
之證。

（9）以此觀世則美矣侈矣，以此為死則不可也

〔註25〕 二氏說皆轉引自郭沫若《管子集校》，科學出版社1956年版，第845頁。
〔註26〕 《馬王堆漢墓帛書〔壹〕》，文物出版社1980年版，第37頁。
〔註27〕 程瑤田《釋宮小記》，收入《程瑤田全集》第1冊，黃山書社2008年版，第
453頁。
〔註28〕 段玉裁《周禮漢讀考》，收入《皇清經解》卷635，上海書店1988年版，第4
冊，第193頁。
〔註29〕 《說文》二例承《古典學集刊》匿名審稿專家指示，謹致謝忱！

高誘注：觀世，猶示人也。

按：高注是也。本書《安死篇》：「以此觀世示富則可矣，以此為死則不可也。」亦同。「示富」之「示」是炫耀義。陳奇猷曰：「觀世猶言示壯麗於世人。『觀』即『壯觀』之觀。」其說非是。

《安死》校補

（1）夫死，其視萬歲猶一瞚也

按：瞚，《後漢書・禮儀志下》劉昭注引誤作「瞑」。此句《慧琳音義》卷3、12、《希麟音義》卷2引作「萬世猶如一瞬目」，《慧琳音義》卷19、20、69引作「萬世猶一瞚」，又卷33引作「萬世猶一瞬者」；《希麟音義》卷1引作「萬世猶如一眴也」。畢沅曰：「『瞚』與『瞬』同，李善注《文選・文賦》引作『萬世猶一瞬』。」「眴」亦同「瞬」。本字為眴、旬，《說文》：「旬，目搖也。從目，勻省聲。眴，旬或從旬。」字或作昀、瞤、䀏、恂〔註30〕。

（2）其情必不相當矣

按：必，《後漢書・禮儀志下》劉昭注引作「固」。

（3）智巧窮屈

高誘注：窮，極。屈，盡。

按：屈，《後漢書・禮儀志下》劉昭注引作「匱」。

（4）而令姦邪盜賊寇亂之人卒必辱之

按：卒，猶終也，竟也。姦邪盜賊寇亂之人終必辱之者，謂發掘其墓也。陳奇猷曰：「『必』字當衍。『卒辱』亦作『萃辱』，即『恥辱』，萃假為恥。」此妄說通假也。

（5）非愛其費也，非惡其勞也，以為死者慮也

按：《後漢書・禮儀志下》劉昭注、《治要》卷39引無「慮」字，是也，

〔註30〕參見蕭旭《家語校補》，收入《群書校補（續）》，花木蘭文化出版社2014年版，第461～462頁。

上文及本書《節喪篇》並有「以此爲死則不可也」之語，「爲死」即
「爲死者」，「爲」讀去聲。范耕研從《治要》注「爲，猶便也」，蔣
維喬等又從而爲之辭，皆非是。《御覽》卷 558 引作「虛」，是「慮」
形譌，則宋人所見本已衍。陳奇猷引《節喪篇》「以生人之心爲死者
慮」，謂劉昭注、《治要》所據本誤，亦非是。二文文法不同。

**（6）孔子徑庭而趨，歷級而上，曰：「以寶玉收，譬之猶暴骸中原也。」
徑庭歷級，非禮也；雖然，以救過也**

按：《後漢書・禮儀志下》劉昭注引作「孔子歷級而止之，爲無窮慮也」。
「止」是「救」的釋文，不是「上」的形譌。《說文》：「救，止也。」
《家語・子夏問》：「歷級而救焉。」《論衡・薄葬》：「徑庭麗級而諫。」
麗、歷一聲之轉。傅山曰：「麗級，歷級。」〔註31〕王肅注：「歷級，
遽登階不聚足。」王利器曰：「《禮記・檀弓下》：『歷階而升。』歷階
亦歷級也。字又作『栗階』，《儀禮・燕禮》：『凡公所辭皆栗階，凡栗
階不過二等。』注：『栗，蹙也，謂越等急趨君命也。』」王氏謂「歷
階亦歷級」是也，而謂「又作栗階」則非是。《儀禮》賈公彥疏：「栗
階亦名散等。凡升階之法有四等：連步，一也。栗階，二也。歷階，
三也。歷階謂從下至上皆越等，無連步，若《禮記・檀弓》云『杜蕢
入寢歷階而升』是也。越階，四也。越階謂左右足越三等，《公羊傳》
云『趙盾避靈公躇階而走』是也。」徑庭，猶言徑直，庭亦直也〔註32〕。
言徑直趨前也。宋慈裒曰：「謂行步迅速激過規矩也。『而趨』二字衍，
殆無疑矣。」王利器說同。符定一曰：「徑庭，過度之意也。」〔註33〕
陶鴻慶曰：「徑庭者，自西階下越中庭而東也。」范耕研曰：「徑，直
也。庭，當階前也。」許維遹從陶說，陳奇猷從范說。曹庭棟曰：「徑，
謂斜過也。」並失之。「而趨」與「而上」相對舉，二字決非衍文，《困
學紀聞》卷 6、《冊府元龜》卷 747 引有此二字。

〔註31〕傅山《霜紅龕集》卷 39《雜記四》，收入《續修四庫全書》1395 冊，上海古
籍出版社 2002 年版，第 720 頁。
〔註32〕參見蕭旭《〈莊子〉拾詁》，收入《群書校補（續）》，花木蘭文化出版社 2014
年版，第 1949～1955 頁。
〔註33〕符定一《聯綿字典》寅集，中華書局 1954 年版，本集第 387 頁。

《異寶》校補

（1）孫叔敖疾，將死，戒其子曰

　按：戒，《書鈔》卷 38、《御覽》卷 426 引臆改作「屬」。《史記・滑稽傳》《正義》引「疾」上有「有功於國」四字，疑張氏以意增之，非《呂氏》之舊。

（2）王數封我矣

　按：陳奇猷曰：「《史記・滑稽傳》《正義》引『數』下有『欲』字，義勝。」陳說非是，《後漢書・郭丹傳》李賢注引同今本，《列子・說符》作「王亟封我矣」，亟亦數也，皆無「欲」字。

（3）為我死，王則封汝，必無受利地

　　高誘注：人所貪利之地。

　按：《列子・說符》「汝」字重，餘同。馮振曰：「則，猶即也。利地，猶言美地，謂膏腴之地也。高注未得『利』字之義。」馮氏前說誤，後說是也，《淮南子・人間篇》作「肥饒之地」。為，王念孫、孫鏘鳴、松皋圓謂猶如也、猶若也〔註34〕，皆是也，《御覽》卷 159、426 引無「為」字，可省耳。則，猶必也。《史記・滑稽傳》《正義》、《書鈔》卷 38、《御覽》卷 159、426、《太平寰宇記》卷 11 引「則」作「必」，《淮南子・人間篇》、《渚宮舊事》卷 1 同。陳奇猷曰：「則，猶若也。」陳說「則」與「為」義複，非是。

（4）楚越之間有寢之丘者，此其地不利，而名甚惡

　按：《御覽》卷 159 引有「楚封功臣二葉而滅，唯寢丘不奪，一名沈丘」十七字，當係注文；《太平寰宇記》卷 11 引有「楚功臣封二葉而滅，惟寢邱不奪」十三字。寢、沈音之轉耳。楊樹達曰：「古云容貌醜惡者為貌寢，或作『侵』字，故孫叔敖云『名惡』。」其說至確，《淮南子・人間篇》：「沙石之間有寢丘者，其地确石而名醜。」「寑」同「寢」。「寢丘」謂其地多确石而名醜也〔註35〕。字亦作「寖丘」，《水經注・潁水》：「寖

〔註34〕孫鏘鳴《呂氏春秋高注補正》，《國故》第 1 期，1919 年版，第 3 頁。
〔註35〕參見蕭旭《〈史記〉校札》，收入《群書校補（續）》，花木蘭文化出版社 2014

丘……孫叔敖以土浸薄，取而爲封，故能綿嗣。」酈道元解爲「浸薄」，
是也。于鬯引《說文》「寢，臥病也」，陳奇猷解「寢」爲停尸之所，殊
誤。

（5）荊人畏鬼而越人信機

高誘注：言荊人畏鬼神，越人信吉凶之機祥。

按：《書鈔》卷 38 引作「荊人鬼越人徒」，《史記·曆書》《集解》引如淳注
引作「荊人鬼而越人機」〔註 36〕，《列子·說符》、《渚宮舊事》卷 1
作「楚人鬼而越人機」〔註 37〕，《淮南子·人間篇》作「荊人鬼越人
機」。「徒」字誤。「機」當是「禨」形誤，畢沅徑改而未作說明。《廣
雅》：「禨，祭也。」禨讀爲釁，祭名。《說文》：「釁，鬼俗也，《淮南
傳》曰：『吳人鬼越人釁。』」（王利器已引《說文》，而未指出「釁」
是正字）。是《淮南子》許本作「釁」高本作「機」也，《列子》盧重
玄解引亦作「釁」。字亦作釁、釁，《集韻》：「釁，《說文》：『以血有所
刉涂祭也。』或作機。」《玉篇》引《說文》作釁。字亦作釁，《玉
篇》：「釁，鬼俗也，吳人鬼越人釁，亦作機。」《廣韻》：「釁，鬼俗，
吳人曰鬼，越人曰釁。」敦煌寫卷 P.2011 王仁昫《刊謬補缺切韻》：「釁，
鬼俗。」《漢書·景十三王傳》顏師古注引《淮南子》作「釁」，「釁」
是「釁」形誤，《班馬字類》卷 1 引正作「釁」。字亦作釁，《集韻》：「釁、
釁，鬼俗，或從幾。」

（6）見一丈人，刺小船，方將漁

按：許維遹曰：「《御覽》卷 769 引『漁』作『渡』，似『漁』字是。」《御
覽》引「漁」誤作「漢」，許氏失檢，陳奇猷、王利器皆未覆核。趙海
金曰：「刺小船猶云撐小船。蓋刺與楂通。」《冊府元龜》卷 870「刺」
作「挾」。王利器指出「刺」俗作「剌」，因形誤作「挾」〔註 38〕。

（7）丈人度之

年版，第 2000 頁。

〔註 36〕《漢書·天文志》顏師古注、《文選·辯亡論》李善注引如淳注引同。

〔註 37〕《渚宮舊事》據墨海金壺本、平津館叢書本（孫星衍校本），四庫本「禨」誤
作「機」。

〔註 38〕周勳初等《冊府元龜（校訂本）》失校，鳳凰出版社 2006 年版，第 10128 頁。

按：度之，《類聚》卷 71、《御覽》卷 769 引作「渡之」，《御覽》卷 344 引
作「刺度之」，陳本《書鈔》卷 122、《事類賦注》卷 13 引作「刺船渡
之」。

（8）祿萬儋

按：畢沅曰：「儋與儋古通用，今作『擔』。」許維遹曰：「《渚宮舊事》引作
『擔』，李本同。」陳本《書鈔》卷 122、《御覽》卷 344、《事類賦注》
卷 13 引作「石」。「儋」正字，餘皆俗字。

（9）五員過於吳

高誘注：過，猶至也。

按：俞樾謂正文及注「過」當作「適」，馮振、陳奇猷從之。《渚宮舊事》卷
2「過」作「至」。《御覽》卷 344 引已誤作「過」，《冊府元龜》卷 870
又誤作「遇」〔註39〕。王利器謂作「遇」義長，改注作「遇，禮也」，
失之。

《異用》校補

（1）湯見祝網者，置四面，其祝曰

按：《新序·雜事五》同，《法苑珠林》卷 64、《御覽》卷 834 引作「湯見設
網者，四面張，而祝之曰」，《御覽》卷 83 引作「湯見祝網者，置四面，
其祝曰」，《賈子·諭誠》作「湯見設網者，四面張，祝曰」，定州漢簡
《儒家者言》簡 630 作「張網者，四面張如（而）祝之」〔註40〕。此文
及《新序》「祝網」當作「設網」，涉下而誤。《史記·殷本紀》：「湯出，
見野張網四面，祝曰。」《金樓子·興王》同。「設網」即「張網」。《文
選·東京賦》李善注引作「湯見罔，置四面」，又《羽獵賦》李善注引
作「湯見網，置四面」，則脫「設」字。

（2）從天墜者，從地出者，從四方來者，皆離吾網

高誘注：墜，隕也。

〔註39〕周勳初等《冊府元龜（校訂本）》失校，鳳凰出版社 2006 年版，第 10128 頁。
〔註40〕定州漢簡《〈儒家者言〉釋文》，《文物》1981 年第 8 期，第 17 頁。

按：定州漢簡《儒家者言》簡 686 作「口口者，四方來者，皆麗吾網」
〔註41〕。蔣維喬等曰：「《御覽》卷 834 引『離』作『羅』，古通。」
墜，《新序‧雜事五》同，《法苑珠林》卷 64、《御覽》卷 834 引作「下」，
《賈子‧諭誠》作「下」，《類聚》卷 12、《初學記》卷 22 引《帝王世
紀》亦作「下」，義同。王利器曰：「離，《法苑珠林》卷 64 引作『羅』，
『羅』之誤也。《史記‧殷本紀》作『入』。」《新序》同此作「離」，
《御覽》卷 83 引此文作「羅」，《賈子》同；《金樓子‧興王》作「入」，
《類聚》、《初學記》引《帝王世紀》亦作「入」。「入」義同「羅」。
麗、離、羅，並一聲之轉。

（3）湯收其三面，置其一面

舊校：收，一作放。

按：孫志祖曰：「李善注《文選‧東京賦》、《羽獵賦》引此『收』並作『拔』。
舊校當是『一作拔』。」收，《新序‧雜事五》作「解」，《初學記》卷
22、《類聚》卷 12、《御覽》卷 948 引《帝王世紀》亦作「解」，《賈子‧
諭誠》、《史記‧殷本紀》、《淮南子‧人間篇》高誘注、《金樓子‧興
王》作「去」。《大戴禮記‧保傅》：「湯去張網者之三面，而二垂至。」
石光瑛曰：「收、拔、放字形皆近，義亦互通。」〔註42〕陳奇猷曰：「收、
放、拔義均同，且形小相近，未知孰是《呂氏》之舊。」余謂「放」、
「拔」是「收」形譌，《御覽》卷 83 引此文作「收」。置，《初學記》
卷 22 引《帝王世紀》作「留」。

（4）昔蛛蝥作網，今之人學紓

高誘注：紓，緩。

按：定州漢簡《儒家者言》簡 692 殘存一「予」字〔註43〕，當即「紓」省
文。馬王堆帛書《繆和》作「今之人緣序」。畢沅曰：「《新書‧諭誠篇》：
『蛛蝥作網，今之人循緒。』舊本『蝥』作『蝥』，誤。紓疑與杼迪，
注訓爲緩，非是。」畢氏改作「蝥」是也，蔣維喬等舉《文選‧東京
賦》、《魏都賦》注、《新序‧雜事五》作「蝥」以證之。《御覽》卷 83

〔註41〕定州漢簡《〈儒家者言〉釋文》，《文物》1981 年第 8 期，第 17 頁。
〔註42〕石光瑛《新序校釋》，中華書局 2001 年版，第 663 頁。
〔註43〕定州漢簡《〈儒家者言〉釋文》，《文物》1981 年第 8 期，第 17 頁。

引正作「螫」，《賈子・禮》亦作「螫」，《御覽》卷 948、《事類賦注》卷 30、《記纂淵海》卷 100 引《帝王世紀》同。學紓，《文選・東京賦》李善注、《御覽》卷 83 引同，《文選・魏都賦》李善注引作「學之」，《賈子・諭誠》作「循緒」（從盧校本，今本誤作「脩緒」），《新序》作「循序」，《御覽》卷 948、《事類賦注》卷 30、《記纂淵海》卷 100、《古今事文類聚》後集卷 50、《古今合璧事類備要》別集卷 94 引《帝王世紀》作「學結」。石光瑛曰：「《賈》作『緒』為正，高誘訓緩，望文生義。」〔註44〕楊樹達、陳奇猷說同。作「學結」、「學之」者皆誤。

（5）吾取其犯命者

按：取，《新序・雜事五》、《類聚》卷 12 引《帝王世紀》同，《賈子・諭誠》、定州漢簡《儒家者言》簡 1048 作「受」〔註45〕。

（6）周文王使人扣池，得死人之骸

按：扣池，定州漢簡《儒家者言》簡 603 作「治池」〔註46〕。徐仁甫讀扣為掘，是也，另詳《節喪篇》校補，蔣維喬等指出《御覽》卷 84 引「扣」脫誤作「扣」〔註47〕。扣池，陳本《書鈔》卷 6 引作「扣地」，《後漢書・質帝紀》李賢注引作「掘地」，《意林》卷 2 引作「相地」，《指海》本校：「相，案疑扣字之訛，即古掘字。」「扣」亦「扣」之訛。許維遹曰：「《御覽》卷 84 引『池』作『地』。」考《新序・雜事五》：「周文王作靈臺，及為池沼，掘地，得死人之骨。」《金樓子・立言篇上》：「周文王掘地，得死人骨。」石光瑛、楊明照、徐仁甫指出此文「池」是「地」形訛〔註48〕，證以漢簡，其說未必是也。《治要》卷 42 引《新序》作「堀地」，亦形之誤。

（7）遂令吏以衣棺更葬之

按：定州漢簡《儒家者言》簡 709 作「曰『賓之』」，整理者注：「賓與殯通，葬也。」〔註49〕棺，《後漢書・質帝紀》李賢注、《御覽》卷 84 引同，《新

〔註44〕 石光瑛《新序校釋》，中華書局 2001 年版，第 663 頁。
〔註45〕 定州漢簡《〈儒家者言〉釋文》，《文物》1981 年第 8 期，第 17 頁。
〔註46〕 定州漢簡《〈儒家者言〉釋文》，《文物》1981 年第 8 期，第 18 頁。
〔註47〕 蔣維喬等《呂氏春秋彙校補遺》，《制言》第 33 期，1937 年版，本文第 8 頁。
〔註48〕 石光瑛《新序校釋》，中華書局 2001 年版，第 665 頁。
〔註49〕 定州漢簡《〈儒家者言〉釋文》，《文物》1981 年第 8 期，第 18 頁。

序・雜事五》亦同，《意林》卷 2、陳本《書鈔》卷 6 引作「冠」，《冊府元龜》卷 42 亦作「冠」。石光瑛曰：「作『冠』文義爲長，但棺、冠音近，古本通用。棺乃假借字，非誤字。」〔註50〕

（8）文王賢矣，澤及髊骨

高誘注：骨有肉曰髊，無曰枯。

按：髊，陳本《書鈔》卷 6 引同，《後漢書・質帝紀》李賢注、《意林》卷 2、《御覽》卷 84 引作「枯」，《新序・雜事五》作「朽」。《後漢書・張奐傳》：「朽骨無益於人，而文王葬之。」李賢注引《新序》作「朽」，《三輔黃圖》卷 5 引《新序》作「枯」。《賈子・諭誠》作「槁骨」，與「枯骨」義同。王利器引《廣韻》：「髊，枯骨，見《呂氏春秋》。」字亦作骴、齜，另詳《孟春紀》校補。

（9）故聖人於物也無不材

高誘注：材，用也。

按：材，《御覽》卷 84 引作「被」，形之譌也。蔣維喬等引誤作「被」〔註51〕。

（10）孔子之弟子從遠方來者，孔子荷杖而問之曰：「子之公不有恙乎？」搏杖而揖之，問曰：「子之父母不有恙乎？」置杖而問曰：「子之兄弟不有恙乎？」杙步而倍之，問曰：「子之妻子不有恙乎？」

按：《類聚》卷 69、《白氏六帖事類集》卷 4、《御覽》卷 710、《古今合璧事類備要》外集卷 50 引「公」作「父」，「父母」作「母」〔註52〕。此文「公」指祖父〔註53〕。諸書所引「父」當作「公」，「母」上脫「父」字，孔本《書鈔》卷 133 引同今本，不誤。搏，《類聚》、《白氏六帖》、《事類備要》、《黃氏日抄》卷 56、《韻府群玉》卷 16 引同，《廣韻》「杖」字條引作「抱」，孔本《書鈔》引作「倚」，《御覽》引作「持」。俞樾讀「搏」爲扶，蔣維喬等謂「抱」、「搏」音轉，宋慈袌、陳奇猷並申

〔註50〕 石光瑛《新序校釋》，中華書局 2001 年版，第 665 頁。
〔註51〕 蔣維喬等《呂氏春秋彙校補遺》，《制言》第 33 期，1937 年版，本文第 8 頁。
〔註52〕 《白帖》在卷 14，下同。
〔註53〕 此于鬯、楊樹達說，又參見翟灝《通俗編》卷 18，收入《續修四庫全書》第 194 冊，上海古籍出版社 2002 年版，第 448 頁。

證俞說〔註 54〕，皆是也，「持」義同。杕步而倍之，孔本《書鈔》引作「杖步而倍之」，陳本「杖」作「扙」，四庫本作「杕」；《類聚》引作「杖步而陪之」，《廣韻》引作「曳杖而問」，《御覽》引作「杖步而倚之」。孫詒讓曰：「疑當作『扡杖而倚之』，故《廣韻》『杕』作『曳』也。」〔註 55〕孫校「扡」是，而改作「倚」則誤。惠半農、朱起鳳、趙海金、徐仁甫謂當據《廣韻》作「曳杖」，是也。此文「倍之」當作「倍下」〔註 56〕。趙海金謂「倍之」當依《御覽》作「倚之」，形近而誤；徐仁甫解「倍之」爲「於背後」，皆非是。《賈子·容經》：「子贛由其家來，謁於孔子。孔子正顏舉杖，磬折而立曰：『子之大親毋乃不寧乎？』放杖而立曰：『子之兄弟亦得無恙乎？』曳杖倍下而行，曰：『妻子家中得毋病乎？』」即本此文。置杖，與《賈子》「放杖」同義，《廣韻》引作「拄杖」，殆妄改。王念孫曰：「『置』同『植』。」張錦少據王說，謂「置」、「植」並有「立」義〔註 57〕；朱起鳳謂「拄假爲置」，並非是。

（11）故孔子以六尺之杖，諭貴賤之等，辯疏親之義

按：諭，孔本《書鈔》卷 133、《御覽》卷 710、《事類賦注》卷 14 引同〔註 58〕，《類聚》卷 69、《白氏六帖事類集》卷 4、《古今合璧事類備要》外集卷 50 引作「論」，形之譌也。等，《御覽》、《事類賦注》引同，《類聚》、《白氏六帖》、《事類備要》引作「禮」，孔本《書鈔》引作「道」。

〔註 54〕 宋慈袌《呂氏春秋補正（續）》，《華國月刊》第 3 期第 2 冊，1926 年版，本文第 5～6 頁。

〔註 55〕 孫詒讓《籀廎讀書錄·呂氏春秋》，收入《籀廎遺著輯存》，中華書局 2010 年版，第 347 頁。

〔註 56〕 參見蕭旭《賈子校補》，收入《群書校補（續）》，花木蘭文化出版社 2014 年版，第 656 頁。

〔註 57〕 張錦少〈王念孫《呂氏春秋》校本研究〉，《漢學研究》第 28 卷第 3 期，2010 年出版，第 304 頁。

〔註 58〕 《事類賦注》據北圖藏本，收入《北京圖書館古籍珍本叢刊》第 75 冊，書目文獻出版社 1998 年版，第 440 頁。四庫本誤作「論」。

《仲冬紀》卷第十一校補

《仲冬紀》校補

（1）諸蟄則死，民多疾疫，又隨以喪，命之曰暢月

高誘注：陰氣在上，民人空閑，無所事作，故命之曰暢月也。

按：《御覽》卷 28 引注「陰」誤作「陽」。《禮記・月令》同，鄭玄注：「暢，猶充也。大陰用事，尤重閉藏。」孔疏：「暢，充也，言名此月爲充實之月，當使萬物充實不發動故也。」《玉燭寶典》卷 11 引蔡邕（邕）《中（仲）冬章句》：「暢月：暢，達也。陽泄則爲暢月，不泄不爲暢月。是月也，陰閉不可以達，而陽泄傷昏，故名之達月。言未可以達而達以爲災。」范耕研從鄭、孔說。陳奇猷謂諸說皆與上文之義不相蒙，因云：「《淮南・時則訓》『暢』又作『畼』，蓋即『暢』之本字。《說文》：『畼，不生也。』」《廣雅》：「畼，長也。」徐鉉曰：「畼，借爲通暢之暢，今俗別作暢，非是。」朱駿聲申鄭注，謂「暢」假借爲蘬，《說文》：「蘬，艸茂也。」吳曾祺曰：「『不生』二字，非指草木而言。因草木之畼而始見其不牛……畼之不生，乃藉以明草木畼茂之意。」〔註1〕朱、吳說是也，「蘬」即「畼」之艸長義的分別字。陳奇猷謂「暢（畼）」與上文義不相蒙，未得古人命名之理也。仲冬是夏十一月，此月大陰，不得暢達，故以「暢月」名之，取反義以補足之。

〔註1〕朱駿聲《說文通訓定聲》，吳曾祺《〈說文〉『畼，不生也』說》，並收入《說文解字詁林》，中華書局 1988 年版，第 13384～13385 頁。

上一月孟冬是夏十月，此月純陰，故以「陽月」名之〔註2〕，亦取反義以補足之，正相爲比也。鄭玄注、蔡氏章句皆得其誼，「暢（暘）」字正取生長、暢達之義，段玉裁指出「蓋皆義之相反而相生者也」〔註3〕，其說甚是。陳奇猷曾引段氏前面的話，不知何故放棄此語，竟失之交臂，惜乎！

（2）乃命大酋

　　高誘注：大酋，主酒官也。酋醞米麴，使之化熟，故謂之酒。於《周禮》
　　　　　爲酒正。

按：大酋，《禮記・月令》、《淮南子・時則篇》同，《玉燭寶典》卷 11 引《月令》作「大費」，《大唐開元禮》卷 102、103 引《月令》作「良醞」。鄭玄注：「酒孰曰酋。大酋者，酒官之長也，於周則爲酒人。」《方言》卷 7：「糦、酋，熟也。氣熟曰糦，久熟曰酋。『熟』其通語也。」「費」字誤。

（3）湛饎必潔

　　高誘注：湛，漬也。饎，炊也。湛，讀「潘釜」之潘。饎，讀「熾火」
　　　　　之熾也。

按：《禮記・月令》作「湛熾必絜」，《淮南子・時則篇》作「湛熺必潔」；《周禮・天官・冢宰》鄭玄注引《月令》作「湛饎必潔」，《玉燭寶典》卷 11 引《月令》作「沉熾必潔」。《淮南子》高誘注：「湛，讀『審釜』之審。熺，炊（讀）『熾火』之熾也。」「審」爲「潘」殘文〔註4〕。桂馥曰：「熺，借字，當爲饎。《特牲饋》：『食禮，主婦視饎爨於西堂下。』鄭注：『炊黍稷曰饎。』」〔註5〕趙海金曰：「熾、熺並與饎通。」字亦作糦，見上引《方言》。字亦作熹，《禮記・樂記》：「天地訢合。」

〔註2〕 《爾雅》：「十月爲陽。」郭璞注：「純陰用事，嫌於無陽，故以名云。」《詩・采薇》：「曰歸曰歸，歲亦陽止。」鄭玄箋：「十月爲陽，時坤用事，嫌於無陽，故以名此月爲陽。」《西京雜記》卷 5 董仲舒曰：「十月陰雖用事，而陰不孤立，此月純陰，疑於無陽，故謂之陽月，詩人所謂『日月陽止』者也。」《初學記》卷3、《御覽》卷27引梁元帝《纂要》：「十月孟冬，亦曰上冬，亦曰陽月。」注云：「此時純陰用事，嫌其無陽，故曰陽月。」
〔註3〕 段玉裁《說文解字注》，上海古籍出版社 1981 年版，第 698 頁。
〔註4〕 參見吳承仕《經籍舊音辨證》，中華書局 2008 年版，第 359 頁。
〔註5〕 桂馥《札樸》卷 4，中華書局 1992 年版，第 153 頁。

鄭玄注：「訢讀爲熹，猶蒸也。」「熾」則同音借字，王利器引《周禮‧考工記》：「鍾氏染羽，以朱湛丹秫，三月而熾之。」鄭玄注：「鄭司農云：『湛，漬也。』玄謂湛讀如『漸車帷裳』之漸。熾，炊也。」

（4）大川名原

按：宋慈襃曰：「原當作邍，此非水源也。《月令》作『源』，亦誤。《說文》：『邍，高平之野，人所登。』」〔註6〕「原」是「邍」同音借字，而非誤字。《爾雅》：「大野曰平，廣平曰原。」《緜》：「周原膴膴。」鄭箋：「廣平曰原。」《玉篇》：「邍，或作原。」

（5）水泉減竭

按：畢沅曰：「《月令》『減』作『咸』，古通用。《左傳》：『咸黜不端。』《正義》云：『諸本咸作減。』……」其說同於惠棟〔註7〕。王叔岷曰：「《淮南子》『減』亦作『咸』。」《御覽》卷27引《乙巳占》、《唐開元占經》卷93亦作「咸」。

（6）民多疾癘

按：畢沅曰：「疾癘，《月令》作『疥癘』。」《御覽》卷27引《乙巳占》亦作「疥癘」，《淮南子‧時則篇》同此作「疾癘」。《玉燭寶典》卷11引《月令》作「疥屬」，《大唐開元禮》卷103引《月令》作「疹癘」，「疥」、「疹」皆形近而譌。

《至忠》校補

（1）荊莊哀王獵於雲夢，射隨兕，中之

高誘注：隨兕，惡獸名也。

按：中，《說苑‧立節》作「得」，得亦中也〔註8〕。隨兕，《說苑》作「科雉」。楊慎《丹鉛總錄》卷25：「科雉，方乳也。隨兕，亦謂兕初生隨

〔註6〕 宋慈襃《呂氏春秋補正（續）》，《華國月刊》第3期第2冊，1926年版，本文第6頁。

〔註7〕 惠棟《九經古義》卷11《禮記古義》，收入《叢書集成新編》第10冊，新文豐出版公司1985年版，第194頁。

〔註8〕 參見王引之《經義述聞》卷8，江蘇古籍出版社1985年版，第202～203頁。

牝母者。注乃謂二兕相隨，何其謬耶？」又《譚苑醍醐》卷3：「何子元《餘冬緒錄》云：『隨兕、科雉不見他書，今人亦無有識之者。』余謂子元但求之書，而不求之悟也。隨兕者，隨母之兕。科雉者，甫出科之雉。豈有別物哉？」胡應麟曰：「楊說皆臆度，未必然。此類他無注釋可考，與其鑿也，毋寧闕之。」〔註9〕徐文靖曰：「《韓子》曰：『孟孫獵得麑，使秦巴西持之，其母隨而呼（啼）。』則是隨兕者，謂子母相隨也。《呂覽》注曰：『隨兕，小牛也。』」〔註10〕虞兆漋曰：「《集韻》『兕』字云：『或作雉。』蓋以《說苑》從《呂覽》也。《正字通》云：『隨母之兕，始出科之雉。』復分兕、雉為二，夫傳聞異詞，正自不能強合。《集韻》以雉為兕，甚謬。但《正字通》云『出科之雉』，豈以科為窠耶？亦覺費解。愚謂隨兕乃兕中之異者，科雉乃雉中之異者。所以申公子培剋而奪之，不出三月病死，言其怪也。若隨母之兕、始生之雉，又何可怪之有哉？」〔註11〕陳奇猷謂虞兆漋說可備一說，又云：「案《易·隨卦》云：『隨有獲，貞凶。』然則此所謂獲隨兕不出三月而死，正是本諸《易》義。」范耕研曰：「隨兕，隨國之兕耳。」王利器曰：「科蓋窠之本字。射科雉即射黃口之雉也。」張儒曰：「『科』通『窠』。」〔註12〕窩、窠乃正、俗字，此說即從楊慎「甫出科」說化出。左松超曰：「科雉、隨兕，不知為何物，亦不必強解。」〔註13〕胡應麟、左松超闕之，蓋其慎也。諸家解為隨母之兕、始生之雉，則其幼小者，豈楚王所射哉？《公孫龍子·跡府》：「龍聞楚王張繁弱之弓，載忘歸之矢，以射蛟兕於雲夢之圃，而喪其弓。」《文選·七啓》李善注引《新序》：「楚王載繁弱之弓，忘歸之矢，以射隨兕於夢也。」楚王以繁弱之弓、忘歸之矢，所射者蛟、兕並稱，則必非隨母之小兕，斷可知也。范耕研解為隨國之兕，陳奇猷引《易》「隨有獲」，皆拘於「隨」之字形，胥未得也。虞兆漋分兕、雉為二

〔註9〕 胡應麟《少室山房筆叢》乙部《藝林學山五》，明萬曆刻本。
〔註10〕 徐文靖《管城碩記》卷26，中華書局1998年版，第483頁。《韓子·說林上》「呼」作「啼」。所引《呂覽》注「隨兕，小牛也」，今本無，當是徐氏誤據方以智《通雅》卷46，而未檢原書也。
〔註11〕 虞兆漋《天香樓偶得》，收入《四庫全書存目叢書·子部》第98冊，齊魯書社1995年版，第291頁。
〔註12〕 張儒、劉毓慶《漢字通用聲素研究》，山西古籍出版社2002年版，第588頁。
〔註13〕 左松超《說苑集證》，（臺）國立編譯館2001年版，第238頁。

物既誤，謂乃兕、雉中之異者，其何以異，亦未明其所以。「雉」是「兕」同音借字，二書所載，是一物耳，指狀如野牛而青色的一角之獸。《集韻》謂「兕，或作雉」是也，虞兆漋謂《集韻》甚謬，所謂以不狂爲狂也。科、隨，光禿之義，指無角者。隨兕、科雉，謂無角的禿兕，此其所以爲異耳。惠士奇曰：「隨讀爲科，兕與雉音相近。」〔註14〕王念孫曰：「科與楇，皆禿貌也（禿、楇一聲之轉）。隨即楇字，雉與兕同（《集韻》：『兕或作雉。』《史記·齊世家》：『蒼兕蒼兕。』徐廣曰：『本或作蒼雉。』《管蔡世家》：『曹惠伯兕。』《十二諸侯年表》兕作雉）。隨兕、科雉，皆謂兕之無角者也。」〔註15〕趙萬里謂「兕與雉古通」云云〔註16〕，說同王氏。三氏所言皆是，識見迴出諸家之上。「隨」訓禿者，字或作墮，並讀爲蛻，脫也，解也，取「脫落」爲義〔註17〕。《太玄·窮》：「木科楇。」范望注：「科楇，枝葉不布。」司馬光注：「科楇，木病也。」《集韻》：「楇，科楇，木首机也。」《楚辭·天問》：「昭后成遊，南土爰底，厥利維何，逢彼白雉。」聞一多曰：「雉當爲兕，聲之誤也……《初學記》卷7引《紀年》曰：『昭王十六年，伐楚荊，涉漢，遇大兕。』本篇所問，即指斯役。然則昭王所逢，是兕非雉，又有明徵矣。」〔註18〕楊樹達曰：「兕、雉二字古通。」〔註19〕此楚昭王射兕事，屈子作「雉」，用借字也。馬王堆帛書《老子》甲本後古佚書《明君》：「獵射雉虎。」亦用借字「雉」。《老子》第50章：「陸行不遇兕虎。」馬王堆帛書乙本《老子》同，甲本《老子》作「矢虎」，又省作「矢」字。

（2）申公子培劫王而奪之

〔註14〕惠士奇《禮說》卷5，收入《叢書集成三編》第24冊，新文豐出版公司1997年版，第327頁。

〔註15〕王念孫《淮南子雜志》，收入《讀書雜志》卷14，中國書店1985年版，本卷第81頁。

〔註16〕趙萬里《說苑斠補》，《國學論叢》第1卷第4期，1928年版，第160頁；又收入《趙萬里文集》卷2，上海科學技術文獻出版社、國家圖書館出版社2011年版，第392頁。

〔註17〕參見蕭旭《〈說文〉「祪」字音義辨正》，收入《群書校補（續）》，花木蘭文化出版社2014年版，第1845頁。

〔註18〕聞一多《楚辭校補》，收入《聞一多全集（2）》，三聯書店1982年版，第404頁。

〔註19〕楊樹達《積微居金文說》卷5，中華書局1997年版，第118頁。

按：《說苑·立節》「培」作「倍」，「劫」作「攻」。「攻」字誤〔註20〕。

（3）子培，賢者也，又為王百倍之臣，**此必有故，願**〔王〕**察之也**

　　高誘注：子培之賢，百倍於人，必有所為故也，故曰願王察之也。

按：百倍，《御覽》卷 417 引同，王利器申高注，是也。《列子·說符》伯樂稱九方皋曰：「是乃所以千萬臣而無數者也。」言千萬倍於臣，是其比也。馬敘倫曰：「『百倍』當作『不倍』，猶不貳。」宋慈裏說同馬氏〔註21〕。楊樹達曰：「疑『百倍』為『所信』二字之誤。」陳奇猷曰：「『百倍』蓋即『鄙倍』，忤逆之意。」諸說並誤。

（4）**戰於兩棠**

按：兩棠，《渚宮舊事》卷 1 作「兩堂」，古通用，語源是「郎當」〔註22〕。

（5）**其愚心將以忠於君王之身，而持千歲之壽也**

　　高誘注：忠，猶愛也。持，猶得也。

按：王念孫曰：「持，猶保也。」馮振曰：「持字當訓守。持千歲之壽，猶云保千歲之壽也。」〔註23〕《御覽》卷 417 引「持」作「特」，「特」乃「得」之音誤。

（6）**齊王疾痏，使人之宋迎文摯**

　　高誘注：齊王，湣王也，宣王之子。痏，病痏也。

按：梁履繩曰：「《論衡·道虛篇》作『病痏』（引者按：原文作『疾痏』。）。痏蓋即『痏首』也。」盧文弨曰：「痏首常有之疾，未必難治，此或與『消渴』之消同。李善注《文選·七命》又引作『病痏』。」陳奇猷曰：「《說文》：『痏，疾痏也。』疑高注亦當作『疢痏也』。」《御覽》卷 738 引作「疾瘠」，又卷 645 引作「疾痛」。黃暉曰：「疑並為『痏』字

〔註20〕 參見向宗魯《說苑校證》，中華書局 1987 年版，第 93 頁。

〔註21〕 宋慈裏《呂氏春秋補正（續）》，《華國月刊》第 3 期第 2 冊，1926 年版，本文第 6 頁。

〔註22〕 參見蕭旭《「郎當」考》，收入《群書校補（續）》，花木蘭文化出版社 2014 年版，第 2363～2372 頁。

〔註23〕 馮振《呂氏春秋高注訂補（續）》，《學術世界》第 1 卷第 8 期，1935 年版，第 38 頁。

形誤。」〔註24〕趙海金曰：「痏字當作痌，形近而誤。」考下文云「非怒王，則疾不可治」，然則此疾當是氣血淤積所致，痏或痌非怒之可愈，然則齊王之疾決非痏或痌，亦非消渴之病。作「瘠」當是，「瘠」不是病名，乃病狀。《冊府元龜》卷858引注作：「痏，鮮痏也，一曰善瞳（睡）臥也。」〔註25〕不知所據。王利器曰：「豈『鮮』爲『癬』之誤，『瞳』爲『腫』之誤邪？文獻無徵，所未達也。」「癬」、「腫」二疾，亦非怒之可愈也。

（7）臣與臣之母以死爭之於王

按：爭，讀爲諍，諫也，《御覽》卷645引形誤作「事」。

（8）與太子期，而將往不當者三

按：《御覽》卷724、《冊府元龜》卷858引同，《御覽》卷645引作「與太子期而至，將往不當者三」，又卷738引作「文摯期往而不至三」。王利器曰：「《論衡》『不當』作『不至』，亦謂不如期也。本書《貴因篇》亦有『期而不當』語。」

（9）文摯因出辭以重怒王

按：《御覽》卷645、724引「辭」上有「凷」字，是也。當點作「文摯因出，固辭，以重怒王」。《論衡·道虛》亦脫「固」字。《冊府元龜》卷858「辭」上有「因」字，是「固」形譌〔註26〕。

（10）王叱而起，疾乃遂已

高誘注：已，除愈也。

按：叱，《文選·七命》李善注、《御覽》卷738引同，《論衡·道虛》、《冊府元龜》卷858亦同，《御覽》卷645、724引誤作「吐」。下句，李善注引作「病即瘳」。注「除」亦愈也，《巢氏諸病源候總論》卷1：「病即除愈。」是其例。《冊府》卷858引「除」作「徐」，許維遹、蔣維喬等改「除」作「猶」，陳奇猷謂「除，治也」，並非是。

〔註24〕黃暉《論衡校釋》，中華書局1990年版，第326頁。
〔註25〕《冊府元龜》據明刻本，殘宋本「瞳」作「睡」，是也，四庫本又誤作「瞳」。
〔註26〕《冊府元龜》據殘宋本，明刻本、四庫本作「固」不誤。

（11）王大怒不說，將生烹文摯

按：不說，《御覽》卷 645 引作「不悅」，《論衡・道虛》亦作「不悅」，與「大怒」相因成義。俞樾曰：「『大怒不說』於文似複而非複也。說之言解也（例略）。」王利器從俞說。陳奇猷曰：「俞蓋以此『說』字爲解除之意，然其所舉皆係解釋之義，與其說不合。此『不說』二字疑衍文。」二氏說皆誤。

（12）太子與王后急爭之而不能得，果以鼎生烹文摯

按：果，《論衡・道虛》同，猶遂也，《文選・七命》李善注引正作「遂」。

（13）夫忠於治世易，忠於濁世難

按：治，《御覽》卷 724 引作「平」。

《忠廉》校補

（1）利不足以虞其意矣

高誘注：虞，猶回也。

按：王念孫曰：「虞，猶娛也。」〔註27〕洪頤煊曰：「『虞』與『娛同』。」文廷式、楊昭儁、宋慈裏說同洪氏〔註28〕。趙海金、陳奇猷皆從洪說。馮振曰：「虞字當訓樂。」〔註29〕馬敘倫曰：「『虞』當作『慮』，謀也。洪說亦通。」王、洪說是也，字亦作愚，《說文》：「愚，懽也，琅邪朱虛有愚亭。」趙海金謂注「回」是「歡」聲誤，陳奇猷謂虞訓回是輾轉爲訓，陳說是。王利器謂「『回』爲誤字無疑」，非是。

（2）雖名爲諸侯，實有萬乘，不足以挺其心矣

高誘注：挺，猶動也。

〔註27〕王念孫《呂氏春秋校本》，轉引自張錦少《王念孫〈呂氏春秋〉校本研究》，《漢學研究》第 28 卷第 3 期，2010 年出版，第 314 頁。

〔註28〕文廷式《純常子枝語》卷 15，收入《續修四庫全書》第 1165 冊，上海古籍出版社 2002 年版，第 211 頁。宋慈裏《呂氏春秋補正（續）》，《華國月刊》第 3 期第 2 冊，1926 年版，本文第 7 頁。

〔註29〕馮振《呂氏春秋高注訂補（續）》，《學術世界》第 1 卷第 8 期，1935 年版，第 38 頁。

按：挺，讀爲逞，音轉又作盈，快也。《左傳‧昭公四年》：「天或者欲逞其心。」《御覽》卷 492 引作「盈」，《新序‧善謀》同。

（3）要離曰：「臣能之。」

按：蔣維喬等曰：「《吳越春秋‧闔閭內傳》作『臣能殺之』。」當據補「殺」字，《御覽》卷 386 引作「臣請殺之」，又卷 871 引《吳越春秋》同，《冊府元龜》卷 764 亦同。

（4）射之矢，左右滿把，而不能中

按：「矢」當屬下句，言吳王射慶忌，慶忌接其矢，左右兩隻手都抓滿了。王叔岷、王利器並疑「矢」是「矣」誤，王利器又引《玉篇》、《廣韻》「弝，弓弝」，謂「把即弝」，皆非是。「弓弝」是左手執弓所握持之處，不得言左右俱滿之也。

（5）今汝拔劍則不能舉臂，上車則不能登軾

按：軾，當據《御覽》卷 386 引作「足」。此言要離身弱，故當云「登足」，無爲「登軾」也。《冊府元龜》卷 764 無「軾」字。

（6）吳之無道也愈甚，請與王子往奪之國

按：陳奇猷謂「吳」下當據上文補「王」字，是也，《冊府元龜》卷 764 正有「王」字。馬敍倫謂「奪」下「之」猶「其」，亦是也，《資治通鑑外紀》卷 8 正作「奪其國」。

（7）中江，拔劍以刺王子慶忌，王子慶忌捽之，投之於江，浮則又取而投之，如此者三

按：孫志祖曰：「李善注《文選‧江賦》『捽之』作『捽而』，『浮則』作『浮出』。」《事類賦注》卷 6 引同善注（楊明照已及），《冊府元龜》卷 764、《資治通鑑外紀》卷 8 亦作「捽而」。疑此文當作「浮出，則又取而投之」，今本脫一「出」字。陳奇猷謂當據李善注刪「捽」上「王子慶忌」四字，云：「捽之者，要離也。」其說殊誤。要離何能捽慶忌？《事類賦注》引疊「慶忌」二字，是捽之者，慶忌也，《選》注省耳。《吳越春秋‧闔閭內傳》記此事曰：「慶忌顧且揮之，三捽其頭於水中。」《選》注引下「投之」下有「於江」二字，則李氏以意補之。《事類賦注》引

無，《冊府》、《外紀》亦無。

（8）及懿公於榮澤，殺之

按：畢沅曰：「《左傳》、《韓詩外傳》卷 7 並作『熒澤』，當從之。」蔣維喬
等曰：「《御覽》卷 417 作『榮』，《初學記》卷 17 作『榮』，與今本同。
熒、榮、榮皆聲通。」陳奇猷曰：「《新序》作『榮』。」《儀禮經傳通解》
卷 12 引作「榮」。蔣氏謂三字聲通，是也，然《御覽》卷 417 作「熒」，
《初學記》卷 17 引作「榮」，與今本不同，蔣氏失檢，陳奇猷、王利器
皆未覆核訂正。王利器曰：「從水從木者，並形近之誤也。」非是。

（9）弘演可謂忠矣，殺身出生以徇其君，非徒徇其君也，又令衛之宗
廟復立，祭祀不絕，可謂有功矣

高誘注：出，去也。去生就死以徇從其君。

按：二「徇」，《韓詩外傳》卷 7 作「捷」。《冊府元龜》卷 739 用《外傳》
作「狥」，同「徇」，「捷」字誤〔註30〕。

《當務》校補

（1）故死而操金椎以葬，曰：「下見六王、五伯，將殼其頭矣。」

高誘注：殼音彀，擊也。

按：畢沅改「殼」為「殼」，改注「殼音彀」為「殼音彀」，曰：「段云：『《說
文》：「殼，擊頭也。」』錢詹事云：『彀不成字，當為彀之譌，《說文》：
「彀，從上擊下也。」』孫氏說同。盧案：『《廣韻》彀、殼並苦角切，
是其音正同也。』今俱改正。」吳汝綸曰：「『殼』字諸公多妄改。注
『音彀』乃古字之僅存者。古告、高多相通，彀殆殼之借字也。」王
利器從畢、吳說。趙海金曰：「借殼為彀，畢校改為殼，非也。」陳
奇猷曰：「吳說是。殼係殼之假字。『彀』為『殼』之別構，蓋漢代俗
字也。畢改謬矣。」「殼」從「殼」得聲，自可借為「彀」，音變則為
「殼」、「敲」，字又作「搉」，《說文》：「搉，敲擊也。」又考《禮記·
檀弓下》鄭玄注：「『殼』當為『告』，聲之誤也。」高誘注當是「殼

〔註30〕參見屈守元《韓詩外傳箋疏》，巴蜀書社 1996 年版，第 622 頁。

音告」，「告」涉「穀」而加「殳」旁，遂作「觳」字。高注乃以「觳（告）」擬其音，非釋其義。金椎，指鐵椎。《漢書・賈山傳》：「隱以金椎。」服虔曰：「隱，築也。以鐵椎築之。」《史記・留侯世家》言張良得力士，以「鐵椎」擊秦皇帝博浪沙中，《水經注・濟水》載此事作「金椎」。

（2）齊之好勇者，其一人居東郭，其一人居西郭，卒然相遇於塗，曰：「姑相飲乎？」

按：齊之，《御覽》卷 437、《冊府元龜》卷 847 引同，《意林》卷 2 引作「齊人」，《文選・七啓》李善注引作「齊有」。之，猶有也〔註31〕。作「人」誤。卒然，李善注、《意林》、《御覽》卷 437、《冊府》引同〔註32〕，《御覽》卷 375 引作「幸而」，形之譌也。《御覽》卷 437 引「相」下有「與」字。姑，猶言盍也，何不也〔註33〕。下文「姑求肉乎」，義亦同；李善注、《御覽》卷 437 引同，《意林》引作「酒須肉乎」，《御覽》卷 375 引作「須肉」，皆臆改。謝德三曰：「姑，姑且、暫且。」〔註34〕非是。

（3）於是具染而已

高誘注：染，豉醬也。

按：具染，《御覽》卷 437 引誤作「酒」。《冊府元龜》卷 847 引注作「染，謂醬也」。朱駿聲曰：「染，叚借爲擩。揱、染雙聲。」〔註35〕王利器謂「染」訓擩（揱），即本於朱氏，王氏又曰：「以動詞作名詞用，具染者，具備染品也。」《漢書・司馬相如傳》：「割鮮染輪。」沈欽韓曰：「《呂覽・當務篇》：『具染而已。』注：『染，鹽豉也。』《特牲饋食禮》注：『揱醢者，染於醢。』《少牢》曰：『取肝，擩於鹽。』」〔註36〕沈氏與朱說同。考《說文》：「擩，染也。」「擩」謂染於醬，今俗語曰

〔註31〕 訓見吳昌瑩《經詞衍釋》，中華書局 1956 年版，第 172 頁。

〔註32〕 《意林》據武英殿聚珍本、指海本，道藏本、四庫本並誤作「幸而」。

〔註33〕 訓見蕭旭《古書虛詞旁釋》，廣陵書社 2007 年版，第 128 頁。

〔註34〕 謝德三《〈呂氏春秋〉虛詞用法詮釋》，文史哲出版社 1977 年版，第 183 頁。

〔註35〕 朱駿聲《說文通訓定聲》，武漢市古籍書店 1983 年版，第 127 頁。

〔註36〕 沈欽韓《漢書疏證》卷 29，收入《續修四庫全書》第 267 冊，上海古籍出版社 2002 年版，第 7 頁。

蘸。余謂染讀爲肬，字亦作監、醓。《說文》：「肬，肉汁滓也。」又「監，血醢也。《禮》有『監醓』。」又「醓，肉醬也。」段玉裁注：「《醓人》：『韭菹醓醢。』注云：『醓，肉汁也。』……大鄭云：『醓醢，肉醬也。』……正字作『肬醢』，假借字作『監醓』。許所據《禮》作監，今字作醓。」〔註37〕《廣雅》：「醓，醬也。」字亦作盉，《集韻》：「監，或作盉。」字又作𤮭，《集韻》：「𤮭，醬也。」

（4）因抽刀而相啖，至死而止

按：啖，《文選·七啓》李善注引作「噉」，《御覽》卷437、《冊府元龜》卷847引作「啗」。「啗」是「啖」形譌，《廣韻》：「噉，噉食，或作啖。啗，亦同。」抽，讀爲掐，音轉爲土刀切。《說文》：「掐者，拔兵刃以習擊刺。《詩》曰：『左旋右掐。』」今《詩·清人》作「抽」。

《長見》校補

（1）申侯伯善持養吾意，吾所欲則先我爲之

　　高誘注：意，志也。先意承志，《傳》所謂「從而不違」也。

按：《說苑·君道》、《渚宮舊事》卷1作「申侯伯，吾所欲者勸我爲之，吾所樂者先我行之」，《新序·雜事一》作「申侯伯，與處常縱恣吾，吾所樂者勸吾爲之，吾所好者先吾服之」，疑此有脫文。《詩·酌》毛傳：「養，取。」馬瑞辰引此文，曰：「持、養，皆取也。善持養吾意，猶云善探取吾意。承與拯同，皆取也。」〔註38〕

（2）是師曠欲善調鐘，以爲後世之知音者也

按：徐仁甫謂「知音」上當據《淮南子·修務篇》補「有」字，是也。《漢書·揚雄傳》顏師古注引應劭曰：「是師曠欲善調之鐘，爲後世之有知音。」亦有「有」字。

（3）吳起至於岸門，止車而望西河，泣數行而下

按：畢沅曰：「《觀表篇》『止車而』下有『休』字。」「止車而」下，《文選·

〔註37〕段玉裁《說文解字注》，上海古籍出版社1981年版，第177頁。
〔註38〕馬瑞辰《毛詩傳箋通釋》，中華書局1989年版，第1116頁。

與陳伯之書》李善注引《觀表篇》作「立」字〔註39〕。止，《冊府元龜》卷 750、796 誤作「上」，又卷 953 不誤。

（4）竊觀公之意，視釋天下若釋躧

按：許維遹曰：「躧與屣、履並通，《觀表篇》作『屣』。《漢書・地理志》：『女子彈絃跕躧。』如淳曰：『躧音屣。』師古云：『躧字與履同。』」楊樹達已指出「履」是同義詞，而非通借字，顏師古注云「躧字與屣同」，許氏失檢。《觀表篇》高誘注：「屣，弊履。」《文選・與陳伯之書》李善注引《觀表篇》作「履」。

（5）吳起抿泣而應之曰

按：畢沅曰：「『抿』與『抆』同，《觀表》作『雪』，注：『拭也。』」《冊府元龜》卷 796 作「拭」。

（6）今君聽讒人之議，而不知我，西河之為秦取不久矣

按：陳奇猷據本書《觀表》、《韓子・難言》刪「取」字，謂「為，猶屬也」，皆是也。《御覽》卷 488、《冊府元龜》卷 750、796、953 引正無「取」字〔註40〕。徐仁甫謂《呂氏》二文「為」字意義不同，非是。議，《冊府》卷 796 同，有注：「議，言也。」《御覽》、《冊府》卷 953 引作「言」，《冊府》卷 750 作「譖」。

（7）吳起果去魏入楚，有間，西河畢入秦，秦日益大

高誘注：畢，由（猶）盡也。

按：本書《觀表》作「吳起果去魏入荊，而西河畢入秦，魏日以削，秦日益大」，王叔岷謂此文脫「魏日以削」四字，是也，《冊府元龜》卷 750 亦有此四字。「以」亦益也，上文「其後齊日以大……魯公（日）以削」同〔註41〕。而，猶言既而、不久，與「有間」義同〔註42〕。謝德三曰：

〔註39〕李善注引下文「雪泣」與《觀表》同，故知非此篇之文。
〔註40〕《御覽》所引上文「止車而望西河」與此篇同，而《觀表》「而」下有「休」字；又引「釋天下若釋躧」、「有間」與此篇同，而《觀表》分別作「舍天下若舍屣」、「而」，故知所引非《觀表篇》之文。
〔註41〕參見徐仁甫《廣釋詞》，四川人民出版社 1981 年版，第 6 頁。
〔註42〕參見蕭旭《古書虛詞旁釋》，廣陵書社 2007 年版，第 254 頁。

「而，所以、因而。」〔註43〕非是。王利器曰：「《冊府》卷 796 正文及
注『畢』作『果』，涉上文『果』字形近而誤也。」《文選‧與陳伯之書》
李善注引《觀表篇》亦誤作「果」，《冊府》卷 750、953 不誤。

（8）公叔對曰：「臣之御庶子鞅，願王以國聽之也。」

按：上「之」，《史記‧商君列傳》同，《戰國策‧魏策一》作「有」。之，猶
有也。

（9）以公叔之賢，而今謂寡人必以國聽鞅，悖也夫

按：謂，《戰國策‧魏策一》同。《廣雅》：「謂，使也。」猶言使也、令也，
口語曰「讓」。《史記‧商君列傳》作「欲令寡人以國聽公孫鞅也」，
正作「令」字，《通鑑》卷 2 亦作「令」。

〔註43〕謝德三《〈呂氏春秋〉虛詞用法詮釋》，文史哲出版社 1977 年版，第 130 頁。

《季冬紀》卷第十二校補

《季冬紀》校補

（1）律中大呂

高誘注：呂，旅也。所以旅去陰即陽，助其成功，故曰大呂

按：畢沅刪去注「去」字，王念孫曰：「畢校非也。《淮南·時則訓》注作『所以旅旅去陰即陽』，與此同，寫者脫去下『旅』字耳。《淮南·天文訓》云『大呂者，旅旅而去也』，此高注所本。」王說至確，「去陰即陽」是漢人成語，也作「去陰就陽」，《小爾雅》：「去陰就陽者，謂之陽鳥，鳩鴈是也。」呂聲訓為旅，猶言拒也。「旅旅」也作「僂僂」、「嬯嬯」，《集韻》：「僂、嬯，僂僂，不欲為也，或從女。」《荀子·非十二子》：「勞苦事業之中，則僂僂然、離離然。」楊倞注：「僂僂，不勉強之貌。離離，不親事之貌。」又引陸法言曰：「僂僂，心不力也。音呂。」郝懿行曰：「僂僂離離，謂不耐煩，苦勞頓，嬾散疏脫之容也。」[註1]陳奇猷從畢說，竟改《淮南子·天文》作「大呂者，呂，旅也，旅而去也」，陳氏蓋誤解「旅」為「旅行」義，人誤。

（2）乳雉雛

高誘注：乳，卵也。

[註1] 郝懿行《荀子補注》卷上，收入《四庫未收書輯刊》第6輯第12冊，北京出版社2000年版，第9頁。

按：畢沅據《月令》校作「雉雊雞乳」，是也。《淮南子‧時則篇》作「雉雊雞呼卵」，高誘注：「雞呼鳴求卵也。」高注皆誤。馬宗霍曰：「此乳字義猶抱也……乳當訓為孚卵。」〔註2〕

（3）征鳥厲疾

高誘注：征，猶飛也。厲，高也。言是月群鳥飛行，高且疾也。

按：《禮記‧月令》同，鄭玄注：「征鳥，題肩也，齊人謂之擊征，或名曰鷹。」孔疏：「征鳥，謂鷹隼之屬也。謂為征鳥，如征厲嚴猛。疾，捷速也。時殺氣盛極，故鷹隼之屬取鳥捷疾嚴猛也。蔡云：『太陰殺氣將盡，故猛疾與時競也。』」所引蔡說即蔡邕《月令章句》。陳奇猷曰：「高、鄭疑皆未得。征當讀『出征』之征。征鳥即指鴈言。『厲』同『礪』，猶砥礪也。疾猶速也。『厲疾』猶言砥礪其飛使能速疾耳，亦即練習飛翔之意。」陳氏謂「疾猶速」是也，其餘皆妄說。《爾雅》：「征，行也。」鳥之行為飛，故高氏訓飛。《廣雅》：「鶙鶘、鷂子、籠脫，鷂也。」〔註3〕「鶙鶘」即「題肩」。《急就篇》卷4顏師古注：「鷹一名來鳩，亦曰爽鳩。鷂一名題肩，亦曰擊征，又名負爵，色類甚多，皆鷙鳥也。鄭康成以擊征為鷹，失之矣。」「征鳥」指鷂。「征」亦省作「正」，北大漢簡（伍）《雨書》簡18：「小雨，以逆正鳥。」《儀禮‧大射儀》鄭玄注：「然則所云正者，正也，亦鳥名，齊魯之間名題肩為正。正、鵠皆鳥之捷黠者。」《詩‧采芑》孔疏引陸璣疏：「隼，鷂屬也，齊人謂之擊征，或謂之題肩，或謂之雀鷹，春化為布穀者是也。」《御覽》卷926引《詩義疏》作「擊正」；《類聚》卷91引脫「謂之擊征，或謂之題肩」二句，餘同。《埤雅》卷8：「隼，鷂屬也，一名雀鷹，蓋迅疾之鳥。」然則鄭注「或名曰鷹」，「鷹」上脫「雀」字耳，顏師古所見本已脫，故指康成為誤。專字或作「鴟」，《玉篇》：「鴟，鶙鶘也。」《廣韻》「鴟」字條引《方言》：「齊魯間謂題肩為鴟鳥。」今本《方言》無此語。王利器曰：「鄭氏兩言題肩，蓋齊人語也，而一以為鷹，一以為鴟（鷂），故高氏不從也。」王氏亦不知「鷹」上脫「雀」字。「厲」謂猛厲，蔡、孔說得之。

〔註2〕馬宗霍《淮南舊注參正》，齊魯書社1984年版，第154頁。
〔註3〕《御覽》卷926引「鶙鶘」作「鶙肩」，誤。

（4）行春令，則胎夭多傷，國多固疾，命之曰逆

按：固，《禮記・月令》同，《淮南子・時則篇》、《唐開元占經》卷 93 作
「痼」。鄭玄注：「生不充性，有久疾也。」高誘注：「國多篤疾。」《禮
記集說》卷 46 引嚴陵方氏曰：「疾謂之固，則其疾久而不瘳故也。」
范耕研曰：「《淮南》固作痼，古通。」〔註 4〕漢・蔡邕《月令問答》
作「民多蠱疾」。「國」俗字作「囻」，故脫誤爲「民」〔註 5〕。「蠱」
是「固」同音借字，「痼」則專字。《易・蠱》，馬王堆帛書《易》「蠱」
作「箇」，帛書《衷》作「故」，是其比也。

《士節》校補

（1）齊有北郭騷者，結罘罔，捆蒲葦，織屨履，以養其母，猶不足

按：畢沅曰：「舊本作『屨履』，校云：『一作菲履。』今據《尊師篇》定
作『菲履』。」陳奇猷口：「畢改是。『菲履』即『屝履』。」王叔岷指
出今本作「織屨履」者，蓋一本作「織屨」，一本作「織履」，又脫「菲」
字，後人誤合之；又一本作「織菲履」者，「菲」是「菲」形誤。菲、
菲，並當讀爲屝，另詳《尊師篇》校補。《晏子春秋・內篇襍上》作
「織履」。王利器指出《冊府元龜》卷 865 作「織菲履」，「菲」即「菲」
形誤。

（2）於利不苟取，於害不苟免

高誘注：於不義之利，不苟且而取也。當義能死，故不苟免。

按：睡虎地秦簡《爲吏之道》：「臨材（財）見利，不取句（苟）富；臨難
見死，不取句（苟）免。」《禮記・曲禮上》：「臨財毋苟得，臨難毋
苟免。」《淮南子・齊俗篇》：「夫重生者不以利害己；立節者見難不
苟免，貪祿者見利不顧身，而好名者非義不苟得。」又《泰族篇》：「見

〔註 4〕 范耕研《呂氏春秋補注》卷上，《江蘇省立國學圖書館第六年刊》，1933 年版，
　　　　第 75 頁。

〔註 5〕 《韓子・飭令》：「利出十空者，民不守。」《商子・靳令》「民」作「國」。明道本
　　　　《國語・周語下》：「夫合諸侯，民之大事也。」《漢書・五行志》同，公序本《國
　　　　語》、《賈子・禮容語》「民」作「國」。《越絕書・越絕外傳記〔越〕地傳》：「射辛
　　　　（率）陳音死，葬民西，故曰陳音山。」《吳越春秋・勾踐陰謀外傳》「民」作「國」。
　　　　《家語・問玉》：「萬民順伏。」《治要》卷 10 引「民」作「國」。皆其例。

難不苟免，見利不苟得者，人之傑也。」〔註6〕

（3）養及親者，身伉其難

高誘注：伉，當。

按：伉，《晏子春秋·內篇襍上》同，阜陽雙古堆漢簡《呂氏春秋》作「閈」，《說苑·復恩》作「更」。及，《說苑》同，《晏子》作「其」。《類聚》卷33、《御覽》卷479引《晏子》二字作「及」、「更」。其，讀爲及。俞樾曰：「『更』讀爲伉。《說文》：『秦謂阬爲埂。』此伉、更聲近之證。又『絚』即『緪』之異文，然則伉之與更，亦猶『埂』『阬』、『緪』『絚』之比耳。《晏子》正作『伉』。」〔註7〕王利器曰：「本書《離俗篇》注：『亢，當也。』伉、亢古通。」二氏說皆是也，而猶未盡。《廣雅》：「亢，當也。」本字作扴，《說文》：「扴，扞也。」《小爾雅》：「扴，禦也。」更、扴一聲之轉，「梗」或作「杭」，「踵」或作「迒」，亦其例也。陳奇猷曰：「更，代也，與伉義近。」孫星衍校《晏子》，但列異文而無說〔註8〕，皆未達通假之旨也。胡平生曰：「閈、伉，二字音近，故得相通。」〔註9〕閈，讀爲扞。《漢書·刑法志》顏師古注：「扞，禦難也。」與「扴」同義。

（4）令其友操劍奉笥而從，造於君庭

按：造，《晏子春秋·內篇襍上》、《說苑·復恩》同，《御覽》卷479引《晏子》誤作「告」。

《介立》校補

（1）今晉文公出亡，周流天下，窮矣賤矣

按：孫鳴鏘曰：「『今』衍文。」〔註10〕松皋圓曰：「『今』字疑誤，恐宜作

〔註6〕《文子·上禮》「傑」作「豪」。

〔註7〕俞樾《讀書餘錄二·說苑》，中華書局1995年版，第308頁。

〔註8〕孫星衍《晏子春秋音義》卷下，收入《諸子百家叢書》，上海古籍出版社1989年影印浙江書局本，第96頁。

〔註9〕胡平生《阜陽雙古堆漢簡〈呂氏春秋〉》，《古文字與古代史》第4輯，台灣中研院歷史語言研究所2015年2月出版，第530頁。

〔註10〕孫鏘鳴《呂氏春秋高注補正》，《國故》1919年第1期，第4頁。

『昔』。」陳奇猷曰：「松說非也。『今』與『昔』無緣致訛。疑本作『今昔文公出亡』，『今昔』指昨夜，與『昔者』同義。范耕研謂『今』字爲衍文（引者按：范氏無此說，當是陳氏誤記孫鏘鳴語），亦非。」徐仁甫曰：「今，猶故也。」諸說皆誤。今，猶夫也，發語之辭〔註11〕。宋·黃庭堅《跋東坡畫石》引正作「夫」。《說苑·復恩》無「今」字，省文耳。「今昔」猶言昨夜，不得專指過去時。

（2）五蛇從之，為之丞輔

按：丞，《類聚》卷96、《御覽》卷929、《事類賦注》卷28引作「承」，借字。

（3）一蛇羞之，橋死於中野

按：橋死，梁履繩疑是「槁死」，蔣維喬等、趙海金舉《類聚》卷96引正作「槁死」以證之。高亨謂「橋、槁古通用」，陳奇猷申高說。高說是也，石光瑛說同〔註12〕。《冊府元龜》卷938、龔頤正《芥隱筆記》、黃庭堅《跋東坡畫石》引亦作「槁死」。《說苑·復恩》作「號」，亦借字。《說文》：「虩讀若鎬。」又「璕讀若鎬。」《董子·深察名號》：「謞而效天地謂之號。」皆其相通之證。《御覽》卷929、《事類賦注》卷28引無「橋」字。《御覽》引「羞」作「着」，形之譌也。

（4）或遇之山中，負釜蓋簦

舊校：負釜，一作「貧文」。簦，音登。

按：畢沅改「簦」作「簝」，劉文典、許維遹、陳奇猷並從之。黃庭堅《跋東坡畫石》引作「負釜蓋簝」，《御覽》卷757引作「負釜」。「簦」字不煩改作。《國語·吳語》：「簦笠相望於艾陵。」《御覽》卷765引作「簝笠」。韋昭曰：「唐尚書云：『簦，夫須也。』昭謂簦笠，備雨器也。」考陸璣《毛詩草木鳥獸蟲魚疏》卷上：「臺，夫須。舊說夫須，莎草也，可爲簑笠。《都人士》云：『臺笠緇撮。』或云臺草有皮，堅細滑緻，可爲簑笠，南山多有。」然則以莎草所爲之雨具曰「簦」，以竹所爲之雨具曰「簝」，泛言則無別也。以龍鬚草爲雨衣曰「蓑」，以竹爲雨衣

〔註11〕 參見裴學海《古書虛字集釋》，中華書局1954年版，第349頁。
〔註12〕 石光瑛《新序校釋》，中華書局2001年版，第961頁。

曰「簽」，是其比也。「貧」是「負」形誤。「釜」音誤作「父」，又形
誤作「文」。《冊府元龜》卷 938 作「有釜蓋登」，亦誤。「負釜」是隱
者之容，《韓詩外傳》卷 2《列女傳》卷 2、《高士傳》卷上並載楚接輿
「負釜甗」與妻隱居事，是其比也。

（5）狐父之盜曰丘，見而下壺餐以餔之

按：壺餐，《列子・說符》、《新序・節士》同。《列子》之文，《御覽》卷
426 作「一殄」，又卷 499 引作「壺湌」，《後漢書・張衡傳》李賢注、
《御覽》卷 743 引作「壺殄」。《類說》卷 30 引《新序》作「壺湌」。
陳奇猷曰：「《釋名》：『湌，乾也，乾入口也。』湌與餐同。壺者，所
以盛水漿也。然則下壺餐以餔之者，謂以水漿及乾糧餔之也。」王利
器曰：「《列子・說符》『壺餐』，《道藏》本『餐』作『殄』，殷敬順《釋
文》作『殄』，云：『音孫，水澆飯也。』《張衡傳》注引《列子》作『殄』，
《金樓子・雜記上》亦作『殄』。《戰國・中山策》：『臣之父嘗餓且死，
君下壺湌餌之。』《列女傳》亦云『壺湌』。《釋名》：『湌，乾也，乾入
口也。』然則壺餐蓋謂壺中所盛之水澆飯也。」《戰國策・中山策》作
「壺湌」，《御覽》卷 850 引作「壺殄」，王氏失檢。當以「飧」為正字，
「湌」同，「殄」俗字，「餐」、「湌」皆誤字，「餐（湌）」亦音孫，不
讀七安切也。《釋名》：「殄，散也，投水於中解散也。」《御覽》卷 850
引作「殄，散也，投飯於水中各散也」，又引《通俗文》：「水澆飯曰殄，
音孫。」《玉篇》：「飧，蘇昆切，水和飯也。」《詩・伐檀》《釋文》：「殄，
素門反，《字林》云：『水澆飯也。』」孔疏引《說文》亦云：「殄，水
澆飯也。」《左傳・僖公二十五年》：「昔趙衰以壺殄從。」《釋文》：「殄，
音孫。」阮元《校勘記》：「閩本、監本、毛本作『餐』。」《國語・越
語下》：「觥飯不及壺殄。」皆其確證。《說苑・復恩》：「趙宣孟將上之
絳，見翳桑下有臥餓人不能動，宣孟止車，為之下殄，自含而餔之……
宣孟與之壺殄，脯二朐。」其文與此相類，亦作「壺殄」。

（6）兩手據地而吐之

按：吐，《列子・說符》、《新序・節士》作「歐」，道藏本《沖虛至德眞經》
作「嘔」，《御覽》卷 743 引《列子》亦作「嘔」，《金樓子・雜記篇上》、
《冊府元龜》卷 805 亦作「嘔」。《說文》：「歐，吐也。」「嘔」乃俗字。

（7）喀喀然遂伏地而死

高誘注：昔者齊飢，黔敖爲食於路，有人戢其履，瞢瞢而來。黔敖呼之曰：「嗟！來食！」

按：喀喀，《列子・說符》、《新序・節士》、《金樓子・雜記篇上》同，《御覽》卷 743 引《列子》脫誤作「客客」。「喀喀然」三字當屬上句「不出」爲義，各家皆誤。喀喀然，狀嘔吐時喉中之聲。《太平廣記》卷 337 引《通幽錄》：「比至入簾，正見李生臥於牀，而婦人以披帛絞李之頸，咯咯然垂死。」字或作「嗝嗝」，《古文苑》卷 6 後漢王延壽《王孫賦》：「或嗝嗝而嗀嗀，又嚙齧其若啼。」章樵注：「嗝，音隔，又音客，一作嚁嚁。嗀，許角反，歐吐聲。《左傳》：『君將嗀之。』」注「戢其履」，《禮記・檀弓下》作「輯屨」，《新序・節士》作「接履」，《書鈔》卷 143、《御覽》卷 486、《冊府元龜》卷 903 引《禮記》作「戢屨」〔註 13〕，《記纂淵海》卷 11 引《禮記》作「輯履」〔註 14〕。鄭玄注：「輯，斂也。斂屨，力憊不能屨也。」鄭說非是，陸德明、孫希旦、朱彬、段玉裁、桂馥、朱駿聲皆取鄭說〔註 15〕，胥失考也。輯、戢、接，並讀爲扱、插〔註 16〕，專指足插進去穿鞋，則作專字䟗，蘇合切〔註 17〕。《說文》：「䟗，進足有所擷取也。」《玉篇》：「䟗，先荅切，進足有所拾。」戢其履，謂䟗其履而行。今吳語曰「拖鞋搭腳」，「搭」即「䟗」音轉〔註 18〕。石光瑛曰：「《說文》：『戢，臧兵也。』臧、斂

〔註 13〕《書鈔》據孔廣陶本，陳本、四庫本同今本。

〔註 14〕《記纂淵海》據《北京圖書館古籍珍本叢刊》第 71 冊，書目文獻出版社 1998 年版，第 67 頁。四庫本在卷 56，引作「茸履」。

〔註 15〕孫希旦《禮記集解》，中華書局 1989 年版，第 298 頁。朱彬《禮記訓纂》，中華書局 1996 年版，第 155 頁。段玉裁《說文解字注》，上海古籍出版社 1981 年版，第 721 頁。桂馥《說文解字義證》，齊魯書社 1987 年版，第 189 頁。朱駿聲《說文通訓定聲》，武漢市古籍書店 1983 年版，第 107 頁。

〔註 16〕《淮南子・齊俗篇》：「中國歃血。」《類聚》卷 33 引「歃」作「唼」，《御覽》卷 430、480 引「歃」作「唼」，《列子・湯問》《釋文》引作「㛐血」。《史記・平原君列傳》：「王當歃血而定從。」《類聚》卷 73 引「歃」作「唼」。《玄應音義》卷 8：「唯嗟（嗖）：又作唼，同。所甲反。書亦作歃。」此接、插相通之證。

〔註 17〕參見蕭旭《「抌届」考》，收入《群書校補（續）》，花木蘭文化出版社 2014 年版，第 2058～2063 頁。

〔註 18〕《古典學集刊》匿名審稿專家指示，「䟗」字在方言中普遍使用，如北京官話、中原官話、江淮官話、吳語、閩語，可參許寶華、宮田一郎主編《漢語方言

義近……戩正字，輯、接皆叚字。本書《刺奢篇》『於是伊尹接履而趨』，與此同義，猶今俗言跂履矣。」〔註19〕石氏引《說文》以申鄭注，亦非是，而解爲「跂履」，則得之象外，而猶隔於古音也。《韓詩外傳》卷2文同《新序·刺奢》，聞一多曰：「『接』與『插』通。言履無跟，但以足插入，曳之而行也。」〔註20〕屈守元曰：「本書卷9：『夫志不得，則搋履而適秦楚耳（從趙校本）。』疑此『接』字亦『搋』字之誤。《玉篇》：『搋，挾也。』即其義也。或云：接，疾。履，步也。接履而趨，猶言疾步而趨。其義亦通。」〔註21〕聞一多說至確，屈氏二說皆誤，其前說改字，尤爲無據，且挾履而適秦楚，有此理乎？《外傳》卷9，明沈氏刊本、四庫本作「授履」，《書鈔》卷136、《御覽》卷498引同，《文選·爲范尚書讓吏部封侯第一表》李善注引作「受履」，《御覽》卷773引作「搋履」。聞一多曰：「『授』當作『扱』，《御覽》引作『搋』，《佩文韻府》引作『投』，皆字之誤也。『扱』、『插』通。『扱履』猶『接履』也。」〔註22〕朱季海曰：「今謂『授』當作『接』，《新序·刺奢》云云。」〔註23〕屈守元曰：「俞謂『搋履』爲『輭履』，其說極爲牽強。聞一多謂與『接履』同，近是。」〔註24〕聞說、朱說皆通，《說苑·尊賢》作「納履」，納者入也，「納履」與「跂履」同誼。

《誠廉》校補

（1）樂正與爲正，樂治與爲治

按：二「與」，王利器曰：「與猶助。」《莊子·讓王》作「樂與政爲政，樂與治爲治」，二「與」字誤倒於上。徐仁甫謂當依《莊子》，偵矣。

（2）上謀而行貨，阻兵而保威也

大詞典》，中華書局1999年版，第4836頁。謹致謝忱！
〔註19〕石光瑛《新序校釋》，中華書局2001年版，第968頁。
〔註20〕聞一多說轉引自許維遹《韓詩外傳集釋》，中華書局1980年版，第59頁。
〔註21〕屈守元《韓詩外傳箋疏》，巴蜀書社1996年版，第192頁。
〔註22〕聞一多說轉引自許維遹《韓詩外傳集釋》，中華書局1980年版，第326頁。
〔註23〕朱季海《韓詩外傳校箋》，收入《學術集林》第6卷，上海遠東出版社1995年版，第79頁。
〔註24〕屈守元《韓詩外傳箋疏》，巴蜀書社1996年版，第800頁。

按：畢沅曰：「『阻丘』疑是『阻兵』。」梁玉繩曰：「《莊子‧讓王》政作『阻兵』。」《莊子》作「上謀而下行貨，阻兵而保威」，王念孫曰：「『下』字後人所加也。『上』與『尚』同。」王利器曰：「王說是。卷子本《莊子》正無『下』字。《冊府元龜》作『阻兵而葆威』，注亦作『葆』。《通鑑外紀》亦作『阻兵』。保、葆古通用。」馮振亦曰：「上、尚古通用。」〔註25〕《冊府元龜》卷805、《資治通鑑外紀》卷2皆無「下」字。《通志》卷177引作「與人謀而行貨，阻兵以威保」，《路史》卷40、《說略》卷7引作「尚謀而行貨，阻兵而保威」。

（3）以此紹殷，是以亂易暴也

高誘注：紹，續。

按：紹殷，《資治通鑑外紀》卷2、《通志》卷177、《冊府元龜》卷805同，《路史》卷40、《說略》卷7引作「治商」。「治」是「紹」形誤。

（4）與其竝乎周以漫吾身也，不若避之以潔吾行

高誘注：漫，汙。

按：俞樾曰：「『竝』字無義，疑『立』字之誤。」馮振曰：「竝從二立，謂二人竝立也。無煩改字。」〔註26〕譚戒甫曰：「竝字二立成文，固有立義，亦通作『伴』。」楊樹達曰：「俞說非也。竝與傍同，有依附之義。」趙海金曰：「竝借作傍。」陳奇猷曰：「譚、楊說是。」王利器曰：「竝謂依傍。」徐仁甫曰：「竝，傍也。」尋王先謙曰：「竝，依。」王叔岷申證王說〔註27〕。漫，《莊子‧讓王》作「塗」。成玄英疏：「塗，汙也。」漫，讀爲鏝，字亦作槾、墁，《爾雅》：「鏝謂之杇。」《說文》：「鏝，鐵杇也。槾，鏝或從木。」《廣韻》：「鏝，同『墁』。」本義是塗泥的工具，亦用作動詞塗抹義，引申則爲污染義，專字作涄，《說文》：「涄，汙也。」字亦作䵄，《廣雅》：「䵄，汙也。」《集韻》：「䵄，塗面也。」此面汙義之專字，即「涄」字的分化字。上文「豪士之自好

〔註25〕馮振《呂氏春秋高注訂補（續）》，《學術世界》第1卷第8期，1935年版，第39頁。

〔註26〕馮振《呂氏春秋高注訂補（續）》，《學術世界》第1卷第8期，1935年版，第39頁。

〔註27〕王叔岷《莊子校詮》，中央研究院歷史語言研究所專刊之八十八，1988年版，第1168頁。

者，其不可漫以汙也」，義同。「杇」之爲名，亦取塗汙爲義，《說文》：「杇，所以涂（塗）也。」潔，《路史》卷 40 引誤作「結」。

《不侵》校補

（1）公孫弘謂孟嘗君曰：「君不若使人西觀秦王。」

按：《戰國策・齊策四》作「君不以使人先觀秦王」，姚宏注：「劉本作『君何不使人先觀秦王』。」「不以」當據此文作「不若」，或據鮑本作「不如」，命令副詞，與「何不」義相因。彭鐸曰：「《齊策四》『西』作『先』，此二字古音同部，故『西施』亦作『先施』，《孟子》『洒之』即『洗之』也。」

（2）意者秦王帝王之主也，君恐不得為臣，何暇從以難之

高誘注：言不能成從以難秦也。

按：暇，猶能也。何暇，猶言何能、怎能，故高注以「不能」解之〔註28〕。

（3）秦昭王聞之，而欲醜之以辭以觀公孫

高誘注：醜，或作恥。恥，辱也。

按：陳奇猷曰：「《慎人》注：『醜猶恥也。』」趙海金曰：「《國策・齊策》醜作媿，義同。《廣雅》：『媿，恥也。』」字亦作愧，慚也。

（4）必以其血汙其衣

按：汙，《戰國策・齊策四》作「洿」，字同。

（5）寡人善孟嘗君

按：《戰國策・齊策四》同，《書鈔》卷 40 引作「常善事孟嘗君矣」。

《序意》校補

（1）夫私視使目盲，私聽使耳聾，私慮使心狂

按：《管子・任法》：「今亂君則不然，有私視也，故有不見也；有私聽也，

〔註28〕 參見蕭旭《古書虛詞旁釋》，廣陵書社 2007 年版，第 97 頁。

故有不聞也；有私慮也，故有不知也。」此《呂氏》所本。

（2）以日倪而西望知之

　　高誘注：日中而盛，昳而衰。人之盛衰於此。西望，日暮也。故曰〔日〕
　　　　　　倪而西望之也。

　按：畢沅曰：「倪與睨同，昳與昳同。」松皋圓曰：「宜作『命日促而亡知
　　　之』七字。」孫詒讓曰：「日倪猶日衰側。《廣雅》：『倪，衰也。』《莊
　　　子‧天下篇》云：『日方中方睨。』與此義同。」劉如瑛曰：「望，向
　　　也。」松氏妄改，全無章法。畢、孫、劉說皆確，而孫說猶未盡。王
　　　念孫曰：「《說文》：『睨，衺視也。』《中庸》云：『睨而視之。』睨與
　　　倪同義。《莊子‧天下篇》云：『日方中方睨。』是日斜亦謂之睨也。」
　　　〔註29〕此孫說所本。日衰之專字作睨，字亦作施、虒、睨、昵、兒
　　　〔註30〕。陳奇猷曰：「孫謂《莊子》『日方中方睨』與此同義則非……
　　　《莊子》與此文不同義。」孫謂「睨」與「倪」二字義同，非謂二文
　　　義同，陳駁孫未得。方向東曰：「倪為霓之通假字，字又作蜺，蜺為
　　　日旁氣。」〔註31〕其說誤矣。

（3）長者吾且有事

　　高誘注：言將殺襄子。

　按：高注訓且為將，可通。《文選‧東阿王牋》李善注引無「吾」字，《冊府
　　　元龜》卷881同。畢沅、蔣維喬等謂無「吾」字是，陳奇猷從其說；吳
　　　闓生、松皋圓謂當有「吾」字。吳、松說是，「吾」與「長者」是同位
　　　主語。且，猶今也，字亦作徂〔註32〕，亦通。下文「子且為大事」，徐
　　　仁甫指出《選》注引「且」作「今日」。

（4）少而與子友，子且為大事，而我言之，是失相與友之道

　按：《文選‧東阿王牋》李善注引無「是」字、下「友」字；《冊府元龜》卷
　　　881無「是」字，下「友」作「交友」。

〔註29〕王念孫《廣雅疏證》，收入徐復主編《廣雅詁林》，江蘇古籍出版社1992年版，
　　　　第181頁。
〔註30〕參見蕭旭《〈越絕書〉校補（續）》，收入《群書校補（續）》，花木蘭文化出版
　　　　社2014年版，第1106～1107頁。
〔註31〕方向東《孫詒讓訓詁研究》，中華書局2007年版，第130頁。
〔註32〕訓見裴學海《古書虛字集釋》，中華書局1954年版，第671頁。

《有始覽》卷第十三校補

《有始》校補

（1）羊腸

高誘注：羊腸，其山盤紆譬如羊腸，〔在太原晉陽縣北〕。

按：注「在太原晉陽縣北」七字，畢沅據《文選・苦寒行》李善注引補，檢《選》注引無「縣」字，《御覽》卷 38 引同。《戰國策・西周策》高誘注：「羊腸，趙險塞名也，山形屈辟，狀如羊腸，今在太原晉陽之西北。」王念孫改注「譬」作「屈辟」〔註1〕。陳奇猷曰：「證以《西周策》注，疑原作『其山盤紆屈辟如羊腸』。先脫去『屈』字，後人因改『辟』為『譬』以求通，遂成今本。《御覽》、《選》注見『譬』字贅，因刪之耳。」王、陳說是也。屈辟，猶言卷屈、折疊、皺縮。鮑彪引高注作「趙險塞，山形屈折如羊腸」。辟亦作襞，《說文》：「詘，詰詘也，一曰屈襞。」《廣雅》：「疊、襞、縐，詘也。」《三國志・倉慈傳》裴松之注引《魏略》：「燉煌俗，婦人作裙，攣縮如羊腸。」〔註2〕「攣縮」是其誼也。《太平寰宇記》卷 147：「羊腸山在縣南七十里，高一

〔註1〕 王念孫《呂氏春秋校本》，轉引自張錦少《王念孫〈呂氏春秋〉校本研究》，《漢學研究》第 28 卷第 3 期，2010 年出版，第 314 頁。

〔註2〕 《御覽》卷 696 引同，《齊民要術序》引亦同；《御覽》卷 820 引「攣」誤作「率」，明鈔本《齊民要術序》誤作「孿」，繆啓愉、石聲漢已訂正。繆啓愉《齊民要術校釋》，農業出版社 1982 年版，第 7 頁。石聲漢《齊民要術今釋》，科學出版社 1958 年版，第 6 頁。

千三百丈，其山盤屈如羊腸之狀。」「盤屈」是「盤紆屈辟」略語。《淮南子・修務篇》高誘注：「魚腸，文理屈辟若魚腸者，良劍也。」「魚腸」是其比。《御覽》卷 344 引《淮南畢萬術》作「文繞屈譬」，「譬」亦「辟」之誤，與此正同。

（2）西北方曰厲風

按：厲風，《淮南子・墜形篇》作「麗風」。陳奇猷曰：「麗、厲疊韻。」亦作「颲風」，《初學記》卷 1、《御覽》卷 9 引《風俗通》：「猛風曰颲。」《御覽》有注：「颲，列音。」

《應同》校補

（1）黃帝之時，天先見大螾大螻

高誘注：大螻，螻蛄。螾，蚯蚓。皆土物。

按：大螾大螻，《類聚》卷 98 引作「大螻螾」，《漢書・郊祀志》如淳注引作「大螻大螾」。螾，《路史》卷 6 作「蝘」。蝘亦蚯蚓，即蚓、螾音轉。《廣韻》：「蝘，蚯蚓，吳、楚呼爲寒蝘。」《集韻》：「蝘，蟲名，蚯蚓也，吳、楚呼爲寒蝘，或作蚓。」今吳語尚呼爲「寒蝘」。

（2）故其色尚黃

按：尚，《類聚》卷 98 引作「上」，下同。

（3）及湯之時，天先見金刃生於水

按：於，《路史》卷 6 同，《類聚》卷 98 引作「八」，蓋誤。

（4）類固相召，氣同則合，聲比則應

按：《董子・同類相動》：「百物其去所與異，而從其所與同。故氣同則會，聲比則應，其驗皦然也。」《漢書・公孫弘傳》：「臣聞之：『氣同則從，聲比則應。』」《漢紀》卷 11 二「則」下有「相」字。皆本於《呂氏》。許維遹曰：「『類固』當作『類同』，《召類篇》云『類同相召』，尤爲明證。」陳奇猷曰：「許據《召類》改此，而陳昌齊則據此以改《召類》。案作『固』作『同』皆可通，未知孰是？」王利器曰：「許說非是。固

猶自也。」楊樹達曰：「『類固相召』冒下二句言之，許未瞭呂氏原文之義。」楊明照曰：「『固』字未誤。『固』為助詞，此句乃包『氣同則合，聲比則應』二句言，非與之平列也。《莊子·山木篇》：『物固相累，二類相召也。』亦可證。」作「同」字是，《意林》卷 2 引《召類篇》亦作「同」，《路史》卷 6 誤作「固」。《論衡·寒溫》云「同氣共類，動相招致」，即「類同相召」之誼。

（5）山雲草莽，水雲角鱴

按：角鱴，孫志祖、畢沅據唐、宋人所引及《淮南子·覽冥篇》改作「魚鱗」。蔣維喬等指出《類聚》卷 1、《書鈔》卷 150、《御覽》卷 8、《紺珠集》卷 7 引作「魚鱗」。隋·杜公瞻《編珠》卷 1「日迴鳥翼，雲起魚鱗」條引亦作「魚鱗」，《初學記》卷 1、《事類賦注》卷 2 引同，《說郛》卷 35 引虞裕《談撰》、又卷 108 引邵諤《望氣經》、《海錄碎事》卷 1 引《拾遺記》亦同。《晉書·石季龍載記》：「有白雲如魚鱗。」梁·王筠《春日詩》：「風生似牛角，雲上若魚鱗。」亦其旁證。《字學呼名能書·該韻》：「鱴，如海切。」〔註 3〕不知何據？陳奇猷曰：「疑『角鱴』本當作『魚鱴』，即『魚麗』。『鱴』本字，『麗』假字。」「鱴」字古籍所無，陳氏臆造本字，其說殊誤。

（6）故以龍致雨，以形逐影。師之所處，必生棘楚。禍福之所自來，眾人以為命，安知其所

按：本書《召類》：「以龍致雨，以形逐影。禍福之所自來，眾人以為命焉，不知其所由。」「由」字衍。《董子·同類相動》：「故以龍致雨，以扇逐暑。軍之所處，〔生〕以棘楚，美惡皆有從來，以為命，莫知其處。」〔註 4〕《論衡·感虛》：「故以龍致雨，以刑（形）逐暑，皆緣五行之氣，用相感勝之。」又《寒溫》：「故曰以形逐影，以龍致雨。雨應龍而來，影應形而去，天地之性，自然之道也。」皆本《呂氏》。孫蜀丞曰：「『以刑逐暑』義不可通。『刑』當作『形』（形、刑古通）。『暑』當作『景』。《寒溫篇》云：『故曰以形逐影（元本作『景』），以龍致雨。』《呂氏春秋·有始篇》、《召類篇》並云：『以龍致雨，以形逐影。』是

〔註 3〕《字學呼名能書·該韻》，同治陝西明誠堂刻本，第 8 頁。
〔註 4〕「生」字據蘇輿《春秋繁露義證》說補，中華書局 1992 年版，第 359 頁。

其證。又按：『刑』或『扇』字之訛。《春秋繁露·同類相動篇》云云。」
〔註5〕許維遹說同孫氏，陳奇猷從許說。孫氏前說是，《董子》「景」
誤作「暑」，因又改「形」作「扇」以求通〔註6〕；蘇輿改《感虛》「刑」
作「扇」〔註7〕，譚戒甫謂此文當作「以扇逐暑」，皆非是。

（7）夫覆巢毀卵，則鳳凰不至；刳獸食胎，則麒麟不來；乾澤涸漁，則龜龍不往

按：《大戴禮記·易本命》：「故帝王好壞巢破卵，則鳳凰不翔焉；好竭水搏魚，則蛟龍不出焉；好刳胎殺夭，則麒麟不來焉；好塡谿塞谷，則神龜不出焉。」《治要》卷36引《尸子·明堂》：「覆巢破卵，則鳳皇不至焉；刳胎焚夭，則騏驎不往焉；竭澤漉魚，則神龍不下焉。」《戰國策·趙策四》：「臣聞之，有覆巢毀卵，而鳳皇不翔；刳胎焚夭，而騏驎不至。」《家語·困誓》：「丘聞之，刳胎殺夭，則麒麟不至其郊；竭澤而漁，則蛟龍不處其淵；覆巢破卵，則鳳凰不翔其邑。」《淮南子·本經篇》：「刳胎殺夭，麒麟不游；覆巢毀卵，鳳皇不翔。」《文子·上禮》：「刳胎焚郊（夭），覆巢毀卵，鳳凰不翔，麒麟不遊。」《史記·孔子世家》：「丘聞之也，刳胎殺夭，則麒麟不至郊；竭澤涸漁，則蛟龍不合陰陽；覆巢毀卵，則鳳皇不翔。」《說苑·權謀》：「丘聞之，刳胎焚夭，則麒麟不至；乾澤而漁，蛟龍不遊；覆巢毀卵，則鳳凰不翔。」《論衡·指瑞》：「剝巢破卵，鳳皇為之不翔；焚林而畋，漉池而漁，龜龍為之不遊。」《公羊傳·宣公元年》何休注：「古者刑不上大夫，蓋以為摘巢毀卵，則鳳凰不翔；刳胎焚夭，則麒麟不至。」皆可以互證。畢沅曰：「『覆巢』舊誤倒，今乙正。『往』疑當作『住』，此有韻。」畢氏乙作「覆巢」，陳奇猷從之，是也。畢氏改「往」作「住」則誤，楊樹達已駁之。

（8）凡人之攻伐也，非為利，則因為名也

按：王念孫曰：「《召類篇》『因』作『固』，是也。」王說非是，《御覽》卷305引亦作「因」。《荀子·富國》：「凡攻人者，非以為名，則案以為利

〔註5〕 孫人和《論衡舉正》，上海古籍出版社1990年版，第20頁。
〔註6〕 《類聚》卷69、89、《御覽》卷702、《事類賦注》卷14、《爾雅翼》卷9引已誤作「以扇逐暑」。
〔註7〕 蘇輿《春秋繁露義證》，中華書局1992年版，第359頁。

也，不然，則忿之也。」此本書所本。案，字亦作安，猶乃也。因亦猶乃也〔註8〕。

（9）名實不得，國雖彊大，者曷為攻矣

按：陳奇猷曰：「『者』字當衍，《召類》無。」徐仁甫曰：「者猶則也，曷猶無也。《召類篇》作『國雖強大，則無爲攻矣』。舊讀『者』上屬，非也。」徐說是，《御覽》卷 305 引正作「則」字。

《去尤》校補

（1）世之聽者，多有所尤，多有所尤則聽必悖矣

按：《治要》卷 39、《長短經·忠疑》「則」作「即」，並有注：「尤，過也。」言多有所誤聽。劉咸炘曰：「尤，過也，蔽也。」其說是也。馮振、許維遹、徐仁甫讀尤爲圉〔註9〕，陳奇猷謂「尤」爲「肬」初形，即今贅疣字，皆非也。

（2）相其谷而得其鈇

舊校：一作「拑其舌而得其鈇」。

按：畢沅據《列子·說符》校「相」作「拘」。范耕研曰：「《治要》引作『掘』，掘即拘字。但『相』字亦可通。相，視也。《治要》『谷』下有注『谷，坑』二字。」陳奇猷從范氏後說訓視。王叔岷曰：「畢改是也。《治要》、《長短經·忠疑篇》引拘並作掘，拘即古掘字。『拑其舌』亦『拘其谷』之誤。」徐仁甫亦引《長短經》。范氏前說、王說是也，拘、掘並讀爲搰，王念孫、王筠並指出《列子》「拘」同「搰」，王念孫曰：「扲、掘、拘聲並相近。」〔註10〕另詳《節喪篇》校補。「相」、「拑」並「拘」形誤。《列子釋文》：「拘，胡沒切，古掘字，又其月切。一本作相，非也。」《意林》卷 2、《永樂大典》卷 10286 引《列子》作「拘」〔註11〕，

〔註8〕 參見蕭旭《古書虛詞旁釋》，廣陵書社 2007 年版，第 31 頁。

〔註9〕 馮振《呂氏春秋高注訂補（續）》，《學術世界》第 1 卷第 9 期，1935 年版，第 11 頁。

〔註10〕 王念孫《廣雅疏證》，收入徐復主編《廣雅詁林》，江蘇古籍出版社 1992 年版，第 196 頁。王筠《說文解字句讀》，中華書局 1988 年版，第 484 頁。

〔註11〕 《意林》據指海本、武英殿聚珍本，道藏本誤作「拘」，四庫本誤作「相」。

《記纂淵海》卷 7、25 引《列子》作「相」〔註12〕，其誤與此正同。《御覽》卷 763 引《列子》作「於」，亦誤。

（3）邾之故法，為甲裳以帛

高誘注：以帛綴甲。

按：高注，《御覽》卷 356 引同，《長短經·忠疑》作「以帛綴」，王叔岷指出《初學記》卷 22 引作「以組連甲」。

（4）且組則不然

按：且，猶而也〔註13〕，轉折之辭。《御覽》卷 356、819 引刪「且」字。于鬯曰：「『且』即『組』借字，此當衍其一。」彭鐸、徐仁甫並曰：「且猶若也。」王利器從彭說。彭說亦通，于說則誤。

（5）人有傷之者曰：「公息忌之所以欲用組者，其家多為組也。」

按：蔣維喬等曰：「《治要》有注『傷，敗』二字。」《長短經·忠疑》有注「傷，敗也」三字。多為組，《治要》卷 39、《御覽》卷 356、819 引同，王利器、王叔岷指出《長短經·忠疑》其上多「為甲裳」三字。

（6）邾君不說，於是復下令，令官為甲無以組

按：蔣維喬等曰：「《治要》作『於是乎止無以組』，《御覽》卷 356 作『於是乎止官無以組』，又卷 819 無『乎』字。」《長短經·忠疑》同《治要》。《御覽》卷 819 引同卷 356，有「乎」字，蔣氏失檢。王叔岷指出今本下「令」字當作「止」。「止」誤作重文符號，後人因改作「令」字。

（7）為組與不為組，不足以累公息忌之說也

按：范耕研曰：「《治要》引有注曰：『累，猶辱也。』」《長短經·忠疑》有注：「累，辱也。」累謂拖累、困苦，引申訓辱。陳奇猷曰：「累無辱訓。疑『累』為『縛』字之壞誤。」陳氏妄改，不足信也。《御覽》卷 356、819 引皆作「累」字。

〔註12〕《記纂淵海》據《北京圖書館古籍珍本叢刊》本，第 71 冊，書目文獻出版社 1998 年版，第 53、123 頁。四庫本在卷 55、59，卷 55 引作「拍」不誤。
〔註13〕參見裴學海《古書虛字集釋》，中華書局 1954 年版，第 660 頁。

（8）魯有惡者，其父出而見商咄

高誘注：惡，醜。

按：王叔岷指出《意林》卷 2 引作「魯有醜者，其父出見美者商咄」。陳奇猷引《禮記‧大學》：「諺有之曰：『人莫知其子之惡，莫知其苗之碩。』」其說同於清人焦袁熹《此木軒四書說》卷 1、臧庸《拜經日記》卷 4（王利器已引臧說）〔註14〕。

（9）外有所重者，泄蓋內掘

按：《莊子‧達生》作「凡外重者內拙」，《列子‧黃帝》作「凡重外者拙內」，《淮南子‧說林篇》作「是故所重者在外，則內為之掘」。《淮南》高誘注：「所重謂金與玉。掘律，氣不安翔（詳）。」陳奇猷、張雙棣以「律氣不安詳」為「掘」之釋語，皆未得其讀〔註15〕，王利器句讀不誤。掘律，屈曲鬱結也，狀不平之貌。字亦作「屈律」等形〔註16〕。陳昌齊校《淮南》，謂「掘」讀為拙，劉文典從其說。陳昌齊謂「泄」疑為「也」字之譌。馮振曰：「作拙者用正字，作掘者用借字。泄蓋內掘，謂其氣浮而外溢，則其內必拙。」〔註17〕陳奇猷曰：「重猶累也。泄有狃弄之意。蓋猶則也。掘、拙字通。陳氏非是。」王叔岷、劉如瑛謂「泄」字衍。陳奇猷泄訓狃弄，則是讀為媟〔註18〕。諸家讀掘為拙，則是以為「巧拙」之拙。疑皆未得。泄，讀為曳、抴，猶言牽引，今言影响。「蓋」從陳奇猷說訓則、乃。句謂其心於外有所看重者，受其影响，則其氣於內為之屈律，不能心平氣和也。

〔註14〕 焦袁熹《此木軒四書說》卷 1，收入景印文淵閣《四庫全書》第 210 冊，臺灣商務印書館 1986 年初版，第 528 頁。臧庸《拜經日記》卷 4，收入《續修四庫全書》第 1158 冊，上海古籍出版社 2002 年版，第 79 頁。

〔註15〕 張雙棣《淮南子校釋》（增定本），北京大學出版社 2013 年版，第 1774 頁。下引陳昌齊、劉文典說亦轉引於此。

〔註16〕 參見蕭旭《淮南子校補》，花木蘭文化出版社 2014 年版，第 550 頁。

〔註17〕 馮振《呂氏春秋高注訂補（續）》，《學術世界》第 1 卷第 9 期，1935 年版，第 11 頁。

〔註18〕 《方言》卷 13：「媟，狃也。」

《聽言》校補

（1）聽言不可不察

> 按：許維遹曰：「《治要》引『聽』上有『凡』字，『察』下有注云：『察者詳
> 也。』」《長短經·忠疑》亦有「凡」字。

（2）《周書》曰：「往者不可及，來者不可待，賢明其世，謂之天子。」

> 按：陳奇猷曰：「《鼂錯傳》作『來者猶可待』，均通。又作『能明其世者，
> 謂之天子』，此文『賢』爲『能』之訛，又脫『者』字耳。」裘錫圭曰：
> 「銀雀山殘簡：『往者不可及，來者不可侍（待），能明其世者，胃（謂）
> 之天子。』《呂氏春秋》『能』訛爲『賢』，《漢書·鼂錯傳》訛作『來
> 者猶可待』，都應據簡文改正。」〔註19〕銀雀山殘簡是《六韜》佚文，
> 作「猶」作「不」，蓋傳聞之異，未可遽定「猶」字爲誤〔註20〕。

（3）夫流於海者，行之旬月，見似人者而喜矣；及其朞年也，見其所
嘗見物於中國者而喜矣。夫去人滋久，而思人滋深歟

> 按：《莊子·徐無鬼》：「子不聞夫越之流人乎，去國數日，見其所知而喜；
> 去國旬月，見所嘗見於國中者喜；及期年也，見似人者而喜矣。不亦
> 去人滋久，思人滋深乎？」《釋文》：「越，遠也。」爲此文所本。此文
> 「見似人者而喜矣」與「見其所嘗見物於中國者而喜矣」當據《莊子》
> 互易。離開剛旬月，則見到所曾見過的人就很高興；一年後，則見到
> 似人者就已很高興了，不必是熟人，敘述層次分明。劉如瑛謂「夫、
> 非一聲之轉」。

《謹聽》校補

（1）昔者禹一沐而三捉髮，一食而三起

> 按：捉，《治要》卷39、《御覽》卷395、《黃氏日抄》卷56引同，《御覽》

〔註19〕 裘錫圭《考古發現的秦漢文字資料對於校讀古籍的重要性》，收入《裘錫圭學
術文集》卷4，復旦大學出版社2012年版，第360頁。

〔註20〕 參見蕭旭《〈銀雀山漢墓竹簡（一）〉校補》，收入《群書校補（續）》，花木蘭
文化出版社2014年版，第112頁。

卷 82 引作「握」。《淮南子・氾論篇》:「一饋而十起,一沐而三捉髮。」
高誘注:「饋者食也。」《列女傳》卷 1:「一食而三吐哺,一沐而三握
髮。」《說苑・敬愼》:「一沐而三握髮,一食而三吐哺。」《治要》卷
43 引《說苑》「握」作「捉」。《史記・魯世家》:「一沐三捉髮,一飯三
吐哺。」《韓詩外傳》卷 3「捉」作「握」。《劉子・誠盈》:「夏禹一饋
而七起,周公一沐而三握髮。食不遑飽,沐不及晞。」劉釗把「捉(握)」
解作「握乾」、「擰乾」〔註21〕。

(2) 愉易平靜以待之,使夫自得之;因然而然之,使夫自言之

舊校:「得」一作「以」,「言」一作「寧」。

按:得,《路史》卷 22 同,《治要》卷 39 引作「以」,有注:「以,用。」
言,《治要》引同,《路史》作「寧」。彭鐸指出作「寧」失韻。愉,和
也。陳奇猷謂愉訓薄,非是。

(3) 耳之可以斷也,反性命之情也

高誘注:反,本。

按:「反」同「返」,猶言回歸,故高注訓本。陳奇猷曰:「反,違也。」非
是。下文云「今夫惑者,非知反性命之情」,不知本於性命之情,故謂
之惑,苟如陳說,其可通乎?

(4) 不知而自以為知,百禍之宗也

高誘注:宗,本也。夫不知者而自以爲知,則反於道,百禍歸之,故曰
百禍之宗也。

按:禍,讀爲過。本書《別類》:「過者之患,不知而自以爲知。」

(5) 賢者之道,牟而難知,妙而難見

高誘注:牟,猶大也。賢者之道,礫落不凡,惟義所在,非不肖所及,
故難知也。

按:章太炎曰:「牟當借爲瞀,闇也。此但取幽闇難識之義,猶妙爲微妙
耳,非『愚闇』之闇也。」陳奇猷從其說。高注是,王利器已駁章說。

〔註21〕劉釗《談「一沐三捉髮」的「捉」》,《復旦學報》2013 年第 6 期;又收入《書
馨集》,上海古籍出版社 2013 年版,第 357~368 頁。

《說文》無「妙」字，古借「眇」爲之。眇，小也，故引申訓微妙。「牟」與「妙」相對，自當訓大。《淮南子・齊俗篇》：「樸至大者無形狀，道至眇者無度量。」正以「大」與「眇」相對舉。又《精神篇》：「無外之外至大也，無內之內至貴也。」高誘注：「言天無有垠外，而能爲之外，諭極大也。無內，言其小。小無內，而能爲之內，道尚微妙，故曰至貴。」又《精神篇》：「能知大貴，何往而不遂？」高誘注：「大貴謂無內之內也。言道至微，能出入於無間。」《文子・九守》同。「大貴」云者，亦「大」與「眇」也。《玉篇》：「牟，大也。」漢《魯相韓勑造孔廟禮器碑》：「天與厥福，永享牟壽。」王念孫曰：「牟壽，大壽也。《呂氏春秋・謹聽篇》高注云：『牟，猶大也。』《太平御覽・工藝部十一》引《淮南》注亦云：『牟，大也。』陳氏子文《金石遺文錄》謂牟壽即眉壽，非是。」〔註22〕牟有大義，故蛑爲大蟲，麰爲大麥，劢爲努力，其義一也。

（6）以兵相殘，不得休息

舊校：休，一作暫。

按：陳奇猷曰：「《觀世》仍作『休』。殘假爲戔，滅也。」《觀世》「殘」作「劗」，高誘注：「劗，滅。」另詳《知士篇》校補。

（7）故欲求有道之士，則於四海之內，山谷之中，僻遠幽閒之所

按：四海之內，蔣維喬等據《觀世》校作「江海之上」，陳奇猷舉《莊子・天道》、《刻意》以證之，是也。《莊子・讓王》：「中山公子牟謂瞻子曰：『身在江海之上，心居乎魏闕之下，奈何？』」本書《審爲》同。《淮南子・俶眞篇》：「是故身處江海之上，而神游魏闕之下。」亦皆其證。

（8）太公釣於滋泉

按：梁履繩曰：「《水經・渭水上注》引作『茲泉』。」孫志祖曰：「《御覽》卷70、834並作『茲泉』。」王利器曰：「《史記・齊太公世家》《正義》引亦作『茲』。」景宋本《御覽》卷70引作「滋泉」，孫氏失檢。《廣

〔註22〕王念孫《漢隸拾遺》，收入《讀書雜志》卷15，中國書店1985年版，本卷第91頁。

韻》「釣」字條、《記纂淵海》卷 84、《古今事文類聚》前集卷 37 引亦作「茲泉」。

《務本》校補

（1）將眾則罷怯

高誘注：罷，勞也。怯，無勇。

按：本書《審分》：「用以勇敢而堙以罷怯。」《淮南子·俶眞篇》：「勇力聖知與罷怯不肖者同命。」「罷怯」與「勇敢」、「勇力」對舉成義。罷讀爲疲，故高注訓勞，謂疲軟。罷怯即疲怯，謂疲軟懦怯不任事也。陳奇猷曰：「高訓罷爲勞，非也。罷蓋敗之假字。」其說誤也。

（2）若此而富者，非盜則無所取

按：言不盜，則無所取財而富也。陳奇猷於「取」上補「不」字，殊誤。

（3）己，所制也，釋其所制，而奪乎其所不制，誖

按：陶鴻慶曰：「『奪』當爲『奮』字之誤。奮猶矜也。」陳奇猷謂「奪」訓奪取，陶說誤。徐仁甫引《淮南子·主術篇》「釋己之所得爲，而責於其所不得制，悖矣」，謂此文「奪」爲「責」誤。陳說是，「奪」即強取義，與「責」義近。本字作敓，《說文》：「敓，彊取也。《周書》：『敓攘矯虔。』」今《書·呂刑》作「奪」。《廣韻》：「敓，強取也，古奪字。」字亦作挩，《戰國策·魏策三》：「兩弟無罪而再奪之國。」馬王堆帛書「奪」作「挩」。或讀奪爲掇，《說文》：「掇，拾取也。」

《諭大》校補

（1）昔舜欲旗古今而不成

舊校：旗，一作褶，一作褐。

高誘注：旗，覆也。

按：畢沅曰：「旗當與綦同，乃極盡之義。梁伯子曰：『觀注訓覆，則作褶爲是。褶即冒也。』」金其源曰：「旗，表也，猶標準也。」王利器曰：「旗與施同義。施布、施展，與旗覆義近。」陳奇猷曰：「『旗』同『旂』，

有號令之義。高訓爲覆，覆猶言統治，與號令義近。《御覽》卷 77 引作『稽』。稽，同也，亦通。」《御覽》卷 77 引作「昔舜欲稽古而不成」，蔣維喬等指出無「今」字，而失校「稽」字〔註23〕。本書《務大篇》作「昔有舜欲服海外而不成」。「旗」無覆訓，陳氏云云，殊牽強不足信。「旗」疑「撟」形誤，《說文》：「撟，一曰覆也。」

（2）地大則有常祥、不庭、歧母、群抵、天翟、不周

高誘注：常祥、不庭、歧母、天翟，皆獸名也。

按：郝懿行、俞樾、孫詒讓謂自「常祥」至「不周」六者皆山名，郝懿行且曰：「惜『天翟未得其證耳』。」〔註24〕章太炎曰：「『常祥』當即『商羊』，鳥名也。」〔註 25〕王利器謂皆獸名。郝、俞、孫說是也。孫詒讓疑「天翟」是「天穋」之誤，陳奇猷謂「天臺」音轉，皆非是。《路史》卷 5「常祥」作「堂祥」，「天翟」作「大翟」。翟，讀爲狄，指狄山。《山海經·海外南經》：「狄山，帝堯葬於陽，帝嚳葬於陰。」疑即是此山。本書《古樂》：「因令鳳鳥、天翟舞之。」王利器謂與本文同，或誤，此「天翟」指翟雉。

（3）山大則有虎豹熊螇（蝯）蛆

按：馬敘倫疑「熊」下脫「羆」字，是也，《路史》卷 5 正有「羆」字。

（4）季子曰：「燕雀爭善處於一屋之下，子母相哺也，姁姁焉相樂也，自以為安矣，竈突決，則火上焚棟，燕雀顏色不變，是何也？乃不知禍之將及已也。」

按：爭善處，本書《務大》同，《類聚》卷 80、92、《御覽》卷 869、《事類賦注》卷 8 引無「爭善」二字，《御覽》卷 922、《古今事文類聚》後集卷 45、《古今合璧事類備要》別集卷 73 引無「善」字，《孔叢子·論勢》、《通鑑》卷 5 亦無「爭善」二字。馬敘倫謂「善」字衍文，松皋圓引或說改「善」作「棲」，已爲陳奇猷所駁。姁姁，《務大》作「區區」，《類聚》卷 92、《御覽》卷 922、《事文類聚》引作「呴呴」，《孔

〔註23〕蔣維喬等《呂氏春秋彙校補遺》，《制言》第 33 期，1937 年版，本文第 10 頁。
〔註24〕郝懿行《山海經箋疏》卷 14，中國書店 1991 年版，本卷第 6 頁。
〔註25〕章太炎《膏蘭室札記》卷 1，收入《章太炎全集（1）》，上海人民出版社 1982 年版，第 134 頁。

叢子》作「煦煦」，《通鑑》亦作「呴呴」。高誘注：「區區，得志貌也。」胡三省注：「呴，或作姁，音况羽翻，康吁句切。」梁履繩曰：「『區』乃『嘔』之省，姁、呴、嘔、煦並同。」馬敘倫曰：「『姁姁』當作『欨欨』，《說文》曰：『欨，一曰笑意。』」陳奇猷曰：「此係象音，姁、區同音，皆可通用。馬改作『欨』，太泥。」王利器曰：「姁姁，和好貌。」諸字並讀為欨，《說文》：「欨，吹也。」指以身體相溫暖，與上「子母相哺」相應。馬氏引《說文》一說，未切。陳氏謂象聲詞無本字，尤不確當。「竈突決，則火上焚棟」八字，《務大》作「竈突決上，棟焚」，《類聚》卷 80 引作「竈突決，火上棟宇」，《類聚》卷 92 引作「竈突決，火上，棟宇將焚」，《御覽》卷 869 引作「竈突決火，棟將焚」，《御覽》卷 922、《事文類聚》、《事類備要》引作「突決上，焚棟宇」，《事類賦注》引作「竈突決，火起，棟將焚」，《孔叢子》作「竈突決上，棟宇將焚」，《通鑑》作「竈突炎上，棟宇將焚」，《記纂淵海》卷 42 引《孔叢子》作「竈突炎上，棟宇將焚」，《三國志・薛綜傳》裴松之注引《漢晉春秋》作「突決棟焚」。疑今本「火」當作「炎」，同「焰」。《務大》「上」上脫「炎」字。

（5）為人臣免於燕雀之智者寡矣

按：孫蜀丞據《御覽》卷 922 引，於「免」上補「能」字，謂《務大》作「而」古通，陳奇猷從其說。景宋本《御覽》卷 922、《類聚》卷 92 引無「能」字。

《孝行覽》卷第十四校補

《孝行》校補

（1）人主孝，則名章榮，下服聽，天下譽

按：《御覽》卷 77 引「孝」上衍「尊」字。定州漢簡《儒家者言》簡 999：「故人主孝，則名口口。」〔註1〕亦無「尊」字。

（2）士民孝，則耕芸疾，守戰固，不罷北

按：孫志祖曰：「《御覽》卷 77 引『罷』作『敗』。」蔣維喬等曰：「芸，《御覽》卷 77 引作『耘』。」陳奇猷曰：「芸、耘字通。罷蓋假爲敗。」朱起鳳曰：「罷、敗一聲之轉。」〔註2〕《治要》卷 39 引二字作「芸」、「疲」，《御覽》卷 822 引亦作「耘」。疾，猶言勉力。

（3）務本，莫貴於孝

按：貴，《初學記》卷 17、《御覽》卷 413 引作「過」，蓋臆改。

（4）夫執一術而百善至，百邪去，天下從者，其惟孝也

按：善，《治要》卷 39 引誤作「喜」。從，《隋書·孝義傳》、《北史·孝行傳》引作「順」。

〔註1〕定州漢簡《〈儒家者言〉釋文》，《文物》1981 年第 8 期，第 19 頁。
〔註2〕朱起鳳《辭通》卷 24，上海古籍出版社 1982 年版，第 2691 頁。

（5）曾子曰：「身者，父母之遺體也。行父母之遺體，敢不敬乎？居處不莊，非孝也；事君不忠，非孝也；莅官不敬，非孝也；朋友不篤，非孝也；戰陣無勇，非孝也。五行不遂，災及乎親，敢不敬乎？」

高誘注：篤，信也。

按：曾子語亦見大小戴《禮記》。《禮記·祭義》「莅」作「涖」，「朋友不篤」作「朋友不信」；《大戴禮記·曾子大孝》「父母」作「親」，「朋友不篤」亦作「朋友不信」。《治要》卷7引《禮記》亦作「莅」，古通用。陳奇猷據《務本》「交友不篤」，改「朋」作「交」，非是。高誘訓篤爲信，即據大小《禮記》而說。字本作竺、篤，《說文》：「竺，厚也。」又「篤，厚也。」謂信之厚也。

（6）父母生之，子弗敢殺；父母置之，子弗敢廢；父母全之，子弗敢闕

高誘注：置，立。闕，猶毀。

按：廢、置對舉，廢猶棄也。定州漢簡《儒家者言》簡1842：「〔父母〕置之，子不敢摵也。」〔註3〕劉嬌謂摵是投棄義，舉《方言》卷10：「拌，棄也，楚凡揮棄物謂之拌，或謂之敲，淮汝之閒謂之投。」郭璞注：「敲，今汝穎閒語亦然，或云摵也。」《廣雅》：「摵，投也。」〔註4〕其說是也。字亦作蹶，《淮南子·覽冥篇》：「棄捐五帝之恩刑，推蹶三王之法籍。」蹶亦捐也。「推摵」、「棄捐」同義對舉。《漢書·敘傳》《答賓戲》：「是故魯連飛一矢而蹶千金，虞卿以顧眄而捐相印也。」李奇曰：「蹶，蹹也，距也。」《文選》同，呂延濟注：「蹶，棄也。」胡紹煐曰：「蹶，當讀爲摵。《廣雅》、《方言》云云。是摵有揮棄義，此言飛一矢而揮千金也。」〔註5〕呂、胡說是。至於其語源，錢繹曰：「摵、敲一聲之轉。」〔註6〕錢氏以雙聲說之。余謂讀爲出，本書《忠廉》：「殺身出生以徇之。」高注：「出，去也。」猶言棄去。「出生」

〔註3〕定州漢簡《〈儒家者言〉釋文》，《文物》1981年第8期，第19頁。
〔註4〕參見劉嬌《讀河北定縣八角廊竹書〈儒家者言〉小札》，《語言研究集刊》第9輯，上海辭書出版社2012年版，第316頁。
〔註5〕胡紹煐《文選箋證》卷29，黃山書社2007年版，第790頁。
〔註6〕錢繹《方言箋疏》，上海古籍出版社1984年版，第570頁。

即棄生。

（7）不虧其身，不損其形

　按：《禮記・祭義》作「不虧其體，不辱其身」，《大戴禮記・曾子大孝》
　　　作「不虧其體」，脫四字。辱亦折傷、虧損之義。

（8）君子無行咫步而忘之

　按：咫步，《禮記・祭義》、《大戴禮記・曾子大孝》作「頃步」。鄭玄注：「頃
　　　當爲跬，聲之誤也。」盧辯注：「跬當聲誤爲頃。」

《本味》校補

　　王利器撰有《〈呂氏春秋・本味篇〉校注》，中國商業出版社 1987 年版，
余未見，所引王說皆據後出的《注疏》。

（1）有侁氏女子採桑，得嬰兒于空桑之中

　　高誘注：侁讀曰莘。

　按：蔣維喬等曰：「《類聚》卷 88、《御覽》卷 62、394、955、酈道元注《水
　　　經》、李善注《文選・辯命論》引『侁』作『莘』。『莘』、『侁』皆『妵』
　　　之假借。《說文》『侰』下、《御覽》卷 360 引復作『有侁』。」王利器
　　　曰：「《文選・辯命論》注、《列子・天瑞篇》注、《帝範》注、《事類賦》
　　　卷 7、《押韻釋疑》卷 47 引俱作『莘』。」宋刻本《類聚》卷 88、《事
　　　類賦注》卷 7 引皆作「侁」〔註7〕，蔣、王二氏所據乃俗本耳。《史記・
　　　殷本紀》《索隱》引作「侁」，《記纂淵海》卷 95 引作「莘」，《金樓子・
　　　志怪》亦作「莘」。《路史》卷 3、《黃氏日抄》卷 56、梁玉繩、沈祖緜、
　　　范耕研謂「空桑」是地名。于鬯、陳奇猷、王利器皆駁此說。考《錦
　　　繡萬花谷》前集卷 16 引《尚書大傳》：「伊尹母方孕，行汲，化爲枯桑，
　　　其夫尋至水濱，見桑穴中有兒，乃收養之。」《楚辭・天問》：「水濱之
　　　木，得彼小子。夫何惡之？媵有莘之婦。」（二例于鬯、王利器已及）

〔註7〕《類聚》據南宋紹興本，四庫本作「莘」。《事類賦注》據《北京圖書館古籍
　　　珍本叢刊》本，書目文獻出版社 1998 年版，第 75 冊，第 380 頁。四庫本誤
　　　作「洗」。

空者孔也，「空桑」即「桑穴」。化爲枯桑，故有桑穴也。屈子亦以爲木名。

（2）其君令烰人養之

高誘注：烰猶庖也。

按：《文選‧辯命論》李善注引同今本，《事類賦注》卷 7 引作「命庖人養之」，《類聚》卷 88 引作「君令乳之」，《御覽》卷 955 引作「君命乳之」，《御覽》卷 394 引刪「烰人」二字。

「乳之」蓋即「烰人養之」脫誤。惠棟曰：「烰與庖通，一作炮，炮與烰一也。」朱駿聲曰：「烰，假借爲庖。」馬敘倫、朱起鳳說同朱氏〔註8〕。陳奇猷從馬說，王利器從惠、馬說。沈祖緜曰：「烰，火氣上行之貌。此句當作『其君令人烰養之』，是恐嬰兒寒，倚人身取暖爾。」考《列子‧天瑞》張湛注引《傳記》作「令庖人養之」（王叔岷已及），《古今合璧事類備要》前集卷 32 引《列女傳》同。《水經注‧伊水》：「昔有莘氏女采桑于伊川，得嬰兒于空桑中……其母化爲空桑，子在其中矣。莘女取而獻之，命養于庖，長而有賢德。」《說文繫傳》「烰」字條云：「烰人，庖人也。」《說郛》卷 85 引釋適之《金壺字考》：「烰人：『烰』、『庖』同。」皆可證高誘、惠棟等說。伊尹由庖人撫養長大，故亦得庖人技藝，因爲庖人而干湯。《莊子‧庚桑楚》：「是故湯以胞人籠伊尹。」《釋文》：「胞，本又作庖。」《御覽》卷 764、922 引作「庖人」。《孟子‧萬章上》：「伊尹以割烹要湯。」《墨子‧尚賢中》：「伊摯，有莘氏女之私臣，親爲庖人，湯得之，舉以爲己相。」孫詒讓曰：「胞、烰並庖之借字。」〔註9〕「烰」當是「炮」異體，猶言炮炙、燒烤。睡虎地秦簡《日書》甲種：「犬恒夜入人室，執丈人，戲女子，不可得也，是神狗僞爲鬼。以桑皮爲口口之，烰而食之，則止矣。」「烰」即「炮」。轉爲名詞，則作專字「庖」。《韓子‧內儲說下》：「晉平公觴客，少庶子進炙而髮繞之，平公趣殺炮人，毋有反令。」（上舉例證，王利器多已及之）「炮人」是本字，《漢書》、《後漢書》則借「胞人」爲之。

〔註8〕 朱駿聲《說文通訓定聲》，武漢市古籍書店 1983 年版，第 272 頁。朱起鳳《辭通》卷 5，上海古籍出版社 1982 年版，第 447 頁。

〔註9〕 孫詒讓《墨子閒詁》，中華書局 2001 年版，第 59 頁。

（3）夢有神告之曰：「臼出水而東走，毋顧。」明日，視臼出水，告其
鄰，東走十里，而顧其邑盡為水

按：二「東走」，《唐開元占經》卷 114 引《帝王世紀》作「遠走」、「走東」。
而東走，《論衡・吉驗》作「疾東走」。而，猶即也，此表示疾速義。本
書《貴直》：「吾今見民之洋洋然東走而不知所處。」艾蔭範謂二例「東」
字不是方位詞，而是「外出」、「外逃」義〔註10〕，殊無訓詁理據。

（4）故黃帝立四面，堯、舜得伯陽、續耳然後成

高誘注：黃帝使人四面出求賢人，得之立以為佐，故曰立四面也。伯
　　　　陽、續耳皆賢人，堯用之以成功也。

按：畢沅曰：「續耳，《尸子》、《韓非子》作『續牙』，《漢書・人表》作『續
身』，皆隸轉失之。」梁玉繩謂「續牙」是。陳奇猷曰：「『牙』、『耳』、
『身』形皆相近，必有二者為誤字，然未知何二者為誤耳。梁氏謂『身』、
『耳』為誤，失之武斷。」梁氏說是，古人多以「牙」取名〔註11〕。
黃帝立四面者，諸家已引《鶡子》、《尸子》、《管子》等，馬王堆帛書
《十六經・立命》：「（黃帝）作自為象，方四面，傅一心。」「牙」、「身」
形近易譌，「穿」本作「穿」，是其例。

（5）鍾子期曰：「善哉乎鼓琴，巍巍乎若太山。」

按：巍巍，《韓詩外傳》卷 9、《說苑・尊賢》、《風俗通義・聲音》、《御覽》
卷 577 引《家語》同〔註12〕，《列子・湯問》作「峩峩」。

（6）鍾子期又曰：「善哉乎鼓琴，湯湯乎若流水。」

按：蔣維喬等曰：「《類聚》卷 44、《文選・洞簫賦》李善注『湯湯』作『洋
洋』，明刊《初學記》卷 16 作『蕩蕩』，《御覽》卷 579 作『茫茫』，音
義並通。」王利器曰：「《韓詩外傳》作『洋洋』，《風俗通義》作『湯
湯』，《管子・侈靡篇》：『蕩蕩若流水。』『湯湯』即『蕩蕩』也。」湯
湯，《說苑・尊賢》、《御覽》卷 577 引《家語》同，《四分律行事鈔批》
卷 2、《類聚》卷 44、《記纂淵海》卷 78、《古今事文類聚》續集卷 22

〔註10〕艾蔭範《「東」的「外方」義》，《中國語文》1991 年第 1 期，第 73～74 頁。
〔註11〕參見蕭旭《韓非子校補》，花木蘭文化出版社 2015 年版，第 251 頁。
〔註12〕《事類賦注》卷 11 引《家語》亦同，下同。

引作「洋洋」，《列子‧湯問》、《止觀輔行傳弘決》卷 8 亦作「洋洋」，《文選‧舞賦》李善注引《列子》作「湯湯」。洋、湯音轉，作「茫茫」則誤。《論語‧泰伯》、《韓詩外傳》卷 9 皆以「巍巍」與「蕩蕩」對文，亦其比也。

（7）鍾子期死，伯牙破琴絕絃，終身不復鼓琴

按：蔣維喬等曰：「《類聚》卷 44、《御覽》卷 579『破』作『擗』。按：破、擗雙聲義通。《西京賦》注：『擗，破裂也。』」《文選‧報任少卿書》、《與吳質書》、《廣絕交論》、《琴賦》、《洞簫賦》、《答盧諶》李善注六引仍作「破」，《初學記》卷 16、《書鈔》卷 109、《後漢書‧陳元傳》李賢注引亦同，《說苑‧尊賢》、《風俗通義‧聲音》、《御覽》卷 577 引《家語》亦同，《四分律行事鈔批》卷 2、《記纂淵海》卷 78、《古今事文類聚》續集卷 22 引作「擗」，《韓詩外傳》卷 9 亦作「擗」，《後漢書‧尹敏傳》李賢注、《御覽》卷 409、《記纂淵海》卷 49 引《說苑》並作「屛」。「屛」字譌。考《漢書‧揚雄傳》：「是故鍾期死，伯牙絕絃破琴而不肯與眾鼓。」《淮南子‧修務篇》：「故鍾子期死，而伯牙絕絃破琴，知世莫賞也；惠施死，而莊子寢說言，見世莫可爲語者也。」《說苑‧談叢》：「鍾子期死，而伯牙絕絃破琴，知世莫可爲鼓也；惠施卒，而莊子深瞑不言，見世莫可與語也。」《後漢紀》卷 8 引「鍾子期死，伯牙破琴；惠施沒，莊周杜門。」皆作「破」字。本書作「破」，《外傳》作「擗」。「擗」同「擘」，剖裂也。

（8）非獨琴若此也，賢者亦然。雖有賢者，而無禮以接之，賢奚由盡忠？猶御之不善，驥不自千里也

高誘注：若不知御者御驥，驥亦不爲之從千里也。

按：陳奇猷曰：「高蓋訓自爲從，非是。自讀『自我』之自……則驥必不自馳而致千里也。」陳說是，然增「馳而致」三字以足其義，尚未知此文有脫字。王叔岷疑「自」下脫「至」字，是也。《說苑‧尊賢》作「驥不自至千里者，待伯樂而後至也」，正有「至」字。《說苑》無「無禮」之「禮」，向宗魯曰：「《呂氏》『禮』字亦後人妄加，說見《呂氏札記》。」〔註13〕

〔註13〕向宗魯《說苑校證》，中華書局 1987 年版，第 184 頁。向氏《呂氏札記》未見。

（9）湯得伊尹，祓之於廟，爝以爟火，釁以犧猳

　　高誘注：釁，以牲血塗之曰釁。

按：《說文》「爝」字條引「猳」作「豭」，同。本書《贊能》：「（管子）至齊境，桓公使人以朝車迎之，祓以爟火，釁以犧猳焉。」高誘注：「殺牲以血塗之爲釁。」惠士奇曰：「古熏字多作釁。『鬯人釁鬯』，『大祝隋釁』，『女巫釁浴』，皆當讀爲熏。案《齊語》：『三釁三浴。』韋注云：『釁或爲熏。』《呂氏春秋》云云，《風俗通》引之，作『熏以萑葦』，劉昭亦以此註《後漢志》矣。《漢書》：『豫讓釁面吞炭。』顏注云：『釁，熏也。以毒藥熏之。』是古熏多作釁之明文也。」〔註14〕「釁」、「熏」古同音，此文當是指血祭，取高說。《風俗通義・祀典》引作「祓之於廟，薰以萑葦」，《御覽》卷 1000 引作「拔（祓）之於廟，煇（燻）以萑葦」，「萑」爲「萑」俗譌字。「萑葦」即蘆葦，非所以薰也，疑有脫文，當作「薰以犧猳，爝以萑葦」。《通志》卷 3、《資治通鑑外紀》卷 2 作「祓之於廟，照之以爝，釁以犧猨」。工利器曰：「猨當是豭字之誤。」

（10）設朝而見之

按：蔣維喬等曰：「《書鈔》卷 142、143『而見之』作『見之禮』。劉師培以《書鈔》引勝今本，是也。與上文『雖有賢者，而無禮以接之』義蓋相承。惟《御覽》卷 849 亦無『禮』字。」陳奇猷曰：「劉、蔣說非是。設朝者，佈置朝廷行禮也。」王利器曰：「設朝，猶《開春論》言『張朝』。」諸說皆非是，此當從《後漢書・馮衍傳》李賢注引皇甫謐《帝王紀》作「設朝禮而見之」，今本「朝」下脫「禮」字。《書鈔》引作「設朝見之禮」，「禮」則誤倒在下。《御覽》卷 849 引作「設朝見之」，《通志》卷 3、《資治通鑑外紀》卷 2 同今本，則宋人已脫「禮」字矣。《管子・輕重乙》：「乃誡大將曰：『百人之長，必爲之朝禮，千人之長，必拜而送之，降兩級。』」此「朝禮」之說也。桓公使人以朝車迎管子，亦朝禮之一。《漢書・王褒傳》：「齊桓設庭燎之禮，故有匡合之功。」顏師古注引應劭曰：「有以九九求見桓公……於是桓公設庭燎之禮而見之。」亦其比。郝懿行曰：「《說文》：『爝，苣火祓也。呂

〔註14〕惠士奇《禮說》卷 6，收入《叢書集成三編》第 24 冊，新文豐出版公司 1997 年版，第 344 頁。

不韋曰：「湯得伊尹，爝以爟火，釁以犧猳。」』是知爝即苣，苣即庭
燎，庭燎即燭，並以葦竹作束，灌以蜜膏，如今世火把之形，不與蠟
燭同也。」〔註15〕湯爝以爟火（薰以萑葦）以見伊尹，亦即設庭燎之
禮而見之也。

（11）（伊尹）說湯以至味，湯曰：「可對而為乎？」

按：《書鈔》卷 143、《御覽》卷 849 引作「可得為之乎」，《通志》卷 3、《資
治通鑑外紀》卷 2 作「可得而為之乎」。畢沅、許維遹、蔣維喬謂「對」
當據《書鈔》、《御覽》作「得」。俞樾謂「對」字衍，「可而」即「可
以」。于省吾讀對為遂，訓「因」。陳奇猷亦讀對為遂，訓「即時」。
諸說並誤。古書「對」讀遂，是顯揚義，不得轉為「因」、「即」二義。
《廣雅》：「對，當也。」又「對，嚮（向）也。」〔註16〕對而為，猶
言當面而製作也。諸書未達厥誼，妄改作「得」字，不可從也。

（12）時疾時徐

按：《書鈔》卷 142 引同，《御覽》卷 849 引作「時其疾徐」。

（13）水居者腥，肉玃者臊，草食者羶

高誘注：肉玃者，玃挐肉而食之謂，鷹鵰之屬，故其臭臊也。

按：玃，《酉陽雜俎》卷 7 同，《御覽》卷 849 引作「攫」。《集韻》：「玃，《說
文》：『爪持也。』或作攫。」又「攫、玃，搏也，或從犬。」「攫挐」
是二漢人習語，又倒作「挐攫」，《文選·魯靈光殿賦》：「奔虎攫挐以梁
倚，仡奮豐而軒鬐。」李善注引《羽獵賦》：「熊羆之挐攫。」又引李尤
《辟雍賦》：「萬騎躑跼以攫挐。」本當作「攫挐」，《說文》：「挐，牽引
也。」又「挐，持也。」當作「挐」訓持為是，音女加切，俗作「拿」
字。《漢書·揚雄傳》《解嘲》：「攫挐者亡，默默者存。」顏師古注：「攫
挐，妄有搏執牽引也。」《玉海》卷 111 引後漢李尤《辟雍賦》：「興雲
動雷，飛屑風雨，萬騎躑跼以攫挐。」又倒作「挐攫」，《漢書·揚雄傳》
《羽獵賦》：「熊羆之挐攫，虎豹之凌遽。」顏師古注：「挐，牽引也。
攫，搏持之也。」顏氏挐訓牽引，皆誤。《文選·西京賦》：「熊虎升而

〔註15〕 郝懿行《證俗文》卷 3，收入《續修四庫全書》第 192 冊，上海古籍出版社
　　　　2002 年版，第 437 頁。
〔註16〕 《慧琳音義》卷 2 引「嚮」作「向」。

挐攫，猨狄招而高援。」方以智曰：「攫挐，通作『攫搦』、『捉搦』，後
轉爲『婭拿』。郝氏以世俗『捉拿』合之，是也，而未知其原。」〔註17〕

（14）減腥去臊除羶

按：《書鈔》卷 142 引作「滅腥去臊」，《御覽》卷 849 引作「減腥去臊」，皆
脫「除羶」二字。「減」是「滅」形誤。「腥」是「胜」俗字。

（15）五味三材，九沸九變，火之為紀

高誘注：五味，鹹、苦、酸、辛、甘。三材，水、木、火。

按：《御覽》卷 849 引同，《酉陽雜俎》卷 7 亦同，《文選·七命》：「味重九
沸，和兼勺藥。」李善註引作「五味三和」，「三和」涉正文而誤。《書
鈔》卷 142 二引傅玄《七謨》：「公子曰：『三禾九變，五味八珍。玄水
朱火，蕙藉桂薪。』」「禾」亦「材」之誤。火之爲紀，畢沅等據《御
覽》卷 849、869 引乙作「火爲之紀」，是也，《類聚》卷 80、《書鈔》
卷 142、《事類賦注》卷 8 引亦作「火爲之紀」。《文選》李注引又誤作
「爲火之紀」。《路史》卷 5：「九變七化，火爲之紀。」

（16）口弗能言，志弗能喻

高誘注：鼎中品味，分齊纖微，故曰不能言也。志意揆度，不能論說。

按：喻，《御覽》卷 849 引作「論」。「論」當是「諭」形誤。高注云「諭
說」，是所見本亦作「諭」字。

（17）甘而不噥

舊校：噥，一作壞。

按：畢沅謂「噥」當據《酉陽雜俎》卷 7 作「嚘」，許維遹、蔣維喬、陳
奇猷、胡吉宣皆從其說〔註18〕，並謂「嚘」借爲「餲」，引《說文》：
「餲，猒也。」《集韻》「餲，食甘甚也」，引此文作「餲」。諸說並是
也，段玉裁引此文徑改作「嚘」，云：「嚘即餲字。」〔註19〕《玉篇殘

〔註17〕方以智《通雅》卷 7，收入《方以智全書》第 1 冊，上海古籍出版社 1988 年
版，第 293 頁。
〔註18〕胡吉宣《玉篇校釋》，上海古籍出版社 1989 年版，第 1029 頁；又參見胡吉宣
《〈玉篇〉引書考異》，收入《語言文字研究專輯》（上），《中華文史論叢增刊》，
上海古籍出版社 1982 年版，第 124 頁。
〔註19〕段玉裁《說文解字注》，上海古籍出版社 1981 年版，第 221 頁。

卷》：「䬫，胡郭反。《呂氏春秋》：『伊尹曰：甘而不飿，肥而不䬫。』」
又「飿，於縣反。《說文》：『飿，猒也。』野王案：《大戴禮》『飲酒
而醉，食皮而飿』是也。或爲肙字，在《月部》。《字書》或爲嚥字，
在《口部》。」（王貞珉已略引《玉篇殘卷》）《玉篇》：「嚥，於縣切，
《呂氏春秋》云：『伊尹曰：甘而不嚥。』謂食甘。」《集韻》：「䬫、
嘆：無味也，伊尹曰：『甘而不飿，肥而不䬫。』或從口。」亦其證。
《酉陽雜俎》卷7：「甘而不嚥，酸而不嚛，鹹而不減，辛而不糯（爍），
淡而不薄，肥而不膩。」即本於本書。《類聚》卷87引魏文帝詔群臣
說蒲萄解酒云：「甘而不飿，酸而不脆，冷而不寒。」〔註20〕《御覽》
卷972、《古今事文類聚》後集卷25、《古今合璧事類備要》別集卷41
引「飿」同，《御覽》、《事文類聚》有注：「飿，爲縣切。」《全芳備
祖》後集卷9、《證類本草》卷23、《會稽志》卷17引魏文帝詔「飿」
誤作「飴」，《酉陽雜俎》卷18誤同〔註21〕。俗字亦作䭀，《龍龕手鑑》：
「䭀，俗。飿，正。厴飽也。」俞樾謂「嚥」訓味厚，松皋圓謂「嚥」
即「濃」字，已爲蔣維喬、陳奇猷所駁。

（18）酸而不酷

按：《類聚》卷87引魏文帝詔作「酸而不脆」〔註22〕，《證類本草》卷23
引魏文帝詔作「酸而不酢」，《酉陽雜俎》卷7作「酸而不嚛」，《雜俎》
卷18言葡萄作「酸而不酢」〔註23〕。此文「酷」指酸味濃烈，又音
轉作「嚛」，與「酢」同義。《急就篇》第3章顏師古注：「大酸謂之酢。」
嚴可均據《玉篇》改「酷」作「嚛」〔註24〕，非是。《玉篇》：「嚛，
大啜曰嚛。伊尹曰：『酸而不嚛。』」《集韻》：「嚛，《說文》：『食辛嚛。』
伊尹曰：『酸而不嚛。』」皆本於本書，而釋義皆誤。字亦作醂，《廣雅》：
「醂，酢也。」「醂」字各本皆脫，王念孫所補，云：「《廣韻》：『醂，
酢味也。』《玉篇》：『嚛，火沃切。伊尹曰：「酸而不嚛。」』《呂氏春
秋・本味篇》作『酸而不酷』。並聲近而義同。」〔註25〕桂馥曰：「醂

〔註20〕《類聚》據南宋紹興本，四庫本「飿」誤作「飴」。
〔註21〕《太平廣記》卷411引《酉陽雜俎》已誤作「飴」。
〔註22〕《類聚》據南宋紹興本，四庫本倒作「脆而不酸」，《御覽》卷972引倒同。
〔註23〕《太平廣記》卷411引同。
〔註24〕嚴可均《全上古三代秦漢六朝文》卷1，中華書局1958年版，第15頁。
〔註25〕王念孫《廣雅疏證》，收入徐復主編《廣雅詁林》，江蘇古籍出版社1992年版，

即囐之異文。」〔註26〕《廣韻》、《龍龕手鑑》並云:「醶,醋味。」《篆隸萬象名義》、敦煌寫卷 P.2011 王仁昫《刊謬補缺切韻》並云:「醶,酢。」《集韻》:「醶,醋也。」「醋」同「酢」。《酉陽雜俎》卷 7:「酸、醶、酮(酮)、醶,醋也。」〔註27〕又考《說文》:「囐,食辛囐也。」《玄應音義》卷 12、《慧琳音義》卷 28 引《說文》釋語作「食辛也」。P.2011 王仁昫《刊謬補缺切韻》、蔣斧印本《唐韻殘卷》並云:「囐,食新(辛)。」此「囐」是另一字,《集韻》以爲即「酸而不囐」之「囐」,非是。段玉裁曰:「囐謂辛螫。《火部》引《周書》:『味辛而不燿。』《呂覽‧本味》:『味辛而不烈。』囐與燿、烈同義。《玉篇》云:『伊尹曰:酸而不囐。』此古《伊尹》書之僅存者。『酸』疑當作『辛』。『辛而不囐』即《本味》之『辛而不烈』也。」〔註28〕段氏改字,未得。陳奇猷不知二「囐」不同,至欲改《伊尹》書「酸而不囐」作「酸而不酢,鹹而不減,辛而不囐」,亦非是。

(19) 鹹而不減瑛

按:《酉陽雜俎》卷 7 作「鹹而不減」。「醶」乃「鹹」俗字,鹽的味道,與「淡」相對。于鬯曰:「減即今俗所謂碱。古無碱字,故借減爲之。其本字當作鹻,見《說文》。或作鹸。」王利器曰:「于說是。《集韻》:『鹻,味過鹹,通作豏。』又『鹼、鹻、豏,鹹也。』今四川猶謂鹹甚曰鹹口,鹻讀入聲。」減,讀爲鹹,《爾雅》:「鹹,苦也。」郭璞注:「苦即大鹹。」味過於鹹,故近於苦味。字亦作豏、鹻、鹼,《玉篇》:「豏,鹹味也。」《廣韻》:「鹻,味苦。」《篆隸萬象名義》:「豏,鹼。」《集韻》:「鹻、鹼,味過鹹,或從感,通作豏。」「鹼」即「鹹」之分別字。字亦作鑑,《玉篇》:「鑑,鹹也。」敦煌寫卷 P.2011 王仁昫《刊謬補缺切韻》:「鑑,味苦。」《齊民要術‧羹臛法》:「煮豉,但作新琥珀色而已,勿令過黑,黑則鑑苦。」字亦作鹼,《人物志‧體別》:「夫中庸之德,其質無名。故鹹而不鹼,淡而不醬,質而不縵,文而不績。」陳奇猷讀減爲感,訓不充滿,非是。

第 627 頁。

〔註26〕 桂馥《札樸》卷 3,中華書局 1992 年版,第 103 頁。

〔註27〕 《雜俎》據趙氏脈望館本即四部叢刊本,湖北先正遺書本同,別本「醋」誤作「醋」。

〔註28〕 段玉裁《說文解字注》,上海古籍出版社 1981 年版,第 55 頁。

（20）辛而不烈

按：《酉陽雜俎》卷 7 作「辛而不㸌」。王利器指出「㸌」是「爝」形誤，
是也，四庫本又誤作「耀」。《說文》「爝」字條引《逸周書》：「味辛而
不爝。」蔣斧印本《唐韻殘卷》引《周書》同。段玉裁謂「爝」、「烈」
音轉〔註29〕。又音轉作瘌、癆，《方言》卷 3：「凡飲藥傅藥而毒，南
楚之外謂之瘌，北燕朝鮮之閒謂之癆。」郭璞注：「瘌，乖瘌。癆、瘌
皆辛螫也，音聊。」字又作剌、𤻱，《玄應音義》卷 8：「辛𤻱：《通俗
文》：『辛甚曰𤻱。』經文作剌，非體也。」又卷 18「痛𤻱」條同。又
卷 24：「果𤻱：《通俗文》：『辛甚曰𤻱。』江南言𤻱，中國言辛。」《慧
琳音義》卷 72：「果𤻱：《桂苑珠叢》云：『𤻱，辛也。』《考聲》云：
『𤻱，辛甚也。』」又音轉作屬，《說郛》卷 94 引田錫《麴本草》：「造
酒，其味辛而不屬，美而不甜。」俗作「辣」字。

（21）澹而不薄

按：《酉陽雜俎》卷 7 作「淡而不薄」。《人物志・體別》：「淡而不醴。」「淡」
同「澹」。字書未收「醴」字，「醴」疑讀為匱，《廣韻》：「匱，竭也，
乏也。」《慧琳音義》卷 22 引《廣雅》：「匱，少也。」薄亦少也。

（22）肥而不𦜕堷

按：畢沅曰：「『𦜕』字書無考。按：今人言味過厚而難入口者，有虛侯、
虛交二音，豈本此歟？」胡文英曰：「𦜕，醎甚也。吳中謂飲食醎甚曰
𦜕醎。」〔註30〕吳承仕曰：「《類篇》『𦜕』為『喉』之異文。疑《呂
氏》此字，本有本義，今不審其訓讀云何？」許維遹曰：「《集韻》引
伊尹曰『肥而不饒』，《酉陽雜俎》作『腴』，未知孰是？」陳奇猷曰：
「『𦜕』當即腴義。『腴』與『膩』義近。『𦜕』蓋『腴』之別構也。『饒』
為『腴』之假字也。畢以『𦜕』為味過厚而難入口，與此文義不洽。」
陳氏謂「𦜕」同「腴」，「饒」為「腴」借字，皆無據，又駁畢說亦非
是。「𦜕」當是「饒」形誤，《酉陽雜俎》又臆改作「腴」。《玉篇殘卷》：
「饒，胡郭反。《呂氏春秋》：『伊尹曰：甘而不噦，肥而不饒。』《埤

〔註29〕 段玉裁《說文解字注》，上海古籍出版社 1981 年版，第 481 頁。
〔註30〕 胡文英《吳下方言考》卷 6，收入《續修四庫全書》第 195 冊，上海古籍出版
社 2002 年版，第 49 頁。

蒼》：『無味也。』《字書》：『餰也。』」又「餰，子野反，《蒼頡篇》：『餰，無味也。』」胡吉宣曰：「『饇』字或作『膔』，『膔』又形誤爲「膑」耳。」〔註31〕其說是也，「饇」音胡郭反，即「饇」字，其右下旁形與「侯」相近，故致誤作「膑」字。敦煌寫卷中「獲」作「𤢖」、「𤡞」等形，「穫」作「𥠰」、「𥞇」等形〔註32〕，其右側皆似「侯」字，可以參證。敦煌寫卷 P.2011 王仁昫《刊謬補缺切韻》：「餰，無味。」《篆隸萬象名義》：「饇，餰，無味也。」蔣斧印本《唐韻殘卷》、《廣韻》並云：「饇，味薄。」《集韻》：「饇、嚄：無味也。伊尹曰：『甘而不餰，肥而不饇。』或從口。」又「饇、嚄：食無味，或從口。」《類篇》：「嚄，伊尹曰：『甘而不餰，肥而不饇。』饇或從口。」王利器引《玉篇》、《類篇》，指出「畢、吳之說皆非」。雙音詞則作「饇餰」，同義連文。《集韻》：「饇，饇餰，食無味。」又「姐，孈姐，女態。」「孈姐」當亦同源。「饇」之言瓠落、廓落，空虛也；「餰」之言粗，故皆爲味薄之義。

（23）肉之美者，猩猩之脣，玃玃之炙

高誘注：猩猩，獸名也，人面狗軀而長尾。

按：注「長尾」當作「無尾」。猩猩與猴子最大不同的地方就是沒有尾巴。《類聚》卷 95 引《荀子》作「狌狌能言笑，亦二足無尾」，今本《荀子‧非相》誤作「二足而毛」。玃玃，《書鈔》卷 142、145（二引）、《御覽》卷 863 引同，《御覽》卷 910「玃」字條引作「玃猱」，《本草綱目》卷 51 二引，一作「玃玃」，一作「玃猱」。《酉陽雜俎》卷 7：「猩脣，玃炙，鱟翠，挶腜，麋腱，述蕩之掔，旄象之約。」即本此文。作「玃猱」或「玃」皆誤。《說郛》卷 95 引謝諷《食經》作「玃炙」，亦誤。王念孫曰：「炙，讀爲『雞跖』之跖，『炙』疑『𤘌』字之誤。《說文》：『跖，脛肉也。』跖、𤘌古字通。」張錦少據王說，云：「《正字通》：『踱，跖、蹠同。』『玃玃之炙』疑本作『玃玃之踱』，『踱』後省足旁而作『炙』。」〔註33〕王氏前說讀炙爲跖是也，「踱」乃後出分別字。

〔註31〕 胡吉宣《〈玉篇〉引書考異》，收入《語言文字研究專輯》（上），《中華文史論叢增刊》，上海古籍出版社 1982 年版，第 125 頁。

〔註32〕 參見黃征《敦煌俗字典》，上海教育出版社 2005 年版，第 170 頁。

〔註33〕 張錦少《王念孫〈呂氏春秋〉校本研究》，《漢學研究》第 28 卷第 3 期，2010 年出版，第 308 頁。

《後漢書・趙壹傳》:「但關節疢動,膝炙塊（壞）潰,請俟它日。」蔡偉讀炙為跂（蹠),並指出中華書局點校本《後漢書》改「炙」作「灸」誤〔註34〕,是也。《冊府元龜》卷 903 亦作「膝炙壞潰」。

（24）肉之美者……雟㸙之翠

高誘注:鳥名也。翠,厥也。形則未聞也。

按:方以智曰:「凡鳥之尾皆曰翠,故俗作膵字。據嶲燕而論,嶲周非燕名乎?……凡鳥之岐尾者曰嶲,即雟字亦尾肉也。」〔註35〕畢沅曰:「『㸙』乃『燕』字之訛。《初學記》卷 14 與《文選・七命》注皆作『燕』。《選》注『雟』作『嶲』,則子規也。『翠』亦作『膵』,《廣雅》:『膵、髖,臋也。』《說文》作『脧,臋骨也』,訓皆相合。《玉篇》:『膵,鳥尾上肉也。』」孫志祖曰:「《文選・七命》注作『嶲燕』是也。」王念孫曰:「『雟㸙』當為『㸙燕』,『㸙』與『嶲』同。《說文》:『嶲,嶲周,燕也。』此云『嶲燕之翠』,義與《說文》合。《書鈔・酒食部四》、《御覽・飲食部十一》〔註36〕、《羽族部十》及《文選・七命》注並引作『嶲燕』。《初學記・器物部十四》引作『攜燕』,『攜』即『㸙』之譌。」蔣維喬等從王說。陳奇猷曰:「『㸙』當為『燕』字之別構。《說文》:『雟,鳥肥也。』雟㸙之翠猶言肥燕之尾肉耳。王說殊無可取。高注『厥』當即『脧』之省文。」陳氏引《說文》「雟,鳥肥也」殊誤。此文「雟㸙」當從諸家校作「嶲燕」。嶲即嶲周,亦即燕也,故此文稱作「嶲燕」,方以智說是也。《初學記》卷 26 引作「雟鷰」,《御覽》卷 863 引作「僑燕」,「雟」、「僑」亦誤。《御覽》卷 923（即王氏所引《羽族部十》）引作「嶲燕鷰之翠」（衍一「燕」字）,又引高誘注:「鳥名,翠踈。」晉・張協《七命》:「燕髀猩脣,髦殘象白。」《書鈔》卷 142 引「髀」作「脾」。唐・陸龜蒙《中酒賦》:「徒殲燕燕之髀,漫費猩猩之唇。」《埤雅》卷 13:「世傳伊尹為湯說至味云:『肉之美者,猩脣燕髀,豹胎象節。』」皆本《呂氏》此文,是「嶲燕」當指燕,而非子規,畢說

〔註34〕蔡偉《誤字、衍文與用字習慣——出土簡帛古書與傳世古書校勘的幾個專題研究》,復旦大學 2015 年博士學位論文,第 48 頁。

〔註35〕方以智《通雅》卷 45,收入《方以智全書》第 1 冊,上海古籍出版社 1988 年版,第 1337 頁。

〔註36〕引者按:當作「飲食部二十一」,即卷 863。

失之；「翠」指髀肉，此指鳥尾上的肉。《廣雅》：「臎，髾也。」王念孫曰：「《說文》：『臑，臀骨也。』臑與髾同，亦通作橛，《素問骨空論》：『灸橛骨。』王冰注云：『尾窮謂之橛骨。』《爾雅・釋鳥》：『鸉，白鷢。』郭注云：『似鷹尾上白。』鷢與髾義相近。《釋言篇》云：『臎，肥（肥）也。』字通作翠，《內則》：『舒鴈翠。』鄭注云：『翠，尾肉也。』《呂氏春秋》云云，厥亦與髾同。」〔註37〕王說皆是。《爾雅翼》卷17引《禽經》：「郤（脚）近翠者能步，郤（脚）近蒲者能擲（躑）。」《本草綱目》卷47引「翠」作「臎」。洪頤煊曰：「『臎』與『髀』字形相近因譌。」王利器曰：「《七命》正文及注文『髀』字俱『臎』字之譌。」皆非是。

（25）肉之美者……述蕩之掔

高誘注：獸名。掔讀如『棬椀』之椀。掔者，踏也，形則未聞。

按：一本「掔」作「擥」。《初學記》卷26引作「迷蕩之腕」，《酉陽雜俎》卷7、《御覽》卷863引作「述蕩之掔」，《御覽》有注：「掔，音牽，獸名。」俞樾曰：「字當作掔，即腕字也。」譚戒甫引《說文》「掔，手掔」以證高注，是也，俗作捥、腕，「掔」乃借字。方以智引高誘注作「掔，蹈也」，云：「（掔）當是挐。」〔註38〕「挐」亦俗字。王念孫謂注「踏」疑「蹯」，即獸之腳掌，與手掌一也。

（26）肉之美者……旄象之約

高誘注：約，節也。以旄牛之尾，象獸之齒，以飾物也。一曰：約，美也。旄象之肉美，貴異味也。

按：旄，《文選・七命》李善注、《初學記》卷29、《御覽》卷890、《爾雅翼》卷18引作「髦」，並讀爲犛，俗字亦作牦、犘〔註39〕。《玉篇殘卷》：「《楚辭》：『主伯九約。』王逸曰：『約，屈也。』野王案：謂屈節也。《呂氏春秋》『旄象之約』是也。」方以智曰：「蓋『約』，通小

〔註37〕王念孫《廣雅疏證》，收入徐復主編《廣雅詁林》，江蘇古籍出版社1992年版，第515～516頁。

〔註38〕方以智《通雅》卷46，收入《方以智全書》第1冊，上海古籍出版社1988年版，第1382頁。

〔註39〕參見陳鱣《簡莊疏記》卷17，收入《續修四庫全書》第1157冊，上海古籍出版社2002年版，第290頁。

便處也。」〔註40〕畢沅曰:「《楚辭・招魂》:『主伯九約。』王逸注:『約,屈也。』」梁玉繩曰:「《五雜俎》云:『約即鼻也。』此說似勝。」清人程林《醫暇巵言》卷上:「約即鼻也。」〔註41〕蓋亦取《五雜俎》之說。洪頤煊曰:「『約』當為『白』,聲之誤也。《文選・七命》:『髦殘象白。』《詩・韓奕》《正義》引陸璣《疏》:『熊脂謂之熊白。』則旄、象之脂皆可謂之白也。」姚永概曰:「『約』字當是『胎』字之誤。」胡紹煐曰:「《考工記》注:『帴,讀如羊豬帴之帴。』賈疏曰:『俗以豬脂為冊,素干反。』似漢時有以脂為帴者。《眾經音義》十七之三引《通俗文》云:『在腰曰肪,在胃曰冊。冊,脂也,謂腸冊脂也。』殘與帴、冊音同。然則冊為正字,殘與帴皆同音之假。崔駰《博徒論》曰:『鷲臛羊殘。』羊殘即鄭讀所謂羊帴,亦脂也。脂,髓也。《說文》:『髓,骨中脂也。』……《呂覽・本味篇》高注:『一曰:約,美也。』美即脂也,謂旄象之脂也。《太玄・童》:『出泥入脂。』范注:『脂,美也。』可證。白亦脂也。殘、白皆脂名,故《呂覽》陳肉之美,並舉旄象之約矣。」〔註42〕周拱辰曰:「約,尾也。《呂氏春秋》:『肉之美者,旄象之約。』九約,言九尾也。」〔註43〕雷學淇曰:「《呂覽・本味》云:『旄象之約。』據王逸《楚辭》注及許氏《說文》,約即尾也,故《禮》云『旄舞』(《楚詞・招魂》云:『土伯九約。』王注:『約,屈也。』屈即《說文》屔字,今尾字也)。」〔註44〕劉盼遂曰:「《楚辭・招魂》『土伯九約。』王逸注:『約,屈也。』《呂氏春秋・本味篇》:『肉之美,旄象之約。』高注:『飾也。』按約亦屈也。皆斥其尾也。又疑約為要之借字。今人謂內腎曰要,豬要、雞要皆為佳膳,疑亦古語也。」〔註45〕于鬯曰:「約蓋讀為灼,炙也。高解兩說都非。」

〔註40〕 方以智《通雅》卷46,收入《方以智全書》第1冊,上海古籍出版社1988年版,第1382頁。《正字通》引注說同。

〔註41〕 程林《醫暇巵言》卷上,重訂曹氏醫學大成本,第31頁。

〔註42〕 胡紹煐《文選箋證》卷25,黃山書社2007年版,第695頁。所引賈疏語,乃出陸氏《釋文》,胡氏誤記。

〔註43〕 周拱辰《離騷草木史》卷9,收入《續修四庫全書》第1302冊,上海古籍出版社2002年版,第169頁。

〔註44〕 雷學淇《介菴經說》卷3《毛詩》,收入《續修四庫全書》第176冊,上海古籍出版社2002年版,第131頁。

〔註45〕 劉盼遂《說文漢語疏》,《國學論叢》第1卷第2號,1927年版,第117頁;又收入《劉盼遂文集》,北京師範大學出版社2002年版,第504頁。

章太炎讀約為魪，高亨讀約為肑，訓腹下肉。陳奇猷曰：「約即腰也。」
劉盼遂、陳奇猷、徐仁甫讀「約」為「要（腰）」是也，今俗語稱為
「腰子」；但陳奇猷改《韓子・喻老》「旄象豹胎」作「旄象約胎」則
大誤〔註46〕。畢沅改高注「約，節也」作「約，節也」，陳奇猷從之，
非是；顧野王解為「屈節」；《埤雅》卷 13 引伊尹為湯說至味作「豹
胎象節」，亦取顧說，此「節」字不誤之證。

（27）流沙之西，丹山之南，有鳳之丸，沃民所食

　　高誘注：丸，古「卵」字也。二處之表，有鳳皇之卵。

按：丸，《書鈔》卷 142、《本草綱目》卷 49 引作「卵」〔註47〕，《海錄碎
　　事》卷 22 引作「圓」，注作「圓，古卵字」。《書鈔》卷 142 引崔駰《七
　　依》：「丹山鳳卵，粵澤龍胎。」又引劉劭《七華》：「煮丹穴之卵，炰
　　南海之蠵。」皆本此文，亦作「卵」字。《山海經・大荒西經》：「有沃
　　之國，沃民是處。沃之野，鳳鳥之卵是食，甘露是飲。」正作「卵」
　　字。「卵」指鳳的蛋。王利器謂指睪丸，非是。

（28）魚之美者，洞庭之鱄，東海之鮞

　　高誘注：鱄、鮞，魚名也，一云魚子也。

按：王念孫曰：「『鱄』當作『鱄』，《士喪禮》曰『魚鱄鮒九』。」許維遹據
　　張本改「鱄」作「鱄」。譚戒甫據《玉篇》謂「鱄」即江豚。蔣維喬等
　　曰：「鱄、鮒音義並通。松皋圓云『鱄即鮒』，是也。《御覽》卷 937
　　引此正作『鮒』。《酉陽雜俎》、劉邵《七華》皆云『洞庭之鮒』。張本
　　作『鱄』，段注《說文》引亦作『鱄』，皆誤。《廣韻》云：『鱄，出洞
　　庭溫湖。』疑亦誤。《荊州記》云：『荊州有美鮒，踰於洞庭溫湖。』
　　亦足證洞庭所出為鮒也。」所引劉邵《七華》「洞庭之鮒」，《書鈔》卷
　　145、《御覽》卷 937、《事類賦注》卷 29、《剡錄》卷 10 引如此，《類
　　聚》卷 57 引作「鱄」。陳奇猷從蔣說，是也。《埤雅》卷 1、《會稽志》
　　卷 17、《本草綱目》卷 44 引此作「鮒」，《御覽》卷 939 引作「縛」，《埤
　　雅》卷 13 引伊尹為湯說至味作「鱄」。「鱄」「縛」皆誤字。《埤雅》云：
　　「鮒，小魚也，即今之鯽魚……然則以相即也謂之鯽，以相附也謂之

〔註46〕參見蕭旭《韓非子校補》，花木蘭文化出版社 2015 年版，第 93 頁。
〔註47〕《書鈔》據孔本，陳本仍作「丸」。

鮒。」《會稽志》云：「鯽，一名鮒。鮒，小魚也。……越人謂鯽喜聚遊，鯽言相即，鮒言相附。」《類聚》卷57引後漢‧崔駰《七依》：「洞庭之鮒，灌水之鱮。」〔註48〕《御覽》卷937引《神異經》：「東南海中有恒洲，有溫湖，鮒魚生焉。長八尺，食之宜暑而辟風寒。」周‧庾信《謝趙王賚乾魚啓》：「況復洞庭鮮鮒，溫湖美鯽。」二句所述是一事，即用此典。皆其證也。《集韻》、《類篇》：「鱒，朱遄切，魚之美者。」皆因襲《廣韻》之誤也。

（29）醴水之魚，名曰朱鱉，六足，有珠百碧

　　高誘注：醴水在蒼梧，環九疑之山，其魚六足，有珠如蛟皮也。

按：《御覽》卷939引作「魚之美者，澧水之魚，名曰珠鱉，六足，有珠」，注作「澧水在蒼梧九疑之西」。《慧琳音義》卷20引作「朱鱉六足有珠」，又卷85引作「醴水中蟲名爲朱鱉」，《本草綱目》卷45引作「澧水魚之美者，名曰珠鱉，六足，有珠」。考《山海經‧東山經》：「葛山之首，無草木，澧水出焉，東流注於余澤，其中多珠蟞魚，其狀如肺而有目，六足有珠，其味酸甘，食之無癘。」《御覽》卷939引作「珠鱉」。郭璞注引此作「澧水之魚，名曰朱蟞，六足，有珠，魚之美也」。「珠蟞」、「朱鱉」即「珠鱉」。《初學記》卷8引《南越志》：「海中多朱鱉，狀如肺，有四眼六腳而吐珠。」《北戶錄》卷1：「醴水之魚名朱鱉，六足，有珠。」皆無「百碧」二字。宋‧梅堯臣《還柳瑾祕丞詩編》：「吳洲逢朱鱉，腹有百碧遺。」即用此典，然則梅氏所見有「百碧」二字也。碧，疑讀爲琲（琲）。《玉篇》：「琲，珠五百枚也，亦作璀（璀）。」〔註49〕敦煌寫卷P.2011王仁昫《刊謬補缺切韻》：「琲，珠五百枚，亦作璀。」《廣韻》：「璀，《埤蒼》云：『珠百枚曰璀。』孫權貢珠百璀。璀，貫也。又云：珠五百枚也，亦作琲。」《集韻》：「琲，珠百枚曰琲。一說：珠十貫爲一琲。或書作璀。」《御覽》卷626引魏文帝《與王朗書》：「孫權重遣使稱臣，奉貢明珠百篚，黃金千鎰。」「篚」是「琲」之譌，當據《廣韻》訂正，蔣斧印本《唐韻殘卷》「璀」字條雖有殘缺，然「貢珠百璀」四字尚可辨識。「百碧」二字，惠棟刪之，梁履繩、嚴可均改作「若碧」，郝懿行改作「青碧」（許維遹從其說），于鬯讀爲「白

〔註48〕《書鈔》卷142引同。

〔註49〕胡吉宣《玉篇校釋》校「璀」作「璀」，上海古籍出版社1989年版，第144頁。

碧」，彭鐸改作「而碧」（王利器從其說），陳奇猷讀爲「百朋」，疑皆未得。

（30）指姑之東

舊校：指，一作「枯」。

高誘注：指姑乃姑餘，山名也。在東南方。

按：畢沅曰：「《齊民要術》卷 10 引作『括姑』，則『枯』亦『括』之訛。」蔣維喬等曰：「唯張本作『括』，與《齊民要術》引正同。畢校疑『枯』爲『括』之訛，疑亦非是。《御覽》卷 976 引亦作『枯姑』。」陳奇猷曰：「『指』、『枯』、『括』皆形近，未知孰是？」作「括姑」是，乃「括樓」、「苦蔞」、「蛞蝓」、「果蠃」轉語。王利器曰：「《山海經》作『合虛』，括、合雙聲，姑、虛疊韻，『括姑』即『合虛』之轉音，作『括姑』是。」

（31）餘瞀之南

舊校：瞀，一作「督」。

按：蔣維喬等曰：「《齊民要術》卷 10『瞀』作『脅』。」陳奇猷曰：「『餘瞀』當即《恃君》之『餘靡』。『督』字形誤。」《齊民要術》引仍作「餘瞀」，《御覽》卷 976 引同，《類聚》卷 82 引作「餘務」。「務」、「瞀」古通。「餘瞀」當是「恂愗」、「佝愗」、「怉愗」、「瞉瞀」、「瞉瞀」、「瞉霿」、「婺瞀」、「區霿」、「溝瞀」、「傋霿」、「婁務」、「雛瞀」音變，取鄙吝無識爲義〔註50〕。

（32）浸淵之草

高誘注：浸淵，深淵也，處則未聞。

按：浸，讀爲深。《史記・西南夷傳》：「其旁東北有勞浸。」《漢書・西南夷傳》、《通鑑》卷 21「浸」作「深」。

（33）和之美者，陽樸之薑，招搖之桂

高誘注：陽樸，地名，在蜀郡。招搖，山名，在桂陽。

〔註50〕 參見蕭旭《新語校補》，收入《群書校補（續）》，花木蘭文化出版社 2014 年版，第 535～536 頁。

按：蔣維喬等曰：「劉本及《齊民要術》卷 10『樸』作『樸』，《御覽》卷 977
作『僕』。」

《齊民要術》卷 10、《本草綱目》卷 26 引作「楊樸」，景宋本《御覽》
卷 977 引作「楊璞」，《埤雅》卷 13 引作「陽濮」，《爾雅翼》卷 6 引作
「陽樸」，《酉陽雜俎》卷 7 作「楊樸」。蔣氏失檢。「樸」是「樸」形誤。

（34）宰揭之露，其色如玉，長澤之卵

高誘注：宰揭，山名，處則未聞。

按：梁履繩曰：「《初學記》卷 2 引作『揭雩之露，其色紫』，《御覽》卷 12
同。」許維遹曰：「宰揭，《開元占經》引同，《子史彙‧天文類》引作
『揭雲』，宋本《初學記》引作『揭雩』，未知孰是？」二氏校語皆有
失誤。古香齋本《初學記》卷 2、《本草綱目》卷 5 引作「揭雩之露，
其色紫」，《御覽》卷 12、《事類賦注》卷 3、《玉海》卷 195 引作「揭
雩之露，揭雩之露，其色紫」〔註51〕，復重「揭雩之露」四字。四庫
本《開元占經》卷 101 引作「雩揭之露，其色紫」，又倒作「雩揭」。《古
今合璧事類備要》前集卷 4、《說略》卷 1、《山堂肆考》卷 5 引作「揭
雲之露，其色紫」。陳奇猷謂當乙作「長澤之卵，其色如玉」，或是；
此文疑作「揭雲之露，其色紫」，脫「其色紫」三字，又誤倒其文。揭
雲之露指雲上端之露水也。漢‧郭憲《洞冥記》卷 1：「有朱露色如丹
汁。」又卷 2：「帝曰：『吉雲露可得乎？』朔乃東走，至夕而返，得
玄露、青露，盛青琉璃，各受五合，跪以獻帝。」「得玄露、青露」五
字，《御覽》卷 12 引作「得玄黃青露」，《太平廣記》卷 6 引作「得玄
白青黃露」。王子年《拾遺記》卷 10：「崑崙山……甘露濛濛似霧，着
草木則滴瀝如珠；亦有朱露，望之色如丹，着木石赭然如朱雪灑焉。」
露有朱玄白青黃等色，其或亦有紫色者。梁簡文帝《蒙華林園戒詩》：
「紅藥間青瑣，紫露濕丹楹。」

（35）陽山之穄

高誘注：穄，關西謂之䵖（䵖），冀州謂之堅（䵾）。

按：《齊民要術》卷 10、《玄應音義》卷 14、《初學記》卷 26、《御覽》卷

〔註51〕《事類賦注》據《北京圖書館古籍珍本叢刊》第 75 冊，書目文獻出版社 1998
年版，第 345 頁；四庫本「雩」作「雲」。

840、850、《證類本草》卷 26（二引）、《爾雅翼》卷 1、《會稽志》卷 17 引同，《廣韻》「穄」字條、《初學記》卷 27 引作「山陽之穄」，《御覽》卷 842「秫」條引作「陽山之秫」，《酉陽雜俎》卷 7 作「楊山之穄」。「秫」乃「穄」形誤。《玄應音義》卷 14 引高注作「關西謂之𪎭，冀州謂之穄」。《慧琳音義》卷 26 引《方言》：「關西謂之𪎭（𪎭），冀州謂之穄。」

（36）南海之秬

　　高誘注：秬，黑黍也。

按：秬，《類聚》卷 85、《初學記》卷 26、《御覽》卷 840、842 引同，《酉陽雜俎》卷 7 亦同；《說文》：「秬，稻屬。伊尹曰：『飯之美者，玄山之禾，南海之秬。』」徐鍇謂出《呂氏》此文。《廣韻》、《集韻》、《六書故》並從《說文》。此許、高所見《伊尹書》之異也。《御覽》卷 850 引作「稻」，則改作同義字。

（37）常山之北，投淵之上，有百果焉，群帝所食

　　高誘注：群帝，眾帝，先升遐者。

按：《齊民要術》卷 10 引正文同，引注「遐」作「過」。《御覽》卷 966 引「帝」作「鳥」。王利器指出作「過」、「鳥」不可據，是也，但謂「遐」當從舊說訓上，則誤。「遐」是「霞」借字。

（38）箕山之東，青島之所，有甘櫨焉

按：《說文》「櫨」字條引作「箕山之東，青鳧之所，有櫨橘焉，夏孰也」，《集韻》、《類篇》「孰」作「熟」，餘同《說文》；《玉篇》「櫨」字條引作「箕山之東，青鳧之所，有甘櫨焉」。《史記‧司馬相如傳》：「盧橘夏熟。」《索隱》引應劭引《伊尹書》作「箕山之東，青鳥之所，有盧橘，夏孰」，《文選‧上林賦》李善注引應劭引「孰」作「熟」，餘同；《漢書》顏師古注引應劭引「鳥」作「馬」。《北戶錄》卷 3 引作「箕山之東，清馬之所，有櫨橘焉」。《御覽》卷 966 引作「箕山之東，青馬之所，有甘櫨焉」，又卷 969「楂」條引作「箕山之東，有甘楂」，《事類賦注》卷 27 引作「箕山之東，青鳥之所，有盧橘焉」，《記纂淵海》卷 92 引作「箕山之東，有甘柤」。《爾雅翼》卷 12 引作「箕

山之東，青鳧之所，有〔甘櫨〕焉」，又卷 10「櫨」條引作「箕山之東，有甘櫨」，又卷 29 云：「盧橘雖生箕山之東，青鳥之所」。東，《漁隱叢話》後集卷 28 引同，《御覽》卷 964「栗」條、《事類賦注》卷 27 引作「栗」，《記纂淵海》卷 92 二引，又一引同。「栗」爲「東」形誤。梁履繩曰：「『櫨』本作『櫨』，字相似而誤。」洪頤煊曰：「『櫨』當作『櫨』，因字形似而誤。《山海經・海外北經》郭璞注引作『有甘柤焉』，柤音如柤梨之柤。」王念孫曰：「『柤』或作『擂』，形與『櫨』形似。」〔註52〕孫蜀丞亦力證「櫨」當作「櫨」，並指出「柤」即「櫨」。段玉裁曰：「作『青鳥』爲長，蓋即《山海經》之『三青鳥』，疑『島』、『鳧』、『馬』皆『鳥』之誤。」蔣維喬等從段說。諸說皆是也，考《山海經・海外北經》：「平丘在三桑東，爰有遺玉，青鳥視肉，楊柳、甘柤、甘華，百果所生。」郭璞注引此文作「其（箕）山之東，有甘柤焉」。此文即本之《山海經》。然則作「青鳥」、「甘櫨」是也。《類聚》卷 86 引《山海經》：「箕山之東，有甘櫨。」當是郭注。青鳥之所，猶言青鳥居之。「柤」同「櫨」，字亦作「楂」，或省作「查」，以其果木多渣，故謂之「楂」。《爾雅》郭璞注：「櫨似梨而酢澀。」此云「甘櫨」，則異於常櫨也。蔣維喬等謂「三青鳥」指「三危山」、「甘櫨」即「甘櫨」則誤。三危山是青鳥所憩之所，非三青鳥即指三危山也。《西山經》明云「三危之山，三青鳥居之」。《大荒西經》：「有三青鳥，赤首黑目，一名曰大鵹，一名少鵹，一名曰青鳥。」是「三青鳥」又名「青鳥」也。陳奇猷必謂作「青島」是，指地名；又謂作「甘櫨」是，指怪異之果，皆以好立異說，而失考《山海經》耳。

（39）漢上石耳

　　高誘注：石耳，菜名。

按：《御覽》卷 966 引作「漢上之菤」。《六書故》：「菌，今人謂之簟，亦謂之芔，其似鼠耳者謂之木耳，生石上者爲石耳。」「菤」即卷耳，其葉亦似鼠耳。

〔註52〕王念孫《呂氏春秋校本》，轉引自張錦少《王念孫〈呂氏春秋〉校本研究》，《漢學研究》第 28 卷第 3 期，2010 年出版，第 314 頁。其校語當作「柤或作櫨」，張君誤錄從手旁。

（40）聖王之道要矣，豈越越多業哉

　　高誘注：要，約也。越越，輕易之貌。

按：高誘「越越」訓輕易，王利器引《說文》「娍，輕也」以證之。王念孫曰：「越越，猶捐捐也，《莊子・天地篇》：『捐捐然用力甚多。』」陳奇猷從其說。王念孫說是也，《家語・致思》：「溝池不越。」《說苑・指武》同，《史記・禮書》作「掘」，《荀子・議兵》作「拑」。越讀爲捐、掘，是其比。「拑」是「拑」形譌，「拑」是古「掘」字。《增韻》卷5：「拙，《荀子》：『溝池不拙。』注：『掘字。』又曰『無鉏墳墓』，亦掘字。本亦作拑，俗本訛作拑，非。」《莊子釋文》：「捐捐，用力貌。」字亦作「勛勛」、「榾榾」、「愲愲」、「牿牿」，音轉又作「詘詘」、「窟窟」、「仡仡」、「矻矻」、「劮劮」、「屹屹」、「兀兀」等，其初文當作「圣圣（苦骨切）」〔註53〕。

《首時》校補

（1）客以聞伍子胥

按：聞，《御覽》卷370、462、700引作「告」。

（2）伍子胥曰：「此易故也。」

　　高誘注：故，事。

按：故，《御覽》卷462、700引作「改」，形近致譌。

（3）子胥乃修法制，下賢良，選練士，習戰鬭

按：修，《御覽》卷462引作「爲」。

（4）追北千里

按：追，《御覽》卷462引作「逐」。

（5）隱匿分竄

　　高誘注：分，大。竄，藏。

〔註53〕參見蕭旭《〈世說新語〉「窟窟」正詁》，收入《群書校補（續）》，花木蘭文化出版社2014年版，第2028～2030頁。

按：畢沅疑注「大」爲「別」誤。王念孫改「分」作「介」〔註54〕。楊樹達
曰：「『分』當讀爲弅。」陳奇猷謂注「大」爲「去」誤，訓離去。李亞
明謂改「去」近是，云：「去者弅也，訓藏。『隱匿分竄』四字近義連文。
《爾雅》：『隱匿竄，微也。』即是。」〔註55〕各說皆誤。「分」無藏義，
李說尤誤。分竄，猶言離散逃竄。《漢書・陳湯傳》：「亡逃分竄。」顏
師古曰：「分謂散離也。《虞書・舜典》曰：『分北三苗。』」「分」取四
散義，故高注訓大。王利器既引《漢書》，又謂「畢說可從」，殊不可解。

（6）水凍方固

高誘注：固，堅也。

按：楊樹達曰：「『水』疑『冰』之誤字。」《御覽》卷 823 引「水」作「冰」。

（7）方葉之茂美，終日采之而不知，秋霜既下，眾林皆贏

高誘注：贏，葉盡也。

按：馬敘倫曰：「贏借爲裸。《說文》裸爲贏之重文。」蔣維喬等曰：「《類聚》
卷 88 引作『木方盛，終日采之而復生，秋風下霜，一夕而零』。」陳奇
猷曰：「贏借爲零。」馬說是也。字或作贏，《廣韻》：「裸，赤體。躶，
同上。贏，同上。贏，亦同上。」字亦作倮、儽。睡虎地秦簡《日書》
甲種：「鬼恒贏入人宮。」整理者讀贏爲裸〔註56〕。又「丈夫女子隋（墮）
須（鬚）贏髮黃目。」王子今曰：「贏和贏有形近互用的可能。」〔註57〕
皆是其確證。《說苑・至公》：「孫叔敖秃（秃）贏多能，其性無欲。」
《渚宮舊事》卷 1 作「秃贏」，贏亦讀爲贏、贏（裸），《荀子・非相》
言孫叔敖「突秃長左」。贏、零雖雙聲，韻則有異，未見相通之例；且
零訓落，則讀爲霝，陳說未善〔註58〕。《類聚》所引出處作《呂令》，其

〔註54〕 王念孫《呂氏春秋校本》，轉引自張錦少《王念孫〈呂氏春秋〉校本研究》，《漢學研究》第 28 卷第 3 期，2010 年出版，第 307、314 頁。張君已經指出王說「只可備一說」。

〔註55〕 李亞明《〈呂氏春秋校釋〉讀志》，《煙臺師院學報》1987 年第 1 期，第 45 頁；其說又見李亞明《陳奇猷〈呂氏春秋校釋〉雜誌三則》，《文史》第 39 輯，1994年版，第 42 頁。

〔註56〕 《睡虎地秦墓竹簡》，文物出版社 1990 年版，第 214 頁。

〔註57〕 王子今《睡虎地秦簡〈日書〉甲種疏證》，湖北教育出版社 2003 年版，第 368 頁。

〔註58〕 余舊說從陳氏，亦疏矣。蕭旭《淮南子校補》，花木蘭文化出版社 2014 年版，第 587 頁。

實是《文子‧上德》。《淮南子‧說林篇》作「木方盛茂，終日采而不知，秋風下霜，一夕而殫。」高誘注：「殫，盡也。」

（8）鄭子陽之難，猁狗潰之

高誘注：潰，亂也。子陽，鄭相，或曰鄭君，好行嚴猛，人家有猁狗者誅之，人畏誅，國人皆逐猁狗也。

按：《御覽》卷 905 引注作「子陽，鄭伯，逐猁狗，《春秋》亦去（云）」。楊樹達曰：「《說文》：『狾，狂犬也。』『猁』爲『狾』之或作。」楊說是也，而猶未盡。字亦作瘲、喇、瘛、獒，其語源當是「趒」，取跳走爲義，用爲名詞，故爲狂犬也〔註59〕。

（9）齊高國之難，失牛潰之

按：今本無注，《御覽》卷 905 引有注：「逐失牛，如逐猁狗也。」高國，《御覽》卷 905、《記纂淵海》卷 57 引作「高固」。《左傳‧宣公五年》有「齊高固」。

（10）當其時，狗牛猶可以為人唱，而況乎以人為唱乎

按：二「唱」字，《御覽》卷 905 引作「倡」。

（11）飢馬盈廄，嗼然未見芻也；飢狗盈窖，嗼然未見骨也。見骨與芻，動不可禁

高誘注：動猶爭也。

按：《淮南子‧說林篇》：「饑馬在廄，寂然無聲，投芻其傍，爭心乃生。」《文子‧上德》「寂」作「漠」，是「嗼」借字。即本此文（王利器已經舉證）。「動」指狗、牛見骨與芻而心動，即「爭心乃生」也，故高注云「動猶爭也」，非徑訓動爲爭也。陳奇猷曰：「動有假爲挺者，挺、爭古音同部，然則高氏即讀動爲爭也。」迂曲不可信。畢沅、蔣維喬等指出《御覽》卷 896、905 引「窖」作「宮」，按《事類賦注》卷 23 引《說苑》作「飢馬盈廄，飢犬任宮，見芻與骨，動不可禁」，亦作「宮」。「宮」是「窖」形誤，《事類賦注》又誤記其出處。疑「窖」是「窟」音轉，

〔註59〕參見蕭旭《〈爾雅〉「獒獑」名義考》，收入《群書校補（續）》，花木蘭文化出版社 2014 年版，第 1825～1826 頁。

指狗窩、狗洞。陳奇猷曰：「《說文》：『窖，地藏也。』窖者地室也。」其說未允。

（12）天不再與，時不久留，能不兩工，事在當之

按：王念孫謂「當之」是「當時」之誤，是也，「事在當時」與「天不再與，時不久留」相應。陳奇猷駁王說，謂「之」指亂世，然則「能不兩工」與亂世何涉，陳說非是。

《義賞》校補

（1）昔晉文公將與楚人戰於城濮，召咎犯而問曰

按：蔣維喬、王利器據《御覽》卷 633 所引，於「問」下補「焉」字。按不必補「焉」自通，《三國志·徐宣傳》裴松之注、《治要》卷 39 引此文皆無「焉」字。

（2）咎犯對曰：「臣聞繁禮之君，不足於文；繁戰之君，不足於詐。君亦詐之而已。」

高誘注：足，猶厭也。

按：陳奇猷曰：「《韓子·難一》作『繁禮君子，不厭忠信；戰陣之間，不厭詐偽』，《淮南子·人間訓》作『仁義之事，君子不厭忠信；戰陳之事，不厭詐偽』。」王利器又舉《說苑·權謀》作「服義之君，不足於信；服戰之君，不足於詐」。亦，猶其也，命令副詞，《韓子》、《淮南子》正作「其」〔註60〕。文，《三國志·徐宣傳》裴松之注、《治要》卷 39 引同，《御覽》卷 633 引形誤作「交」。

（3）詐偽之道，雖今偷可，後將無復

高誘注：不可復行。

按：《三國志·徐宣傳》裴松之注引同，《治要》卷 39 引「道」上衍「為」字。《韓子·難一》作「以詐遇民，偷取一時，後必無復」，《淮南子·人間篇》作「以詐偽遇人，雖愈（偷）利，後亦無復」〔註61〕，《說

〔註60〕 參見裴學海《古書虛字集釋》，中華書局 1954 年版，第 175～177 頁。徐仁甫說同。

〔註61〕 《御覽》卷 313 引「愈」作「偷」。

苑‧權謀》作「詐猶可以偷利，而後無報」。復，酬報也。《說苑》作「報」。此篇下文「反而尊賢，足以報德」，與此相應，正作「報」字。陳奇猷曰：「高釋『無復』爲『不可復行』，非。此文意謂詐僞之道，雖今可以苟且得利，後將不可復得利也。《淮南》直以利言，尤可證此文之義。」陳氏謂「以利言」，是也，《說苑》亦其證，而未得「復」字之詁。「復」是動詞，而非副詞。

（4）君用其言而賞後其身

按：《御覽》卷 633 引同，孫蜀丞、王叔岷、王利器據《治要》卷 39、《記纂淵海》卷 53 所引及《韓子‧難一》，謂「賞」字衍，是也，《三國志‧徐宣傳》裴松之注引亦無「賞」字。

（5）襄子曰：「寡人之國危，社稷殆，身在憂約之中，與寡人交而不失君臣之禮者惟赦。」

按：「國」下疑脫「家」字，《淮南子‧人間篇》作「國家危，社稷殆」，又《氾論篇》作「社稷危，國家殆」，是其證也；《韓子‧難一》亦脫「家」字。約，窮困。《說苑‧復恩》作「吾在拘厄之中」，義近。《吳越春秋‧勾踐入臣外傳》：「王顧謂太宰嚭曰：『彼越王者一節之人，范蠡一介之士，雖在窮厄之地，不失君臣之禮，寡人傷之。』」事亦相類。

《長攻》校補

（1）〔其〕王年少，智寡材輕

按：智寡材輕，《越絕書‧請糴內傳》作「細誣而寡智」。「細誣」當爲「德輕」形訛〔註62〕。王利器曰：「《冊府元龜》卷 736 用此文『輕』作『勜』。」王氏誤校，《冊府》作「智寡勜輕」。

（2）若燕、秦、齊、晉，山處陸居，豈能蹢五湖九江，越十七阨以有吳哉

按：十七阨，《御覽》卷 457 引《諫木孔叢子》誤作「十地」。

〔註62〕 參見蕭旭《〈越絕書〉校補（續）》，收入《群書校補（續）》，花木蘭文化出版社 2014 年版，第 1123 頁。

（3）今將輸之粟，與之食，是長吾讎而養吾仇也。財匱而民恐，悔無
及也

按：畢沅曰：「《御覽》卷 840『養』作『豢』。《說苑》『恐』作『怨』。」
許維遹曰：「『怨』字義長，《類聚》卷 24 引亦作『怨』。」蔣維喬等說
同許氏。景宋本《御覽》引作「券」。王利器指出「券」字誤。「恐」
是「怨」形誤。《冊府元龜》卷 736 作「怨」字，《御覽》卷 457 引《諫
木孔叢子》亦作「財匱民怨」。《韓子・飾邪》：「無功者受賞，則財匱
而民望；財匱而民望，則民不盡力矣。」望亦怨也。《越絕書・請糴內
傳》：「輸之粟，與財，財去而凶來，凶來而民怨其上，是養寇而貧邦
家也。」亦作「養」、「怨」。

（4）蔡侯曰：「息夫人，吾妻之姨。」

高誘注：蔡侯，昭侯也。妻之女弟爲姨。

按：《冊府元龜》卷 238 引注作「蔡侯，哀侯也。妻之娣爲姨。」畢沅曰：「此
乃蔡哀侯也。注誤。又『女弟』當作『女兄弟』。」陳奇猷從其說。考
《說文》：「姨，妻之女弟同出爲姨。」高注與許說合，「女弟」不誤，「娣」
是「女弟」的專字。「姨」、「弟」音相轉，謂女之次弟中年幼者。《史記・
魯周公世家》《集解》引徐廣曰：「茅，一作第，又作夷。」「第」、「夷」
亦音轉，「茅」則「弟」形譌。

（5）於是襄子曰：「先君必以此教之也。」

按：教，《御覽》卷 494 引誤作「殺」。

（6）襄子上於夏屋以望代俗，其樂甚美

高誘注：俗，土也。

按：范耕研曰：「俗，《說文》：『習也。』《周禮・大司徒》注：『謂土地所
生習也。』〔註63〕俗乃土習，未可逕訓爲土。」疑高注「土」下脫一
「俗」字。「其樂」即指代國之土俗而言。陳奇猷謂「代俗」是「大
陸」之誤，「其樂」是「甚樂」之誤；劉如瑛疑作「甚樂其美」。二說
殊爲無據。

_____

〔註63〕「謂」是鄭玄注語，陳奇猷誤點作「《周禮・大司徒》注謂『土地所生習也』」。

（7）所以善代者乃萬故

　　高誘注：善，好也。襄子所好於代者非一事，故言萬故也。

　按：萬故，猶俗言百般。陳奇猷謂「故」是「巧故」之「故」，非是。

（8）襄子謁於代君而請觴之

　按：謁，《御覽》卷494引誤作「謂」。

（9）代君至，酒酣，反斗而擊之，一成，腦塗地

　　高誘注：一成，一下也。

　按：《御覽》卷494引「反」作「舉」，無「一成」二字，乃臆改。《戰國策·燕策一》作「反斗」。陳奇猷從范耕研說，云：「一成即一擊。」范說是也，而猶未盡。「成」從丁得聲，楊樹達讀為杖（宅耕切），引《說文》「杖，橦（撞）也」，甚是。俗音轉又作「打」字，《廣雅》：「打，擊也。」

《慎人》校補

（1）禹周於天下，以求賢者，事利黔首

　　高誘注：事，治也。

　按：事，猶務也〔註64〕。于省吾謂「事」、「使」同字，王利器從其說；陳奇猷訓為從事，皆非是。

（2）水潦川澤之湛滯壅塞可通者，禹盡為之

　按：湛，讀為沈。本書《情欲》：「筋骨沈滯，血脈壅塞。」正作「沈」字。

（3）其未遇時也，以其徒屬，堀地財，取水利

　按：堀，畢沅、許維遹改作「掘」，蔣維喬等舉《御覽》卷934引作「掘」以證之。《路史》卷21亦作「堀」，不煩改字，古通借。《荀子·法行》：「堀〔穴〕其中。」〔註65〕亦用借字。《御覽》見卷834引，蔣氏誤記。《御覽》引「徒」誤作「從」；四庫本引「堀」作「掘」，景宋本引作「拙」。

〔註64〕參見蕭旭《淮南子校補》，花木蘭文化出版社2014年版，第85～86頁。
〔註65〕《大戴禮記·曾子疾病》作「蹶穴其中」，據補「穴」字。

（4）信賢而任之，君之明也；讓賢而下之，臣之忠也

按：讓，《類聚》卷 53、《御覽》卷 632 引同，《類聚》卷 20、《御覽》卷 402 引作「議」。「議」字誤。

（5）宰予備矣

高誘注：備，當作「憊」。憊，極也。

按：王叔岷指出《莊子・讓王》作「憊」。陳奇猷曰：「『憊』《說文》作『惽（憊）』。疑《呂氏》本作『惽（憊）』，形誤爲『備』也。高注當作『憊，疲極也』，《通俗文》（《小學鉤沈》所輯）云『疲極曰惽（憊）』，可證。」陳氏後說全誤。《玄應音義》卷 9、《慧琳音義》卷 28、46 並引《通俗文》：「疲極曰憊。」《說文》：「惽，憋也。」又「憋，惽也。」《廣雅》：「惽，極也。」高注與《廣雅》合。「極」即「憋」借字〔註66〕。《通俗文》言「疲極」者，複詞，不必據補「疲」字。「備」自是「憊」省借字，而非形誤。《易・遯》《釋文》：「憊，《廣雅》云：『極也。』荀作備。」又《既濟》《釋文》：「憊，陸作備，云：『當爲憊，困劣也。』」

（6）削迹於衛

按：陳奇猷曰：「《莊子・天運》成玄英疏云：『削，刬也。夫子嘗游於衛，衛人疾之，故刬削其迹，不見用也。』成說疑非。套刀之室爲削，引申之以物套入某物之中亦謂之削。此文謂孔子匿迹於衛也（孔子匿迹於衛，正如刀之套入刀室也）。」陳說離奇不經。成玄英說「削，刬也」是也，但謂「衛人疾之，故刬削其迹」則非，「削迹」的主詞是孔子，而非衛人。「刬」俗作「鏟」。削迹，謂滅其影迹，言孔子去衛也。《戰國策・東周策》：「對曰：『甘茂，羈旅也。攻宜陽而有功，則周公旦也；無功，則削迹於秦。』」此言甘茂削迹而去秦。《後漢書・王昌傳》更始元年制詔部刺史郡太守曰：「朕，孝成皇帝子子輿者也。昔遭趙氏之禍，因以王莽簒殺，賴知命者將護朕躬，解形河濱，削迹趙魏。」此言子輿削迹而去趙魏也。皆是其比。

〔註66〕 參見蔣禮鴻《〈廣雅疏證〉補義》，收入《蔣禮鴻集》卷 4，浙江教育出版社 2001 年版，第 6～7 頁。又參見郭在貽《訓詁學》第 3 章，收入《郭在貽全集》第 1 冊，中華書局 2002 年版，第 442 頁。

（7）伐樹於宋

舊校：伐，一作拔。

按：畢沅曰：「《風俗通・窮通篇》作『拔』。」陳奇猷曰：「《莊子・山木》、
《盜跖》、《讓王》、《漁父》、《天運》皆作『伐』，惟《史記・孔子世家》
及《風俗通》作『拔』。『伐』音同『拔』，故二字通假。」《莊子・盜跖》
無「伐樹」之文，陳氏誤記。《列子・楊朱》、《家語・困誓》、《孔叢子・
詰墨》、《論衡・儒增》、《自紀》作「伐」，《晏子春秋・外篇》作「拔」；
《禮記・儒行》孔疏引《孔子世家》亦作「伐」。《說苑・尊賢》：「吾臣
之削迹拔樹以從我者，奚益於吾亡哉？」《路史》卷 35：「然　出而圍
於匡，拔木於宋，窮於陳蔡，削迹於衛。」亦作「拔」字。拔，讀為伐。

（8）孔子愀然推琴

按：愀然，《風俗通・窮通篇》作「恬然」，《冊府元龜》卷 895 作「愀然」，
《莊子・讓王》脫此二字。「愀」、「愀」音轉，「恬」字誤。愀然，不悅
貌。

（9）今丘也拘仁義之道，以遭亂世之患

按：畢沅曰：「拘，《莊子・讓王》、《風俗通》並作『抱』。」陳奇猷曰：「『拘』
有擁義。擁與抱同義，然則拘與抱亦同義也。」陳說非是，「拘」無擁
抱義。楊樹達曰：「『抱』字是也，『拘』乃形近誤字。」王叔岷指出《冊
府元龜》卷 895 用此文，正作「抱」。《文子・精誠》：「故至人之治，含
德抱道。」《淮南子・本經篇》「抱」作「懷」。此「道」言「抱」之例。
《淮南子・原道篇》：「是故聖人守清道而抱雌節。」抱亦守也，《文子・
道原》「抱」誤作「拘」，亦二字相譌之例。

（10）故內省而不疚於道，臨難而不失其德

按：疚，《風俗通・窮通篇》同，《莊子・讓王》作「窮」。《論語・顏淵》：
「內省不疚，夫何憂何懼？」《集解》引包曰：「疚，病也。」《禮記・
中庸》：「故君子內省不疚，無惡於志。」馬敘倫曰：「窮借為疚，同淺
喉音也。」〔註67〕王叔岷曰：「此作窮，疑涉上『其何窮之為』而誤。」

〔註67〕馬敘倫《莊子義證》卷 28，收入《民國叢書》第 5 編，（上海）商務印書館
1930 年版，本卷第 11 頁。

〔註68〕馬說是。王利器引《廣雅》「窮、欠，貧也」王念孫說，亦是。

（11）孔子烈然返瑟而弦

高誘注：返，更也，更取瑟而弦歌。

按：烈然返瑟，《莊子·讓王》作「削然反琴」，《冊府元龜》卷895作「列然返琴」。《釋文》：「削，如字，李云：『反琴聲。』亦作捎，音消。」林希逸注：「削然，音消，瀟洒之意。反琴者，再取琴而彈也。」《集韻》：「俏、削：俏然，反琴聲，李頤說，或作削。」《類篇》「俏」、「削」二條同。盧文弨曰：「宋本梢作俏。」〔註69〕宋本與《集韻》、《類篇》合。方以智曰：「俏然、削然，即蕭然。《莊》：『削然反琴而絃歌。』注：『即蕭然。』」〔註70〕注「即蕭然」未詳所出。吳玉搢曰：「俏然、削然，蕭然也。削亦讀作蕭，一聲之轉也。」〔註71〕奚侗曰：「『削』當作『列』，字形相似而誤。列借作厲。」〔註72〕王叔岷從奚說〔註73〕。馬敘倫曰：「疑『俏』爲『僒（僭）』之譌，聲同宵類。《說文》：『僒（僭），喜也。』」〔註74〕陸西星曰：「削然，孤高之貌。」〔註75〕鍾泰曰：「削、俏，皆悄之借。悄然猶安然也。」〔註76〕周乾溁、章必功說略同，當本於鍾說。陳奇猷曰：「《文選·西京賦》：『鍔鍔列列。』李善曰：『皆高貌。』『烈』、『列』同，則『烈然』蓋形容高抗也。此謂孔子之志氣

〔註68〕 王叔岷《莊子校詮》，中央研究院歷史語言研究所專刊之八十八，1988年版，第1155頁。

〔註69〕 盧文弨《莊子音義考證》卷下，《經典釋文考證》，收入《叢書集成新編》第3冊，新文豐出版公司1985年版，第318頁。

〔註70〕 方以智《通雅》卷8，收入《方以智全書》第1冊，上海古籍出版社1988年版，第327頁。方以智《藥地炮莊》卷8云「削然，或曰蕭然」，收入《續修四庫全書》第957冊，上海古籍出版社2002年版，第390頁。

〔註71〕 吳玉搢《別雅》卷2，收入景印文淵閣《四庫全書》第222冊，臺灣商務印書館1986年初版，第643頁。

〔註72〕 奚侗《莊子補注》卷4，民國六年當塗奚氏排印本，第12頁。

〔註73〕 王叔岷說又見《莊子校詮》，中央研究院歷史語言研究所專刊之八十八，1988年版，第1156頁。

〔註74〕 馬敘倫《莊子義證》卷28，收入《民國叢書》第5編，（上海）商務印書館1930年版，本卷第12頁。

〔註75〕 陸西星（字長庚）《南華真經副墨》卷7，萬曆六年刊本。

〔註76〕 鍾泰《莊子發微》，上海古籍出版社2002年版，第682頁。周乾溁《莊子探驪》，天津古籍出版社2004年版，第450頁。章必功《〈天問〉講稿》，中華書局2013年版，第328頁。

高抗耳。『削』字疑即『列』字之譌。李奇曰『削然，反琴聲』（引者
按：當是李頤說），成玄英疏謂削然為取琴聲，皆不足見孔子之志，
李、成說非是。上文言『推琴』，此亦當作『返琴』，『反』即『返』
之借字。高訓『更』字為『更換』之意，則高所見本已譌為『瑟』矣。
『返』無『更換』之義。」陳氏改「瑟」作「琴」是也，楊明照、王
叔岷亦校作「琴」〔註77〕，《永樂大典》卷3007引誤同今本。高氏訓
「返」為「更」，猶今言「再」，非「更換」義。至於「削然」或「列
（烈）然」，余謂諸說皆未得其誼，舊注「反琴聲」或「取琴聲」者，
皆是臆測，無有根據。鍾泰指出「扢然非干聲，則削然非琴聲明矣」
〔註78〕。王利器曰：「『列』當為『削』之誤。」其說是也，但王氏從
成疏為取琴聲，則誤。「列（烈）然」是「削然」形譌，「孔子削然反
琴」與上文「孔子憱然推琴」相應，則非琴聲明亦矣。鍾泰謂「削、
俏皆悄之借」是也，但所釋則非是，「悄」之安靜義出現很晚，先秦
無此用法。《說文》：「悄，憂也。」「悄然」實亦「愀然」音轉，同「憱
然」，不悅貌。先言孔子愀然推琴與子路、子貢而語，語畢又愀然反
琴而弦歌也。

（12）子路抗然執干而舞

按：抗然，《莊子·讓王》作「扢然」。《釋文》：「扢，李云：『奮舞貌。』
司馬云：『喜貌。』」司馬訓喜貌者，與《家語·困誓》「子路悅，援
戚而舞」合，則讀為忔（圪），《廣雅》：「忔，喜也。」又「忥忥，喜
也。」李頤訓奮舞貌者，王念孫曰：「扢與仡通，《說文》：『仡，勇壯
也。』」馬敘倫從其說，指出《書鈔》卷123、《御覽》卷351引正作
「仡」〔註79〕。王叔岷亦指出《書鈔》卷107、123、《御覽》卷351
引並作「仡然」，並指出「抗」當為「扢」形誤，《冊府元龜》卷895
用此文正作「扢然」〔註80〕。奚侗曰：「『扢』當作『抗』，字形相似

〔註77〕王叔岷說又見《莊子校詮》，中央研究院歷史語言研究所專刊之八十八，1988
年版，第1156頁。
〔註78〕鍾泰《莊子發微》，上海古籍出版社2002年版，第683頁。
〔註79〕馬敘倫《莊子義證》卷28，收入《民國叢書》第5編，（上海）商務印書館
1930年版，本卷第12頁。
〔註80〕王叔岷《莊子校詮》，中央研究院歷史語言研究所專刊之八十八，1988年版，
第1157頁。

－243－

而誤。抗借作忼。」〔註 81〕陳奇猷曰：「抗讀高抗之抗。」奚、陳說皆非是。

《遇合》校補

（1）委質為弟子者三千人

按：質，讀爲贄。

（2）必審諸己然後任，任然後動

　　高誘注：任則處德，動則量力。

按：馮振曰：「注『處德』疑本作『度德』，形近而誤。」〔註 82〕其說非是，「處」自有審度、辨察之義，不必改字。

（3）凡能聽音者，必達於五聲。人之能知五聲者寡，所善惡得不苟

　　舊校：善，一作喜。

按：「善」是「喜」形譌，喜猶好（去聲）也。陳奇猷謂「喜」是「善」形誤，偵矣。下文「客有以吹籟見越王者，羽角宮徵商不謬，越王不善，爲野音而反善之」，王叔岷指出二「善」字亦「喜」形譌，《類聚》卷 44、《書鈔》卷 111、《初學記》卷 16、《白帖》卷 62、《灌畦暇語》、《古今合璧事類備要》外集卷 16 引上「善」作「喜」，下「善」作「悅」或「說」，《樂書》卷 147、《文獻通考》卷 138 引亦作「不喜」，是其證也。《論衡・逢遇》：「吹籟工爲善聲，因越王不喜，更爲野聲，越王大說。」尤爲確證。孫蜀丞謂上「善」字乃「喜」之誤，尚未盡。陳奇猷謂「不善猶言不美」，非是。

（4）宗廟之滅，天下之失，亦由此矣

按：由，馮振讀爲猶〔註 83〕，是也。陳奇猷解爲「由於」，非是。

〔註 81〕奚侗《莊子補注》卷 4，民國六年當塗奚氏排印本，第 12 頁。
〔註 82〕馮振《呂氏春秋高注訂補（續）》，《學術世界》第 1 卷第 9 期，1935 年版，第 15 頁。
〔註 83〕馮振《呂氏春秋高注訂補（續）》，《學術世界》第 1 卷第 9 期，1935 年版，第 15 頁。

（5）若人之於色也，無不知說美者，而美者未必遇也

按：例以下文「若人之於滋味，無不說甘脆，而甘脆未必受也」，「知」字衍
文。

（6）故嫫母執乎黃帝

按：嫫母，《說文》作「嫫母」，云：「嫫，嫫母，都醜也。」又作「𡟬母」，
《漢書·古今人表》：「𡟬母，黃帝妃。」《集韻》：「嫫，《說文》：『嫫母，
都醜也。』或作𡟬，亦書作嫫。」

（7）黃帝曰：「厲女德而弗忘，與女正而弗衰，雖惡奚傷？」

高誘注：惡，醜也。奚，何也。言勑厲女以婦德而不忘失，付與女以內
正而不衰疏，故曰雖醜何傷，明說惡也。

按：正文及注「厲」字，原作「屬」，畢沅所改，陳奇猷從之。《路史》卷
14 作「屬」，又「衰」作「襄」，「奚」作「何」。楊樹達曰：「『忘』與
『亡』同，已也。『衰』疑『喪』形近之誤。亡、喪、傷，古唐部韻。」
「衰」是「襄」形譌，「襄」亦唐部韻。《廣韻》：「襄，返也。」與「與」
字相應。

（8）文王嗜菖蒲菹，孔子聞而服之，縮頞而食之

按：王念孫曰：「『縮』與『蹙』同。」〔註84〕陸繼輅曰：「頞，鼻莖也。蹙、
縮古今字，縮頞即蹙頞也。」陳奇猷從陸說，是也。王叔岷《御覽》卷
367 指出引作「蹙頞」，又指出《書鈔》卷 146 引作「蹴頞」，王利器指
出《玉燭寶典》卷 11 引作「蹙頞」。《御覽》卷 856 引亦作「蹴頞」。「蹴」
同「蹙」。《書斷》卷中：「猶文王嗜菖蒲菹，孔子蹙頞而嘗之。」用此
典亦作「蹙頞」。《肩水金關漢簡（壹）》73EJT1:1 甘露二年《丞相御史
律令》：「所爲人中壯，黃色，小頭，黑髮，隋面，拘頤，常戚額胸頻狀，
身小長。」「額」當作「頞」。「戚」是「蹙」省文。

（9）人有大臭者，其親戚兄弟妻妾知識無能與居者，自苦而居海上，
海上人有說其臭者，晝夜隨之而弗能去

按：《三國志》卷 19 裴松之注引作「人有臭者，其兄弟妻妾皆莫能與居，

〔註84〕王念孫《呂氏春秋校本》，轉引自張錦少《王念孫〈呂氏春秋〉校本研究》，《漢
學研究》第 28 卷第 3 期，2010 年出版，第 314 頁。

其人自若（苦）而居海上，海上人有悦其臭者，晝夜隨之而不能去」，「若」是「苦」形誤。《意林》卷 2 引作「……自屏乎海，海上有人悦其臭者，晝夜隨之不離也」，蓋臆改。《文選・與楊德祖書》李善注、《古今事文類聚》前集卷 47、《古今合璧事類備要》續集卷 38 引不重「海上」二字，則省文也。

（10）陳有惡人焉，曰敦洽讎麋

按：畢沅據《文選・魏都賦》李善注、《辯命論》李善注、《御覽》卷 382 引改作「麋」，云：「《初學記》卷 19 作『眉』，與『麋』同。」《文選・辯命論》注引作「敦洽讎麋」，《文選・魏都賦》注引作「敦泠（洽）犨麋」，《白氏六帖事類集》卷 7、《古今姓氏書辯證》卷 18「敦洽犨麋」，《初學記》卷 19、《錦繡萬花谷》續集卷 5 引作「郭（敦）洽犨眉」，《冊府元龜》卷 835 作「郭（敦）洽犨麋」。《廣韻》：「犨，姓，《風俗通》云晉大夫郤犨之後。《呂氏春秋》云：『陳有惡人焉，曰敦洽犨麋。』」《通志》卷 28《氏族略四》：「犨氏，姬姓，晉大夫郤犨之後。」左太沖《魏都賦》：「亦猶犨麋之與子都，培塿之與方壺也。」李善注：「犨麋，古之醜人也。」劉孝標《辯命論》：「猗頓之與黔婁，陽文之與敦洽。」此文疑當作「敦洽犨麋」為是，「敦洽」是地名，姓「犨」名「麋」。《廣韻》又云：「敦，姓。敦洽，衛（陳）之醜人也。」茲所不取。范耕研謂「敦洽」為名，「讎麋」同音借作「愁眉」，言其狀，其說非是，失考《魏都賦》及李善注也。陳奇猷曰：「敦猶言敦厚。洽，合也。讎，仇也。『麋』、『靡』通，無也。『敦洽讎麋』猶言敦厚和合與人無仇也。」其說支離破碎，尤不足信。

（11）雄顙廣顏

舊校：雄顙，一作「推顙」。

按：畢沅據《文選・魏都賦》注改作「椎顙」，是也，《白氏六帖事類集》卷 7〔註85〕、《御覽》卷 382、《冊府元龜》卷 835、《古今姓氏書辯證》卷 18 引亦作「椎顙」。《文選・辯命論》李善注、《初學記》卷 19、《錦繡萬花谷》續集卷 5 引作「推顙」，《廣韻》、《五音集韻》「犨」字條引作「狹顙」，《說郛》卷 12 引佚名《釋常談》卷上引作「權顙」，亦皆誤。

〔註85〕《白孔六帖》在卷 21。

高亨曰：「椎借爲頯，《說文》：『頯，出額也。頯，顴也。』顴即額之正字。頯顴，謂其額突出而高也。」楊樹達亦讀爲頯。其說亦是。陳奇猷曰：「雄顴者，額充滿威勢之狀。」非是〔註86〕。

（12）色如浹顙

舊校：浹顙，一作「沫赭」。

按：畢沅改「浹顙」作「漆赭」，云：「《廣韻》作『顏色如漆』，『沫』或『柒』字之誤，『柒』即『漆』字，《辯命論》注作『漆赭』，今從之。《初學記》作『色如漆』，無『顙』字。」《文選·魏都賦》注、《御覽》卷 382、《古今姓氏書辯證》卷 18、《錦繡萬花谷》續集卷 5 引亦作「色如漆」，《白氏六帖事類集》卷 7 引作「色如漆黑」。陳奇猷謂「浹顙」猶言流赤，不足信。

（13）垂眼臨鼻

舊校：眼，一作「髮」。

按：蔣維喬等曰：「李善注《文選·辯命論》作『髮』。」六臣本、四庫本《辯命論》注引仍作「眼」字。彭鐸曰：「『垂眼』謂目精突出，今俗言『鼓眼』是也。『臨鼻』即『隆準』，高鼻也。臨、隆一聲之轉。」彭氏後說是。《淮南子·墜形篇》：「其人兌形小頭，隆鼻大口。」《御覽》卷 86 引《河圖》：「秦始皇帝名政，虎口日角大目隆鼻。」垂眼即垂目，謂目光低垂下視。

（14）長肘而縷

高誘注：縷，胝也。

按：畢沅曰：「縷即戾字，不當訓胝。案《選》注引正文作『縷股』，今脫『股』字，誤爲『胝』入注中，而又誤增二字也。」蔣維喬等曰：「畢校甚是，惟胡刻《選》注小正同今本，未知畢氏所見何本也。」陳奇猷曰：「縷，曲也。疑高注當作『縷，戾也』。檢各種刻本之《選》注皆無作『縷股』者，疑畢氏偶疏。」畢校至確，《文選·魏都賦》、《辯命論》李善注皆引此文，此句惟《辯命論》注引之，六臣本、四庫本

〔註86〕詳見蕭旭《史記校札》，收入《群書校補（續）》，花木蘭文化出版社 2014 年版，第 1983～1984 頁。

皆作「鰲股」。陳氏未檢得，蓋亦偶疏也。

（15）陳侯見而甚說之，外使治其國，內使制其身

　　高誘注：制陳侯身。

按：制，讀爲折，即《孟子》「爲長者折枝」的「折」，猶言按摩。

（16）天下之民，其苦愁勞務從此生

按：宋慈襄曰：「『勞務』當讀『勞侮』。」〔註87〕「勞侮」不辭，疑「苦」
　　上脫「憂」字，「憂苦愁勞」四字同義連文。《淮南子・修務篇》：「心知
　　憂愁勞苦。」「務」猶言必，副詞。

《必己》校補

（1）人主莫不欲其臣之忠，而忠未必信，故伍員流乎江，萇弘死，藏
　　　其血三年而為碧

按：此文本於《莊子・外物》，「萇弘死」下當據補「於蜀」二字（王叔岷
　　已補），「爲碧」上當據補「化」字。《莊子釋文》引此文作「藏其血
　　三年化爲碧玉」，亦有「化」字。《長短經・難必》亦本《莊子》，「流」
　　作「沉」。

（2）親莫不欲其子之孝，而孝未必愛，故孝己疑，曾子悲

按：「親」上楊明照、王叔岷據《莊子・外物》補「人」字，是也，《長短經・
　　難必》亦有「人」字。疑，《莊子》、《長短經》作「憂」。《玉篇》、《廣
　　韻》並云：「疑，恐也。」憂亦憂懼義。王叔岷疑「疑」字涉注而誤，
　　非是。

（3）伐木者止其旁而弗取

按：伐，《莊子・山木》同，《御覽》卷952、《事類賦注》卷24、《記纂淵海》
　　卷1引《莊子》作「採」。

（4）材、不材之間，似之而非也，故未免乎累

〔註87〕宋慈襄《呂氏春秋補正（續）》，《華國月刊》第3期第4冊，1926年版，第6
　　頁。

按：累，《莊子・山木》同，《意林》卷 2 引《莊子》誤作「異」。

（5）若夫道德則不然，無訝無訾，一龍一蛇，與時俱化，而無肯專為

舊校：訝，一作「誣」。

按：畢沅曰：「《莊子・山木篇》作『無譽無訾』。」《莊子釋文》：「訾，音
紫，毀也，徐音疵。」成玄英疏：「訾，毀也。言道無材與不材，故
毀譽之稱都失也。」林希逸解為「無毀亦無譽」。馬敘倫曰：「訾借為
呰，訶也。」〔註88〕「訝」即是「譽」音轉。言得道者，一龍一蛇，
與道翱翔，與時變化，隨物之宜，不役於物，無所毀譽也。陳奇猷曰：
「訝，相迎也。迎訝既有言，其言必是稱譽，故訝有譽義。『訾』、『疵』
同。疵，毀也。」陳氏前說非是。《玉篇殘卷》：「詆，都禮反。《說文》：
『詆，訶也。』野王案：《呂氏春秋》：『無詆無呰。』《漢書》：『除誹
謗詆欺法。』是也。《倉頡篇》：『欺也。』《廣雅》：『詆，毀也。』《聲
類》：『呰也。』」胡吉宣曰：「『訾』、『呰』同，訝為詆之形誤，因俗
書詆作詆所改也。」〔註89〕王利器曰：「六朝人書『氐』作『互』，因
譌『詆』而為『訝』。詆謂誣也。蓋《莊子》自作『無譽無訾』，《呂
氏》自作『無詆無呰』，一本又作『無誣無呰』。《呂氏》自以互文見
義，不必定如《莊子》之相反相成也。」《玉篇殘卷》引作「詆」，是
「訝」形譌。如本書作「詆」，《莊子》無作「譽」之理，胡吉宣、王
利器說傎矣。熊加全從胡氏說，至欲改從《玉篇》〔註90〕，非是。

（6）成則毀，大則衰，廉則剄，尊則虧，直則骫，合則離，愛則隳，
多智則謀，不肖則欺

高誘注：廉，利也。剄，缺傷。骫，曲也。隳，廢也。

按：諸家皆引《莊子・山木》「合則離，成則毀，廉則挫，尊則議，有為則
虧，賢則謀，不肖則欺」以說之，固是也。馬敘倫曰：「廉借為剡。《說
文》：『剡，銳利也。』」其說是也。《壯子・大卜》：「日堅則毀矣，銳則

〔註88〕馬敘倫《莊子義證》卷 20，收入《民國叢書》第 5 編，（上海）商務印書館
　　　　1930 年版，本卷第 2 頁。
〔註89〕胡吉宣《玉篇校釋》，上海古籍出版社 1989 年版，第 1821 頁；其說又見胡吉
　　　　宣《〈玉篇〉引書考異》，收入《語言文字研究專輯》（上），《中華文史論叢增
　　　　刊》，上海古籍出版社 1982 年版，第 125 頁。
〔註90〕熊加全《〈玉篇〉疑難字研究》，河北大學 2013 年博士學位論文，第 532 頁。

挫矣。」廉即銳也。陳奇猷謂馬說誤，傎矣。《說文》：「剉，折傷也。」
又「挫，摧也。」二字音義全同。劉賾考「骱」爲古楚語，譚步雲從其
說。劉氏云：「骱之言彎也，吾鄉俗語謂骨耑被紾戾屈曲曰骱了，或曰
骱斷了；謂使物彎曲亦曰骱。讀去聲。」〔註91〕

（7）牛缺……遇盜於耦沙之中

高誘注：淤沙爲耦，蓋地名也。

按：《列子·說符》同，《御覽》卷 74、499 引《列子》作「牛畝」，字同。
梁玉繩曰：「《漢·地理志》及《說文》，湡水出趙國襄國縣之西山，師
古音藕。《寰宇記》卷 59：『湡水在邢州沙河縣西北七十一里，俗名沙
河水。』即耦沙也。」《太平寰宇記》卷 59 又引《郡國志》：「牛缺遇盜
於沙隅之間。」朱駿聲曰：「耦，叚借爲濡。」〔註92〕

（8）孟賁過於河，先其五

按：畢沅曰：「章懷注《後漢書·鄭太傳》引作『孟賁過河，先於其伍』，古
『伍』字作『五』。」《御覽》卷 366 引亦作「伍」，脫「河」字。

（9）船人怒，而以楫虓其頭

高誘注：虓，暴辱。

按：朱駿聲曰：「虓，叚借爲敲。」〔註93〕馬敘倫曰：「虓借爲毃，擊頭也。」
陳奇猷從馬說。「敲」、「毃」音義並近。王利器引陳叔方《潁川語小》
卷下：「俗謂擊頭曰虓。《呂氏》云云。」王氏又云：「虓謂輕薄，猶今
言開玩笑也。馬說音義兩失之。」馬說不誤。《御覽》卷 366 引作「虓」，
有注：「音乂。」則是據誤字注音。

（10）舟中之人盡揚播入於河

高誘注：揚，動也。播，散也。入，猶投也。

按：《後漢書·鄭太傳》李賢注引作「舡中人盡播入河」，《御覽》卷 366 引
作「舟人盡惕駭，播入於河」。「揚」誤作「惕」，因又增「駭」以足其

〔註91〕 劉賾《楚語拾遺》，《國立武漢大學文哲季刊》第 1 卷第 1 期，1930 年版，第
148 頁。譚步雲《古楚語詞彙研究》，花木蘭文化出版社 2015 年版，第 565 頁。
〔註92〕 朱駿聲《說文通訓定聲》，武漢市古籍書店 1983 年版，第 360 頁。
〔註93〕 朱駿聲《說文通訓定聲》，武漢市古籍書店 1983 年版，第 245 頁。

義。

（11）不衣芮溫

高誘注：芮，絮也。

按：方以智曰：「芮溫，絮纊也。《呂覽·必己篇》『不衣芮溫』，注以爲絮，蓋言絮纊細耎也。《列子》『瞀芮』，注：『芮，細也。』或曰：芮溫，古人直借芮呼絮耳。《褚遂良傳》：『芮芮興。』則茹茹、蠕蠕（音軟）也。可証軟、絮通轉。」〔註94〕嚴元照曰：「《釋名》：『毳冕，毳芮也，畫藻文於衣，象水草之毳芮，溫暖而潔也。』『芮溫』之義如此。高氏訓絮，義亦相類。」〔註95〕梁玉繩曰：「訓芮爲絮，當考。」俞樾曰：「溫讀爲縕，《禮記·玉藻篇》鄭注曰：『縕謂今纊及舊絮也。』是芮、縕同義。」孫詒讓曰：「『芮』疑即『輭』之假字，《呂氏》『不衣芮溫』，高注云：『芮，絮也。』未塙。」〔註96〕朱駿聲曰：「芮，叚借爲納。」〔註97〕范耕研曰：「高訓爲絮者，蓋借爲納字，《說文》『絲濕納納也』，其義正爲絮。」陳奇猷曰：「此『芮溫』當從《釋名》之義。不衣芮溫，謂不衣細輭溫暖之衣。」朱駿聲、范耕研說殊誤，「絲濕納納」是形容濡濕之貌，不是絮義。陳奇猷說是，而未得「芮」字之誼。方以智謂「芮溫」是絮纊，非也；而謂「芮」是「茹」、「蠕（音軟）」通轉則是。孫詒讓讀「芮」爲「輭」，即俗「軟」字，亦是也。高氏訓絮，亦輭音轉，而非名詞絲絮義。王利器引《通鑑》卷125胡三省注：「芮芮，即蠕蠕，南人語轉耳。」胡三省《通鑑釋文辯誤》卷6：「史炤《釋文》曰：『芮芮，國名。』余按芮芮即蠕蠕，魏呼柔然爲蠕蠕，南人語轉爲芮芮。沈約《宋書》、李延壽《南史》皆以蠕蠕爲芮芮，從南人語音也。」《通典》卷196：「自號柔然，後魏太武以其無知，狀類於蟲，故改其號曰蠕蠕，宋、齊謂之芮芮，隋史亦曰芮芮。」《隋書》、《北齊書》、《北史》並作「茹茹」。《廣雅》：「茹，柔也。」《韓子·亡徵》：「緩心而無成，柔茹而寡斷。」芮溫，謂又軟又暖之衣。《廣雅》：「溫、煖、炳，

〔註94〕方以智《通雅》卷37，收入《方以智全書》第1冊，上海古籍出版社1988年版，第1140頁。
〔註95〕陳奇猷引誤點作「毳冕，毳芮也。畫藻文於衣，象水草之毳。芮，溫暖而潔也」。
〔註96〕孫詒讓《札迻》卷2，中華書局1989年版，第60頁。
〔註97〕朱駿聲《說文通訓定聲》，武漢市古籍書店1983年版，第593頁。

煴也。」王念孫曰：「炳者，《玉篇》：『炳，乃困切，熱也。』《呂氏》云云，芮與炳聲近義同。」〔註98〕楊樹達讀芮爲熱，與「炳」一聲之轉。與王說合。其說亦通。馬王堆帛書《天文氣象雜占》：「枘星，兵也，大戰。」星名「枘」，傳世文獻作「芮」，別名「溫星」，語源亦是「炳」〔註99〕。至於楊樹達謂孫詒讓說未是，則失考。

（12）身處山林巖堀

按：堀，《黃氏日抄》卷 56 引作「窟」，字同。

（13）其野人大說，相謂曰：「說亦皆如此其辯也，獨如嚮之人？」

高誘注：獨，猶孰也。嚮之人，謂子貢也。

按：范耕研曰：「獨訓爲孰，他無可證。朱駿聲謂借『屬』字，亦似臆度。蓋『獨』本有寡單、嫥壹之意。」陳奇猷曰：「范說非也。獨、孰通假。『皆』當作『有』。」王利器曰：「獨，猶孰也，何也。」「獨」與「皆」相對舉，自當作「單獨」解。此文當作「獨如嚮之人何」，今本脫一「何」字。「如……何」是古書固定句式。《孟子·滕文公下》：「獨如宋王何？」是其比也。本書《知士》：「吾獨謂先王何乎？」《列女傳》卷 5：「獨謂義何？」《莊子·德充符》：「若然者，其用心也獨若之何？」「謂……何」、「若……何」亦此句式也。

〔註98〕 王念孫《廣雅疏證》，收入徐復主編《廣雅詁林》，江蘇古籍出版社 1992 年版，第 212 頁。
〔註99〕 參見蕭旭《馬王堆帛書〈天文氣象雜占〉校補》。